海西求是文库

教育获得与
教育流动实证研究

张义祯 /著

E MPIRICAL RESEARCH on
EDUCATION ATTAINMENT and
EDUCATION MOBILITY

社会科学文献出版社
SOCIAL SCIENCES ACADEMIC PRESS (CHINA)

总　序

　　党校和行政学院是一个可以接地气、望星空的舞台。在这个舞台上的学人，坚守和弘扬理论联系实际的求是学风。他们既要敏锐地感知脚下这块土地发出的回响和社会跳动的脉搏，又要懂得用理论的望远镜高瞻远瞩、运筹帷幄。他们潜心钻研理论，但书斋里装的是丰富鲜活的社会现实；他们着眼于实际，但言说中彰显的是理论逻辑的魅力；他们既"力求让思想成为现实"，又"力求让现实趋向思想"。

　　求是，既是学风、文风，也包含着责任和使命。他们追求理论与现实的联系，不是用理论为现实作注，而是为了丰富观察现实的角度、加深理解现实的深度、提升把握现实的高度，最终让解释世界的理论转变为推动现实进步的物质力量，以理论的方式参与历史的创造。

　　中共福建省委党校、福建行政学院地处台湾海峡西岸。这里的学人的学术追求和理论探索除了延续着秉承多年的求是学风，还寄托着一份更深的海峡情怀。多年来，他们殚精竭虑所取得的学术业绩，既体现了马克思主义及其中国化成果实事求是、与时俱进的理论品格，又体现了海峡西岸这一地域特色和独特视角。为了鼓励中共福建省委党校、福建行政学院的广大学人继续传承和弘扬求是学风，扶持精品力作，经校委研究，决定编辑出版《海西求是文库》，以泽被科研先进，沾溉学术翘楚。

　　秉持"求是"精神，本文库坚持以学术为衡准，以创新为灵魂，要求入选著作能够发现新问题、运用新方法、使用新资料、提出新观点、进行新描述、形成新对策、构建新理论，并体现党校、行政学院学人坚持和发展中国特色社会主义的学术使命。

　　中国特色社会主义既无现成的书本作指导，也无现成的模式可遵循。

思想与实际结合，实践与理论互动，是继续开创中国特色社会主义新局面的必然选择。党校和行政学院是实践经验与理论规律的交换站、转换器。希望本文库的设立，能展示出中共福建省委党校和福建行政学院广大学人弘扬求是精神所取得的理论创新成果、决策咨询成果、课堂教学成果，以期成为党委政府的智库，又成为学术文化的武库。

马克思说："理论在一个国家实现的程度，总是取决于理论满足这个国家的需要的程度。"中共福建省委党校和福建行政学院的广大学人应树立"为天地立心、为生民立命、为往圣继绝学，为万世开太平"的人生境界和崇高使命，以学术为志业，以创新为己任，直面当代中国社会发展进步中所遇到的前所未有的现实问题、理论难题，直面福建实现科学发展跨越发展的种种现实课题，让现实因理论的指引而变得更美丽，让理论因观照现实而变得更美好，让生命因学术的魅力而变得更精彩。

中共福建省委党校 福建行政学院

《海西求是文库》编委会

摘　要

　　教育获得与教育流动是考察一个社会教育机会分布公平程度的重要视角，也是研究社会公平、起点公平等议题的重要切入口。在本书中，教育获得即指社会成员最终的受教育程度，而教育流动是指代际间的教育流动（或简称"代际教育流动"）。本书基于代际视角制订了一个规范完整的定量研究框架，创新构建了系统集成的定量研究思路，并通过多角度的描述性分析、多模型的解释性分析和多维度的宏观分析，深入、系统地探讨了我国社会成员教育获得与教育流动的总体状况、不平等变动和影响逻辑。本书在教育获得与教育流动解释性分析中，根据研究框架和研究思路总共构建了十多个定量分析模型，提出了数十个具体研究假设，并逐一对各个模型的具体假设进行检验，并尝试与已有研究成果特别是 MMI 假设、EMI 假设等重要理论观点进行对话，形成了我国教育获得与教育流动的新认识，拓展了教育不平等问题研究的深度。

　　本书的最终结论主要有：

　　（1）教育作为现代工业社会的地位生产机制具有二重性，既要看到它在现代工业社会中具有地位循环生产的主流积极作用，也要看到它在现代工业社会中具有地位再生产的隐蔽消极效应。

　　（2）我国社会成员教育获得在阶层、城乡和同期群上的分布存在显著差异，教育获得年限、地位教育分流等总体上受到父代因素即家庭背景的显著影响，同时也受受访者自身的城乡归属、性别等先天因素的深刻影响。

　　（3）我国社会成员教育获得的教育转换率随着年代更替而不断提升，在教育转换率达到或接近饱和状态时，父代因素即家庭背景对于子代教育转换的影响作用有所下降，有限验证了 MMI 假设中的部分观点。

（4）我国社会成员教育获得在数量上的不平等逐步下降，但在质量上的不平等却始终有效维持，教育扩展特别是高校扩招并没有降低父代因素即家庭背景的影响作用，教育获得分流模型基本验证了 EMI 假设在中国的适用性。

（5）我国教育总体流动率较高，但代际教育流动弹性水平却不断攀升，这说明在代际间教育流动总体水平较高的社会环境下，父代教育获得程度对于子代教育获得程度的决定作用不断增强。

（6）我国社会成员教育流动总体上呈现短距离流动、正向流动特征，父代因素即家庭背景对于代际间的教育流动距离与方向在总体上始终存在显著影响，基本吻合了社会流动的 FJH 假设。

（7）教育获得可以穿透时空环境而对子代的教育获得与教育流动产生持续而稳定的显著影响。本书中所有模型都表明以父代教育年限为代表的家庭文化资本均对子代教育获得与教育流动产生持续、显著影响。

（8）社会不平等增强、教育政策变革偏差是造成教育不平等的结构性、深层性影响因素，它们在很大程度上强化了家庭背景对于代际教育获得与教育流动的影响。在既定社会结构条件下，公平合理取向的教育政策变革是改善今后我国教育不平等状况的更加可取的有效路径。

本书基于代际视角将教育获得与教育流动一体考察，结合大规模调查数据，尝试应用新的分析工具，注重与已有国内外研究成果对话，在结论方面形成了基于中国经验的本土化理性认识。本书对于我国社会成员代际间的教育获得与教育流动具有重要的理论阐释意义，同时，对于今后改善我国教育不平等状况、提升教育公平水平也具有一定的决策参考价值。

关键词： 教育获得；教育流动；代际视角；影响逻辑；实证研究

教育是年长的几代人对社会生活方面尚未成熟的几代人所施加的影响。其目的在于，使儿童的身体、智力和道德状况都得到某些激励与发展，以适应整个政治社会在总体上对儿童的要求，并适应儿童将来所处的特定环境的要求。

——涂尔干（《教育与社会学》，1922）

目 录
Contents

第一章　导论 / 001

一　研究缘起 / 001

二　研究问题 / 010

三　研究意义 / 013

第二章　理论回顾与文献综述 / 016

一　理论范式回顾 / 016

二　国外重要经验研究回顾 / 022

三　国内相关重要文献综述 / 028

四　国内外研究文献述评 / 035

第三章　研究框架、研究设计与研究数据 / 039

一　研究框架 / 039

二　研究设计 / 045

三　研究数据 / 056

第四章　教育获得描述分析 / 063

一　教育获得的阶层分布 / 063

二　教育获得的城乡分布 / 070

三　教育获得的同期群分布 / 075

第五章　教育获得解释分析 / 081

　　一　教育获得年限模型 / 081

　　二　教育获得转换模型 / 088

　　三　教育获得分流模型 / 111

第六章　教育流动描述分析 / 120

　　一　代际教育流动量表 / 120

　　二　代际教育流动弹性 / 126

第七章　教育流动解释分析 / 133

　　一　教育流动距离模型 / 133

　　二　教育流动方向模型 / 140

　　三　代际教育流动对数线性模型 / 148

第八章　教育获得与教育流动宏观分析 / 153

　　一　教育获得结构性变迁分析 / 153

　　二　教育流动传递机制分析 / 164

　　三　教育获得与教育流动不平等变动分析 / 169

第九章　结论与讨论 / 180

　　一　主要结论 / 180

　　二　主要局限 / 192

参考文献 / 194

后　记 / 207

第一章

导　论

　　本书选题的提出，并非临时起意，而是基于我国社会客观存在教育不平等现实问题，以及本人长期对此研究的关注和积累。

一　研究缘起

　　教育是民族振兴、社会进步的基石。对一个国家来说，教育兴则国家兴，教育强则国家强。2013 年 4 月，习近平在给清华大学的贺信中指出："教育决定着人类的今天，也决定着人类的未来。人类社会需要通过教育不断培养社会需要的人才，需要通过教育来传授已知、更新旧知、开掘新知、探索未知，从而使人们能够更好认识世界和改造世界、更好创造人类的美好未来。"2013 年 9 月 25 日，习近平在联合国"教育第一"全球倡议行动一周年纪念活动上发表视频贺词中提出："努力发展全民教育、终身教育，建设学习型社会，努力让每个孩子享有受教育的机会，努力让 13 亿人民享有更好更公平的教育，获得发展自身、奉献社会、造福人民的能力。"2016 年 9 月 9 日，习近平在北京市八一学校考察时强调指出："教育公平是社会公平的重要基础，要不断促进教育发展成果更多更公平惠及全体人民，以教育公平促进社会公平正义。要加强对基础教育的支持力度，办好学前教育，均衡发展九年义务教育，基本普及高中阶段教育。要优化教育资源配置，逐步缩小区域、城乡、校际差距，特别是要加大对革命老区、民族地区、边远地区、贫困地区基础教育的投入力度，保障贫困地区办学经费，健全家庭困难学生资助体系。要推进教育精准脱贫，重点帮助贫困人口子女接受教育，阻断贫困代际传递，让每一个孩子都对自己有信心、对未来有希望。"2013 年 8 月 29 日，国务院总理李克强也多次指出："教育公平具有起点公平的意义，是社会公平的重要基础，可以使人们通过自身努力，提升参与平等竞争的能力，这有助于促进社会纵向流动。"可见，十八大以来，党和国家领导人对于教育事业、教育公平的认识达到了前所未有的高度和深度，这种认识和理念今后如果能够顺利转换为行动和实践，将会有效提升整个中国社会的教育公平和社会公平，深刻改变未来中国的经济社会发展局面。

现代意义上的教育本质上是西方现代性的产物，它伴随着西方工业化、城市化、现代化进程而逐步发展，伴随着西方社会自然科学、社会科学等学科知识的创新完善而不断发展。中国自近代以来被迫融入西方世界主宰的全球化进程中，清末开始"新学"逐步代替传统科举知识，从而在教育形式和内容上开始与世界逐步接轨的过程。新中国成立以来，国家才真正能够以统一的力量推进教育事业发展，大力推进义务教育普及，整个国家的国民基本素质得到显著提升。但由于"文化大革命"的干扰，中国刚刚起步的教育事业一度停滞甚至倒退。改革开放以来，随着"高考"的恢复，整个国家的教育体系真正开始步入正常的发展轨道。随着工业化、城市化进程的推进，全社会对人才的需要急剧扩大，国家在 20 世纪末开始大力推进高等教育大众化战略，短短几年间快速扩大了全社会高等教育机会总量，也同步带动了义务教育、中等教育的规模扩展，整个国家的教育事业呈现"跨越式"发展态势。下面就从高等教育的动态变化来看我国教育事业在规模发展上的巨大成就。

高等教育毛入学率是反映一个国家高等教育机会供给总量的重要指标。国际上通常认为，一个国家的高等教育毛入学率在 15% 以下时处于精英教育阶段，15%~50% 处于高等教育大众化阶段，50% 以上处于高等教育普及化阶段。从高等教育毛入学率的历年变动可以直观地反映出我国高等教育机会扩展的速度，也可以初步判断中国高等教育所处的发展阶段。1978 年，中国的高等教育毛入学率只有 1.55%，1988 年达到 3.7%，1998 年升至 9.76%。1999 年开始实施高校大扩招，高等教育毛入学率快速上升，2002 年达到 15%，高等教育从精英教育阶段进入大众化阶段。2007 年，中国高等教育毛入学率达到 23%。2010 年，中国高等教育毛入学率达到26.5%。2012年，中国高等教育毛入学率达到30%。2015年中国高等教育毛入学率更是达到36%。据2016年全国教育事业发展统计公报，2016年全国各类高等教育在学总规模达到3699万人，高等教育毛入学率达到42.7%，已经超过全球中上收入国家平均水平。

本书根据教育部等相关权威部门公布的数据，制作出1978~2016年全国历年高等教育毛入学率变动图（见图1-1），从图1-1可以清晰直观地看出我国高等教育的发展变化情况。1978~1992年，我国高等教育毛入学率几乎没有明显变化，这期间的高等教育可以说是纯粹的"精英教育"，大学一毕业由国家包分配，不存在毕业生就业问题，考上大学几乎就等同于拿到国家"金饭碗"，"一考定终生"现象十分明显。1992~2000年，随着市场经济的大力推进，全社会对人才的需求在逐步增大，国家也开始逐步扩大了高等教育的招生规模，这期间我国高等教育毛入学率呈坐标上低角度的稳定增长趋势。2000~2005年，我国高等教育毛入学率呈坐标上更大角度的直线上升趋势，2005年年底的高等教育毛入学率已经达到2000年数值的2倍。2005~2009年，我国高等教育毛入学率上升趋势有所缓慢，5年间仅提高3.2%。2005年至今，我国高等教育毛入学率又恢复了坐标上大角度的上升趋势，可以说实现了跨越式大发展，一旦超过50%，将进入高等教育普及化阶段。

随着高等教育规模的大扩展，不仅全国高校在校生的总量规模迅速扩张，而且不同学历层次的数量分布也发生了深刻变动。近些年来，我国高等教育在校生的学历层次分布也不断向高层次转移。不少高校追求建立研究型院校，其中有一些高校研究生总数甚至超过本专科生总数。从全国历年硕士研究生招生人数（1994~2014年）来看（见表1-1），1994年招生人数为4.2万人，1999年招生人数为7.2万人，2004年达到27.3万人，2009年达到44.9万人，2014年达到55.1万人。从全国历年硕士研究生招生人数动态示意图（1994~2014年）来看（见图1-2），2000年以后我国硕士研究生招生规模高速扩张，在坐标上呈现大角度的直线上升增长趋势。从全国历年博士研究生招生人数（1997~2014年）来看（见表1-2），1997年招生人数为1.29万人，1999年招生人数为1.99万人，2004年达到5.31万人，2009年达到6万人，2014年达到7.1万人。从全国历年博士研究生招生人数动态示意图（1997~2014年）来看（见图1-3），1997~2004年间我国博士招生规模迅速扩张，但2005年以后在坐标上仅呈现小角度的上升趋势。

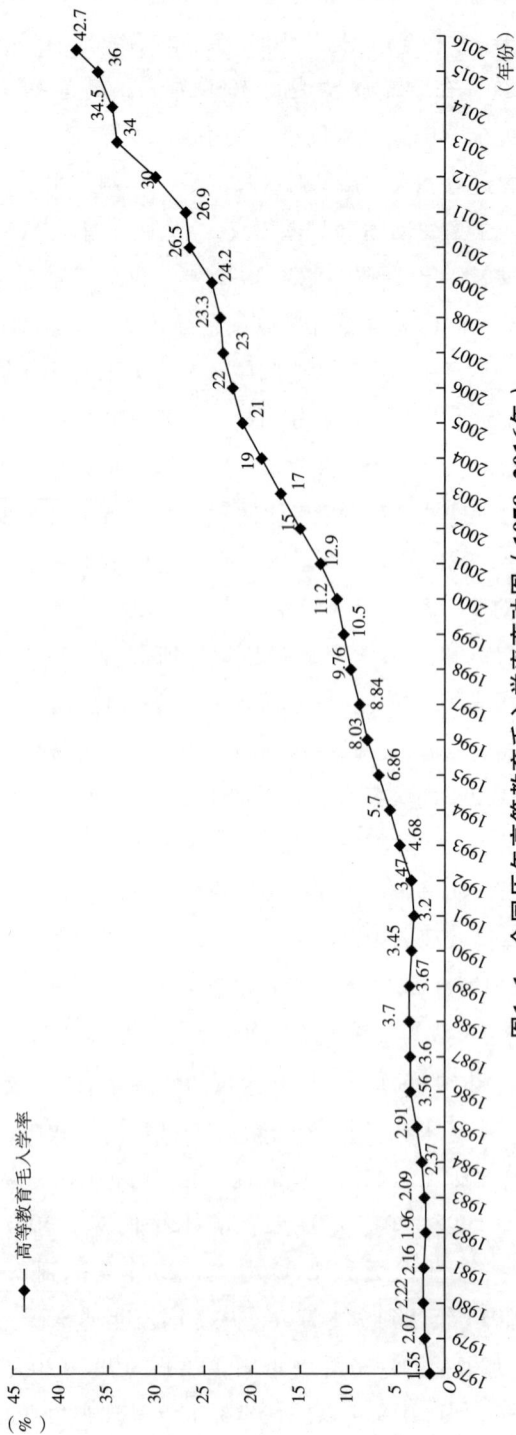

图1-1　全国历年高等教育毛入学率变动图（1978~2016年）

表 1-1　全国历年硕士研究生招生人数（1994~2014 年）

年份	报名人数（万人）	报名增长率	录取人数（万人）	考录比例
2014	172.0	-2.27%	55.1	3.2∶1
2013	176.0	6.30%	53.9	3.3∶1
2012	165.6	9.60%	51.7	3.2∶1
2011	151.1	7.90%	49.5	3∶1
2010	140.6	12.80%	47.4	2.8∶1
2009	124.6	3.80%	44.9	2.9∶1
2008	120.0	-6.80%	38.6	3.0∶1
2007	128.2	0.80%	36.1	3.5∶1
2006	127.1	8.40%	34.2	3.2∶1
2005	117.2	24.00%	31.0	3.6∶1
2004	94.5	18.50%	27.3	2.9∶1
2003	79.7	27.70%	22.0	2.9∶1
2002	62.4	35.70%	16.4	3.2∶1
2001	46.0	17.30%	13.3	4.2∶1
2000	39.2	22.90%	10.3	4.6∶1
1999	31.9	16.40%	7.2	4.9∶1
1998	27.4	13.20%	5.8	4.7∶1
1997	24.2	18.60%	5.1	4.7∶1
1996	20.4	31.80%	4.7	4.4∶1
1995	15.5	38.40%	4.0	3.6∶1
1994	11.4		4.2	2.7∶1

注：以上数据由公开数据整理而来。

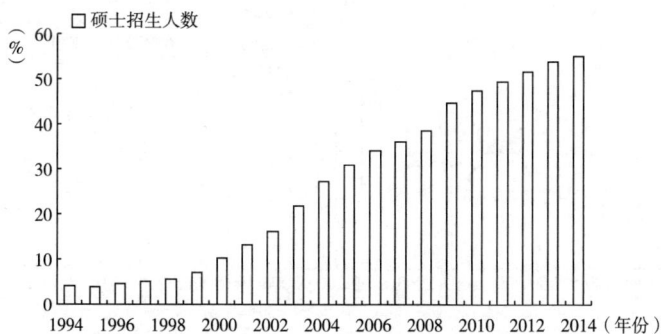

图 1-2　全国历年硕士招生人数动态示意图（1994~2014 年）

表 1-2　全国历年博士研究生招生人数（1997~2014 年）

年份	招生人数（人）	增长率
1997	12917	15.8%
1998	14962	15.8%
1999	19930	33.2%
2000	25142	26.2%
2001	32663	29.9%
2002	38342	17.4%
2003	48740	27.1%
2004	53096	8.9%
2005	54892	3.4%
2006	56042	2.1%
2007	57542	2.7%
2008	59764	3.9%
2009	60000	0.4%
2010	62000	3.3%
2011	65263	5.3%
2012	67216	3.0%
2013	69000	2.65%
2014	71020	2.93%

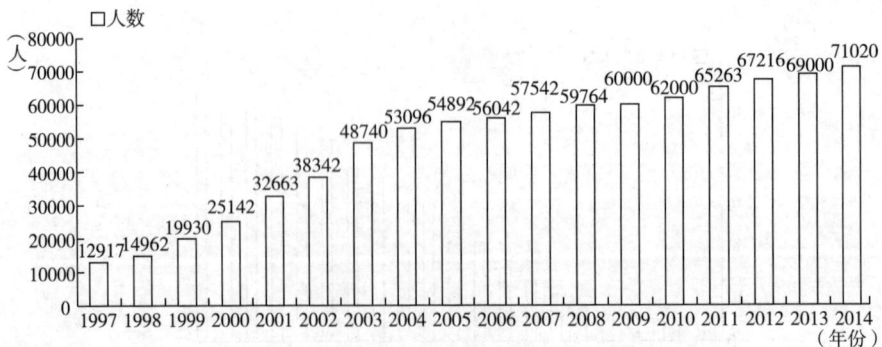

图 1-3　全国历年博士招生人数动态示意图（1997~2014 年）

　　应该肯定的是，一方面，我国自 1999 年实施高等教育大扩展战略以来，全社会拥有的高等教育机会总量得到了明显扩大，迅速地弱化了我国高等教育历来所具有的精英教育属性，高等教育自 2002 年后进入了大众化发展阶段，越来越多的社会成员有机会接受高等教育，极大地提升了全社会人口的能力和素质，为中国今后的快速发展储备了巨大的"人才红利"。但另一方面，在高等教育扩大取得巨大成就的同时，我们也不能忽视其内蕴的教育机会分配不公平问题，高等教育机会分布是否公平是考察教育获得的重要视角。近些年来曝光的一系列数据和社会情绪都已经明显地反映出教育机会、教育公平方面存在的严重问题。高等院校特别是重点大学的农村学生比例自 1999 年以来明显下降。以北大、清华为例，北大农村学生所占比例从 30% 落至 10%，清华 2010 级农村生源仅占 17%。2013 年，北京大学首次公布了该校的本科生招生总数和农村生源比例，在 3145 名本科生中，农村学生所占比例为 14.2%。据北京大学教育学院教授刘云杉对于 1978～2005 年近 30 年北大学生家庭出身的统计结果发现：1978 年至 1998 年，来自农村的北大学子约占 30%，20 世纪 90 年代中期这一数据开始明显下滑，1999 年高校大扩招之后仍然显著下降，2000 年至 2011 年考上北大的农村子弟只占 10% 左右。同样，从其他几所重点大学如东南大学、山东大学、西安交通大学、南京大学等高校近些年招生情况来看，农村生源新生比例也总体偏低，与整个国家城乡人口比例严重不匹配，即使以"农业"为本的中国农业大学在 2013 年招生中的农村生源新生比例也只有 24.34%（见表 1-3）。另外，从动态数据看，中国农业大学、西安交通大学、东南大学等高校历年招生中农村生源新生比例变动趋势总体向下，其中，尤其值得注意的是，中国农业大学招生中农村生源新生比例从 2002 年的 34.66% 迅速下降到 2013 年的 24.34%，几乎呈快速下降趋势（见图 1-4）。这一系列统计数据无声地呈现了我国高等教育机会分布不公平的客观现实情况。与此同时，整个社会关于教育的看法和情绪也发生了深刻变化，"寒门再难出贵子论""新读书无用论"等说法再次甚嚣尘上。事实上，"新读书无用论"并不是对知识本身的简单否定，而是对读书所带来的预期收益持否定态度，当前过高的高等教育支出与日益微弱的教育回报率之间的矛盾十分突出，严重打击了贫困弱势家庭对于子女教育的投资积极性。"新读书无用论"主要发生在农村地区，许多农村家庭发现辛辛苦苦培养出来的大学生的毕业收入却不如家中早早在外"打工"的兄弟姐妹，于是就对子女的未来教育抱无所谓甚至不支持态度。一个极端的例子：一个考上成都某师范院校本科的女孩玲玲，为了上大学与父亲进行着一轮又一轮的谈判和斗争，女孩的家庭经济条件并不差，完全供得起她上大学，但她父亲却坚决不同意女孩上大学，并给记者算了笔账说，"学四年学费加生活费要8万，如果高中一毕业就打工，四年至少可赚8万，一来一回就是16万。这16万拿去做首付买房子，或者开个店做生意都能赚钱。拿去读大学，毕业后也许找不到工作，或者找一个工作每个月就两三千元，又要四五年才能赚回这16万。读大学是肯定会失败的投资"[①]。这个父亲的极端做法十分冷酷无情，但是成都当地一家新闻门户网站对玲玲的遭遇发起了一项网络民意调查，该调查共有1万多名网友参与，其中居然有71%的受访者支持玲玲父亲的看法。虽然说网络民间调查代表性不够，但这也确实反映了当下社会对于教育成本收益的理性理解，反映出部分社会成员对一般教育收益预期的负面认识，影响到相当部分家庭对于子女教育投资的积极性，这种社会情绪变动无疑不利于教育机会的公平配置。可以说，当前这个现象反映的不只是一个父亲的个别问题，而是应该引起反思和警醒的社会问题。

表 1-3 部分高校近年招生农村生源新生比例[②]

高校	比例（%）	年份
北京大学	14.2	2013
清华大学	41.0	2013
中国农业大学	24.3	2013
山东大学	39.0	2013
东南大学	31.2	2011
西安交通大学	32.5	2011
南京大学	30.0	2011

① 《读大学 失败的投资?》，《成都商报》2013年9月1日，详见 http://e.chengdu.cn/html/2013-09/01/content_422819.htm。

② 参见《北大新生农村生源14.2% 名校农村娃缘何越来越少》，《广州日报》2013年10月16日。

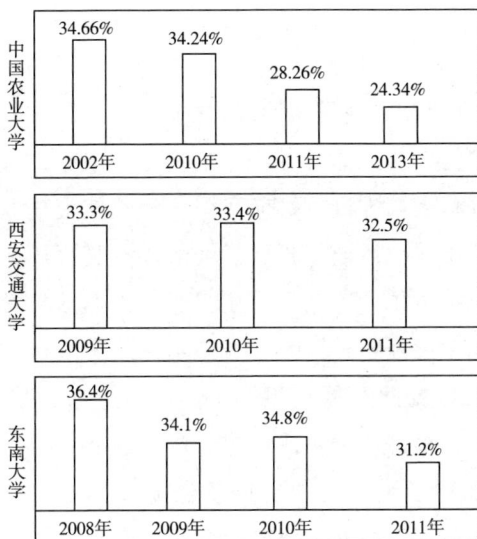

图 1-4　三个学校农村生源占当年学生数的比例变动图[①]

　　高等教育的获得情况更多地体现为一种结果上的教育公平或不公平，其实质也是前期义务教育、中等教育、职业教育等一系列教育筛选、教育分流等过程生成的后果。也就是说，高等教育机会公平是一个系统工程，它不仅仅是高校招生就业、教育培养等单方面的问题，而是从基础教育开始就不断累积起来的系统性的社会不公平问题。可以说，教育不公平是每个个体成员在其生命历程中可能面临的起点不公平、过程不公平和结果不公平。教育不公平最突出地表现为教育机会获得上的不公平，具体体现为阶层间、城乡间、性别间等各个层面上教育机会分布的不均衡。党的十八大提出，要逐步建立以权利公平、机会公平和规则公平为主要内容的社会公平保障体系。机会公平，从根本上影响一个社会的生机活力，是整个社会公平的起点，是社会公平保障体系的核心要点。教育公平是社会公平的基石，教育机会公平的实现程度事关一个社会最基本的起点公平，保障每一个社会成员拥有最基本、最基础、最初始的机会公平。如果任凭教育机会不公平在一个社会中长期存在，整个社会公平的基础大厦将在潜移默化

---

① 参见《北大新生农村生源 14.2%　名校农村娃缘何越来越少》，《广州日报》2013 年 10 月 16 日。

中被破坏殆尽。因此，教育公平，尤其是教育机会公平的问题必须引起学界的高度重视和得到及时研究。

改革开放近40年来，我国社会从"总体性社会"向现代工业社会大转型，经济社会结构发生了根本性的大转变。工业化、信息化、城市化、市场化和国际化进程大幅推进，目前我国已经总体上进入工业化中期，局部地区已经进入到工业化后期；我国已经形成初具规模的网络社会，网民数量已达4亿多，网络化、信息化明显改变了人们的日常生活和社会发展状况；我国城市化率已经超过50%，城镇常住居民人口数量在中国历史上首次超过农村，人口流动在数量规模上、区域分布上发生了突破性的变化；市场化进程不断推进，金融证券化、住房商品化、就业市场化、财产合法化等极大地推动了生产要素的市场化配置；加入WTO后，全球化、国际化步伐日益加快，国内外人口流动和进出口贸易规模不断推大，国际影响力、社会对外开放度日益提升。可以说，改革开放以来，我国社会短短几十年经历了西方社会几百年的变迁过程，高度浓缩的社会深度大转型带来了整个社会状况的根本性转变，经济体制深刻变革，社会结构深刻变动，利益格局深刻调整，思想观念深刻变化，社会分化也日益严重。在这样的时代背景下，我国整个社会的教育运行体制机制发生了根本性的转变，相应地，社会成员的教育获得状况也发生了深刻的变化，虽然从总体上看整个社会的受教育机会在规模数量上得到明显增加，但同时也呈现弱势群体受教育机会在质量收益上的弱化趋势，教育不公平尤其是教育机会不公平问题近些年来日益凸显，已经成为影响整个社会公平正义的热点问题，迫切需要我们社会学界开展深入的学术研究。正是基于上述考量，笔者也将课题研究的关注点聚焦到这个研究领域。

二　研究问题

教育是人类传承文明和知识、培养有素质有能力人才、提升社会发展创造力的根本途径。从广义上讲，教育与人类相伴相生，自从人类诞生以来，作为有理性、有思维、有智力的高级动物，始终存在着智识、经验等方面的传承，也就自然形成一种原初意义上的教育，这种教育的形式更多地体现为家族传承、师徒传承、私塾传承式的小规模教育。真正近现代意义上的教育，应该是一种有组织、有规模、有分工的系统教育。近现代教育是西方近代以来启蒙时期开始形成的一种系统教育，在教育组织上形成了一系列规范的初级、中级和高级教育机构，在教育内容上形成了人文科学、社会科学和自然科学的专业化分工，在教育队伍上形成了规模化、专业化、职业化的师资力量。现代教育可以说是西方社会现代性的应有之义，同时伴随着西方现代化进程的深化，从重视初中级教育普及逐步转向高级教育普及，通俗地说就是体现为在全面普及义务教育的同时，大力推进高等教育的大众化、普及化。中国在鸦片战争之后开始"开眼看世界"，先是少量外送一些人员留洋海外，接着废除传统社会的"科举制"，进而也开始在国内办"新学"，无论是形式上，还是内容上，我国的教育也逐步开始了与国际接轨的过程，现代教育逐渐在国内生根发芽，虽历经几番波折，但始终不改其内生于现代性的教育本色。本书所探讨的教育就是指近现代意义上的教育（简称"现代教育"），"教育获得"指的就是社会成员经过正规化、系统化教育培训而达到的受教育水平状态（下文中"教育获得"可能不加引号，但含义不变，特此说明）。

教育获得是一个复杂的过程，其具有多元复杂的品性。首先，教育获得具有合法性。在现代社会，一个公正开放的社会应该是能力导向、绩效导向、自致导向的社会，也就是说每一个社会成员都必须依靠自身的努力、勤奋和能力才能取得成功，而不是靠父辈、家族及特权的庇护获取地位。从该意义上讲，教育获得就是体现现代社会自致性因素的核心机制，每一个社会成员无论其家庭背景如何，其意欲取得较高的社会地位，都必须接受应有的良好教育；每一个社会成员无论其社会境遇如何，如果他愿意付出辛苦且也有能力获取更高的教育，这个社会就应该为他提供公平的教育机会，并为他创造条件实现良好的地位流动。可以说，教育获得是现代社会自致性因素的本质体现，在某种程度上可以说具有天然合法性，这也是世界各国自近现代以来普遍高度重视教育的正当性所在。其次，教育获得具有间接性。教育获得的过程是一个人力资本增值的过程，它并不像物质资本、货币资本等可以直接继承，而是需要每一个社会成员通过一定的努力付出而获得。也就是说，代与代之间不能直接将上一代的教育获得水平转化为下一代的教育获得水平，代与代之间教育获得的转换并不是资本转换式的直接传递，而是经由每个社会成员自身努力才能获得相应教育水平的间接传递。再次，教育获得具有不确定性。正是基于教育获得的间接性，上一代高水平的教育获得并不意味着下一代也能够获得高水平的教育，上一代低水平的教育获得也并不意味着下一代一定只能够获得低水平的教育，每一个社会成员在其接受教育的生命历程中要接受各种各样的竞争、筛选和分流，事先并不知道自己最终能够获取的教育程度，只有靠自身不断努力才能实现理想的教育获得。正是由于教育获得具有不确定性，使得全社会各个群体对于子女的教育获得充满危机感，并且病态式地"从娃娃抓起"子女的各项教育活动，以确保未来子女在教育分流竞争中的优势地位。最后，教育获得具有隐蔽性。教育获得一方面作为现代社会自致性因素的生产机制获得全世界全社会的高度共识，这一点毋庸置疑；但另一方面，也应该注意到这种自致性因素生产机制背后可能遭遇到的家庭背景等先赋性因素的负面影响。事实上，教育获得不可避免地受到家庭背景等先赋性因素的影响，因为每一个社会成员作为社会人都是生活在各个的家庭、社区里，不仅受到家庭、社区等硬件环境的影响，也受到家庭、社区生活中的每个人的影响。教育获得虽然不可避免地受到家庭背景等先赋性因素的影响，但超过合理水平的负面影响就必须引起重视和应对。

正是因为教育获得的复杂品性，其作为一种重要的地位获得机制，在不同的国家、不同的社会环境、不同的时代背景下，呈现出复杂的作用机理，既可能发挥地位循环生产的正向积极作用，也可能产生地位再生产的负向消极作用。教育获得作用机理的正负向在各个国家各个时期此消彼长，也因而引起了各国学者的关注研究。国外学者基于西方社会先行工业化、城市化、现代化的社会背景，深入研究了教育机会扩展与教育机会公平、社会地位获得等之间的多元复杂关系，有的定性分析了文化资本、社会资本与教育获得的深层关系，有的定量分析了家庭背景对教育获得、教育获得对经济社会地位获得的作用。可以说，国外的已有研究成果（在下文中将有国内外系统的理论回顾和文献综述），对于正处于高速工业化、城市化的当代中国具有重要的借鉴意义。近些年来，国内不少学者也根据现实中国的教育公平变动状况，适时地将研究的关注点转到了这个领域，他们的研究成果更加接近中国国情和历史文化背景，推进了这一领域的研究深度和广度，也为本书提供了重要启发和研究基础。

教育获得是进一步展开教育流动研究的重要前提，二者又统一于教育不平等问题。笔者认为，教育获得相较于阶层地位、收入地位等变量，具有更加精确测量的研究优势，是考察一个国家或社会教育状况的有效指标。教育流动是指配对父子代际教育获得程度的变动状况，教育流动的测量也因此具有良好的可操作性和精准性。教育获得与教育流动都是影响社会流动、社会分层的核心变量，教育获得与教育流动研究可以很好地反映出一国教育机会公平状况，二者相互补充，有助于对教育不平等问题展开系统研究。为此，本书尝试将教育获得与教育流动一并考察，以期获得更加系统集成的研究成果。同时，为了更深入地探究父代因素（即家庭背景因素）对于子代教育获得与教育流动的深层影响逻辑，本书引入代际视角展开探索。本书试图深入探讨的问题主要有：一是研究代际视角下我国社会成员教育获得的现状及其不平等状况；二是研究我国社会成员代际教育流动的总体状况及其不平等变动情况；三是探讨我国社会成员教育获得与教育流动的影响机制，拟采取多元线性回归、逻辑回归分析、对数线性模型等定量探究父代因素即家庭背景因素对于代际教育获得与教育流动的影响逻辑；四是探讨我国社会成员教育获得与教育流动不平等变动情况，结合国内外的研究成果和统计数据，宏观分析我国社会成员教育获得与教育流动不平等变动情况。通过对上述问题的系统探讨，全面、深入地剖析我国代际教育获得与教育流动的总体情况、不平等变动状况和深层影响逻辑，并尝试与经典的教育不平等研究中的 MMI 假设、EMI 假设、理性选择理论等观点进行对话，进而形成关于我国代际教育获得与教育流动的本土化理性认识。

三　研究意义

教育获得与教育流动状况既是考察一个国家教育事业发展成就的重要视角，也是考察一个国家教育公平乃至社会公平的重要窗口。本书通过定量分析教育获得与教育流动的总体状况、不平等变动状况和影响逻辑，不仅有助于理解我国现代教育事业的发展状况，也有助于剖析我国教育不平等的变动状况及其深层原因，对于今后促进我国教育公平具有重要的现实意义和理论意义。

1. 现实意义

近百年来，现代教育进入中国并生根发芽，期间屡遭波折动荡，直至改革开放以来真正驶入正常稳定的理性化发展轨道。伴随着国家市场化、工业化、城市化进程，我国在工业化初中期交汇之际推进了高校大扩招，快速地提高了我国高等教育机会供给总量，同步促进了基础教育、中等教育规模的大扩展，整个社会的教育机会分布也发生了深刻变化，对于社会成员的教育获得与教育流动状况也产生了深刻影响。本书在教育获得与教育流动定量研究中发现，父代因素即家庭因素对子代教育获得与教育流动的影响随着年代更替日益增强，社会成员的教育获得状况也存在显著的阶层、城乡和同期群的显著差距，代际教育流动在总体增强的同时也存在父代低下教育程度与子代低下教育程度、父代高等教育程度与子代高等教育程度之间的明显继承性。同时，在教育获得与教育流动宏观分析中进一步剖析了我国经济社会结构变动与教育制度重大变革对代际教育不平等的影响逻辑，特别探讨了1999年高校大扩招以来教育获得与教育流动不平等的现实状况与变动趋势。整个研究对教育获得与教育流动中存在的不平等问题的变动分析与影响因素探讨所得到的结论，对于今后更好地促进我国教育公平、推动阶层和谐互动具有重要的决策参考价值和重要现实意义。

2. 理论意义

在现代工业化社会中，教育扩展与教育不平等之间的关系始终是国内外相关学者高度关注的热点问题。现代工业化社会的发展对于教育扩展具有内在的需求，而且随着工业化程度的提升，教育扩展的需求也逐渐从基础教育扩展升级到中等教育和高等教育扩展。在这样的教育扩展变动升级过程中，教育不平等究竟会发生怎样的变化，特别是阶层背景、家庭背景对于社会成员的教育获得与教育流动到底会发生怎样的变化，国外先行工业化国家的学者对此展开了深入研究，并提出了著名的 MMI 假设、EMI 假设，其中，EMI 假设更激进地认为教育扩展并不能带来教育不平等，特别是教育质量上的不平等将会始终维持。那么，中国自改革开放以来也逐渐进入工业化社会发展的正常轨道，同样随着市场化、工业化、城市化进程的深化，也于1999年开始推进高等教育大扩展，为此，在同样的工业化社会发展背景下，我国的教育扩展与教育不平等是否也存在 MMI 假设或 EMI 假设所提出的规律性关系。对此，本书尝试通过教育获得与教育流动的定量研究和宏观分析进行实证检验与理论对话。笔者认为父代因素即家庭背景对子代教育获得与教育流动的影响随着我国教育扩展深化而不断增强，特别对优质高等教育机会分配状况的影响随着高校扩招而日益明显，这也在一定程度上印证了 EMI 假设。此外，理性选择理论、地位获得模型等对于我国教育获得与教育流动也具有重要的解释力量，从中都可以发现阶层背景、家庭出身对子代教育获得与教育流动具有重要影响。理论对话的意义并不仅仅在于探索国内外教育扩展与教育不平等变动的差异，更重要的是通过实证检验形成本土化的理性认识，进而为改善今后我国社会成员教育获得与教育流动不平等状况提供理论指导，从这个意义上讲，本书通过实证检验得出的本土化理性总结也就具有重要的理论意义。

第二章

理论回顾与文献综述

　　教育获得与教育流动是研究社会不平等的重要视角，长期以来受到社会学、经济学、教育学等学科学者们的关注，一直是社会学尤其是教育社会学的重要研究领域。从总体上看，最主要的研究成果、最有影响力的理论观点仍然来自西方先行现代化国家的学者，不过近年来国内学者借鉴西方有关理论也对此领域展开了本土化研究，也形成了一些具有本土解释力的研究成果。对此，下面将从理论范式回顾和文献综述两个视角进行梳理，其中，理论范式回顾主要参照西方社会学主要理论范式关于教育的根本观点，文献综述则从国内外两个层面对重要文献观点进行总结归纳。文献综述还将阐述主要理论范式和国外重要研究带来的有益启发，同时，结合国内已有的本土研究成果作简要的述评，从而引出本书的问题意识和关注焦点。

一　理论范式回顾

　　在现代工业社会中，教育在社会流动、社会分层中到底扮演怎样的角色，一个社会既有的分层结构又是如何影响着代际的教育流动，教育获得究竟是促进了机会公平、社会公平，还是阻碍了机会公平、社会公平。西方先行现代化国家的学者率先对这些问题展开了持续而深入的研究，形成了几个具有明显分异、观点鲜明的理论研究成果。在这里，理论范式回顾重点关注的就是那些具有系统性、根本性的理论主张，主要包括功能论、冲突论和互动论等三大方面的教育观。

1. 功能论的教育观

功能论（或称为功能主义）是社会学的一个主要流派，功能论认为，"社会与有机体相似"，社会的各个部分都发挥其应有的功能，维系着整个社会的稳定发展秩序。孔德和赫伯特·斯宾塞提出了社会学功能论的最基本观点：社会与生物有机体在许多方面是相似的。之后，经过数代社会学家的努力和完善，形成了结构功能主义（Structural Functionalism）理论流派，其集大成者当属美国社会学家帕森斯（Talcott Parsons），他提出了AGIL功能分析模型，即一个社会只有满足了四个基本需求（即A，对环境的适应；G，目标的获得；I，将社会不同部分整合为一个整体；L，对越轨行为的控制），整个社会才能维持其秩序，保持正常稳定发展（Parsons，1951）。功能论是看待和解释教育获得的一个重要视角，它总体上对于工业社会的教育获得的变动状况持积极正面的看法，下面就结合有关学者的论述作简要回顾。

涂尔干是经典社会学发展时期中关注教育问题最多的一个社会学学者，一生中发表了许多关于教育的研究著述，如《教育与社会学》（1922）、《道德教育》（1925）、《教育思想的演进》（1938）等，因此，他甚至被视为古典教育社会学的开创者、奠基人。在涂尔干看来，教育必须转向他的"社会学"（社会哲学），才能找到正确出路（涂尔干，2001：376）。在《教育思想的演进》一书中，涂尔干运用他的实证研究方法考察了法国中等教育变迁的根本原因，他认为，这些教育变迁的根源并非来自教育系统内部或者个人与团体的某种企图，而是整个社会变迁的一种反映；教育是随着社会变迁而改变的，教育的发展与变迁实际是社会发展和变迁带来的必然结果（涂尔干，2006）。《教育与社会学》一书探讨了教育的功能。他认为，教育具有社会化的重要功能，教育的目的在于将个体我塑造成社会我，使年青一代系统地社会化，这一社会化过程主要是通过将社会中共同的道德价值规范内化于个体、形成个体人格的一部分而实现的，进而通过这一社会化过程实现社会的统合及社会控制的功能（涂尔干，1922）。

帕森斯也特别重视教育的社会化功能和社会整合作用，这与涂尔干的观点颇为一致。他关于教育及其功能的论述主要集中体现在《作为一种社会体系的班级：它在美国社会中的某些功能》一文中。在该文中，他认为教育具有两大基本功能：社会化和社会选拔（帕森斯，1989：507）。但最主要的功能仍然是社会化，将教育视为社会整合的源泉。在他看来，社会正是通过教育的社会化功能，即通过教育传递某种共享的价值观念使得教育机会的现实不平等状况合法化，从而消除潜在的社会冲突与分裂，起到重要的社会整合作用（徐瑞、刘慧珍，2010）。帕森斯认为，在现代工业社会，教育对于每个人而言实际上是公平的，教育机会对每个人其实都是平等开放的，教育成就的差异主要在于学习者的个人因素，因此，由教育成就差异而导致的社会不平等就是合理的、可以接受的，从而可以避免人们因教育机会竞争失败而产生的社会冲突。

虽然帕森斯已经看到教育的社会选拔功能，但他主要是从正面积极的视角来看待教育机会的竞争。后来的结构主义者如特纳却指出，社会选拔是教育的首要功能，更加倾向于把教育视为一种为特定社会位置选拔特定类型的人的机制。特纳在《赞助性流动、竞争性流动和学校教育》一文中，运用功能论视角考察了美英两国学校教育制度的社会选拔功能，根据美国和英国教育制度促进社会流动的方式不同，将两国的教育制度划分为两种理想类型：一是英国教育选拔制度带来的"赞助性流动"；二是美国教育选拔制度带来的"竞争性流动"。在"赞助性流动"模式中，社会地位的升迁主要是由现有的精英们来决定的；而在"竞争性流动"模式中，社会升迁体现出较为明显的公平公开的特征，能否实现向上的社会流动主要靠个体社会成员自身的能力和努力（特纳，1989：82）。无论是英国的赞助性流动教育制度还是美国的竞争性流动教育制度，它们都致力于解决这样一个共同的问题，即如何维持社会成员对于现有社会制度的认同感和忠诚度，从而发挥它们应有的社会整合功能，维护现有的正常的社会秩序。

2. 冲突论的教育观

从社会学理论的渊源上看，冲突论是社会学最初发展时期就形成的重要理论取向之一，几乎与功能论相伴而行。冲突论的思想渊源可以归始于马克思、韦伯等学者。马克思认为，社会始终存在不平等、不平衡，社会总是处于不断冲突和矛盾之中。韦伯认为，社会冲突发生的主要原因是权力、财富和声望三者之间的高度相关。冲突论与功能论不同的是，更多地看到冲突与问题的一面，而不是仅仅看到功能作用；更加重视冲突、矛盾、负面的问题，而不是平衡、稳定、秩序的表象。冲突论的这一思想传统对于后续研究教育的学者产生了重要启发，特别随着资本主义社会教育获得机制的变动、社会结构的调整，人们也发现教育存在机会、过程和结果上的不公平，甚至激化了社会不平等状况，这就引起了相关学者们的深思和反思，进而形成了关于教育的冲突论理论主张。教育冲突论大致产生于 20 世纪 60 年代末期至 70 年代初期，注重从社会不平等的视角研究教育不公平、不平等问题，形成了一系列具有重要影响的理论观点。下面主要介绍鲍尔斯（S. Bowles）和金蒂斯（H. Gintis）的社会再生产理论、布迪厄的文化再生产理论和柯林斯的文凭社会理论。

社会再生产理论明显延续了马克思关于"资本关系再生产"的思想传统，批驳了功能论关于教育会带来社会平等观点，其主要代表人物是鲍尔斯和金蒂斯。他们在合著的《美国：经济生活与教育改革》中指出，教育是整个社会的一部分，不能独立于社会之外来理解，教育是受到基本的社会经济和社会制度所制约的，甚至是保持或增强现有社会和经济制度的重要机制，它不可能成为促进更大社会平等与公平的力量（鲍尔斯、金蒂斯，1990：63）。在资本主义社会，统治阶级在教育政策的主要目标在于劳动力的再生产和生产关系的再生产，教育的再生产就蕴含着劳动力的再生产和生产关系的再生产。教育的再生产是通过"符应原则"（the correspondence principle）实现的，学校根据不同阶级、阶层、种族和性别的区分，为不同阶级和社会集团的人获得相应的职业地位，提供能胜任工作所需要的知识和技能；注意培养适合等级制劳动分工所需要的人格特质，培养他们与各种工作岗位相适应的思想态度和行为取向；帮助形成各种身份区别，强化他们的阶层意识和自我认同，从而使得经济社会领域的不平等合法化（鲍尔斯、金蒂斯，1990：128）。总之，在鲍尔斯和金蒂斯看来，学校教育其实是制造和维持社会不平等的重要场所，它对于纠正社会不平等是无能为力的，因为学校教育中的阶级、阶层、性别和种族歧视并不能改变整个社会的权力和阶级结构，而只能是整个社会权力和阶级阶层结构的再现。

文化再生产理论是法国著名社会学家布迪厄在长期研究资本主义社会教育问题过程中提出来的重要学术理论，它的理论研究取向总体可归于韦伯的解释社会学框架之中。文化再生产理论的核心观点认为,教育具有文化再生产的社会再生产功能,即教育通过传播统治阶级的文化(一种文化专断,Cultural Arbitrary)使它灌输的文化专断得以再生产,从而有助于社会阶级之间权力关系结构再生产的社会再生产(王伟宜,2011)。文化再生产理论是布迪厄多年持续研究、不断完善的学术研究成果,体现在《文化资本与社会炼金术》《再生产:一种教育系统理论的要点》《继承人:大学生与文化点》《国家精英:名牌大学与群体精神》等一系列著作中。在上述著作中,布迪厄构造了文化资本、习惯、符号暴力等概念来探讨教育制度与社会经济制度之间的复杂关系,深入剖析了隐藏在现代社会学校教育系统背后的真实逻辑,即学校教育的本质在于再生产社会不平等并使之合法化。他指出,学校受制于现存的社会经济结构,社会经济制度与学校教育制度之间存在一种统治与再生产关系,社会经济制度统治着教育,而教育再生产现存的社会经济制度。他认为,学校教育行为本质上是一种符号暴力,通过符号暴力,学校教育实现其文化再生产功能。学校教育所传播的文化类似于统治阶级的文化,同时学校教育所采取的教育方式也与统治阶级家庭所进行的教养方式比较接近,因此,那些来自统治阶级家庭的子女更容易在学业上取得成功。同时教育系统通过各种考试选拔的合法外衣,将社会等级的继承转变为学校等级、教育成就的取得,通过表面的学业成绩延续社会等级的再生产,从而实现了从文化再生产到社会再生产的隐蔽过程。在这个过程中,学校教育系统通过灌输天赋论或能力神授论思想掩饰以考试选择为表面外衣的社会选择真相,"社会方面的不平等变成了一种纯粹是学校方面的不平等,即变成了在学校里掩盖并促进进入最高层次教育机会不平等的一种'水平'或成绩方面的不平等"(布迪厄,2002:171),通过利用把社会等级变为学业等级,从而使得社会等级的再生产合法化,隐秘地维持现存社会权力、财富、阶级的不平等。

柯林斯在继承和发展韦伯"学校教育由社会支配集团(或身份集团)控制"观点之上提出了"身份文化"概念,阐述了"文凭社会"的理论观点。他在1979年出版的《文凭社会》一书指出,现代社会是一个学历主义的社会。教育体制鼓励人们将文凭作为荣誉和声望的标志,文凭和文化资本已经成为获得更高收入和权力的工作的必要条件,是地位群体成员身份的标志。因此,人们为了获得更好的工作、取得更高的收入、追求更高的社会地位,就会对教育文凭展开更加激烈的竞争（徐瑞、刘慧珍，2010：69）。文凭成为地位竞争的稀缺资源，但实际上仍然为社会支配阶级所控制。教育成为一种地位文化选择的工具，不同阶层选择不同的教育。作为社会上层身份集团的支配阶级控制着学校，因此，他们借助学校教育传播本阶级的身份文化，培养学生对本阶级文化的认同与奠基，从而有利于其统治地位的巩固与延续。可以说，学校作为培养各种身份文化的重要场所，实际上就成为不同身份集团利益争夺的重要场所，学校教育的发展变化在很大程度上取决于不同身份集团之间冲突的发展。

3. 互动论的教育观

前述功能论和冲突论关于教育的理论主张着眼于宏观的理论阐述，除了宏观的理论主张之外，还应该有微观视角的理论主张，这样我们才能对教育与社会结构之间的关系有更全面的理解。互动论作为一种不可或缺的社会学理论流派，在 20 世纪 60 年代至 70 年代兴起。互动论不太关注宏观的社会结构和社会制度，它是一种微观社会学理论。这一微观取向的社会学理论认为，社会是由互动着的个人构成的，对于诸种社会现象的解释只能从这种互动中寻找答案。互动论者特别关注日常生活情景中面对面式的互动，重视这类互动在创造社会结构和社会制度方面所起的作用（吉登斯，2003：25）。在对于教育的互动论研究中，英国教育社会学家伯恩斯坦（B. Bernstein）所作的学术研究影响最大，他在代表性论文《社会阶级、语言编码与社会控制》提出的理论观点为学界广泛关注，下面就加以简要介绍。

伯恩斯坦在研究学校教育过程中，将戈夫曼的一些拟剧互动论元素添加到自己的分析之中，提出了社会语言编码理论，构建出"限制性语言编码"和"精致性语言编码"的分析框架。他指出，社会语言编码指的是"意义的社会构建，以及意义的多样但又不脱离言语背景的语言实现方式"（伯恩斯坦，1989：400）。他认为，不同家庭出身背景的儿童在社会化过程中所使用的社会语言编码是不同的，他根据表达意义的普遍性、表达的清晰程度、表达受结构限制程度以及阶级归属等方面的不同，将社会语言编码区分为两种：限制性语言编码和精致性语言编码。上层阶级的语言属于精致性编码语言，而下层劳工阶级的语言则属于限制性编码语言。精致性语言编码的特征是：语法结构和句型结构正确严密；连接词富有变化，对称句子用得多，使句子更为讲究。而限制性语言编码的特征是：语法结构简单，句子不完整，句型结构非常粗糙，常用主动语气；句型常限于简短的命令句和问句；机械呆板地运用形容词和副词等。也就是说，精致性语言编码和限制性语言编码二者之间存在显著的差异与分隔，成为不同阶级或阶层子女语言或行为风格的明显"标签"。

精致性语言编码和限制性语言编码构成了伯恩斯坦社会语言编码理论的基本概念和分析框架，他据此深入探讨了学校使用的语言与不同阶级所使用的语言在结构上的差异，并据此分析了学生学业成绩失败的原因。伯恩斯坦认为，学校是以精密代码及其社会关系体系为基础的。因此，学校教育与中上层阶级子女的生活经验之间便具有某种共通性，而与下层阶级子女的生活经验之间则存在明显的互斥性。对中上层阶级子女而言，学校教育知识实际上是他们从小开始不断受到训练的语言之延续和发展；而对于下层阶级的某些子女而言，在学校教育过程中，他们甚至面临着"脱离已有文化"的要求，明显处于不利地位。"学校的符号类型与这类儿童（即劳工阶级儿童）的符号类型之间缺少连贯性……要求这类儿童转而接受以完全不同的角色关系及意义体系为先决条件的，而对必需的背景毫无切身感受的精致型代码，也许为他们带来了使其手足无措并有潜在危害性的经验。"（伯恩斯坦，1989：415~418）因此，在伯恩斯坦看来，正是不同阶级出身背景的儿童使用不同的语言编码，使得他们在教育获得过程中出现明显的言语差异和行为差异，最终导致不同阶级子女的学业成就存在明显差异。可见，伯恩斯坦通过研究各阶级子女教育差异背后的微观语言编码区别，间接地反映出不同阶级的出身环境和经历对于教育获得的先赋影响，也揭示出不同阶级在教育获得的先天不平等性。

二　国外重要经验研究回顾

前述理论回顾侧重于关注社会学学科中关于教育获得的范式性理论观点，一方面，这些理论观点可以作为学术研究的总体理论指导，能够给我们基础性、深层性的学科以理论上的启迪。但另一方面，范式性的理论观点回顾内容总体上偏于宏观、抽象，缺乏直接性、经验性的视角。为弥补理论范式回顾的这一不足，本部分将重点对国外已有的与本书相关的重要研究（特别是经验研究）作聚焦梳理和简要述评。

1. 理性选择假设

理性选择假设是观察个体社会成员生命历程中教育获得的重要视角，教育获得的过程是长期的成本投入过程，不仅包括显性的经济投入，而且包括时间成本、机会成本等隐性成本的投入。正是因为教育需要持续的多种成本投入，因此，每一个社会成员的教育获得不仅会深刻受到父辈教育投入积极性和力度的显著影响，而且也受到自身投入成本大小的影响，父辈对于子代教育投入的理性选择以及子代自身对教育收益的理性预期都将明显影响子代最终的教育获得状况。

理性选择假设的主要贡献来自科尔曼（Coleman）的理性选择理论。科尔曼于1990年出版了《社会理论的基础》，在该书中，科尔曼试图用理性选择范式研究社会学问题，并尝试沟通社会学理论传统中的宏观与微观、结构与个体之间的樊篱。理性选择理论以"理性人"为基本假设和理论出发点，以效益或利益最大化为行动的追求目标。"理性人"假设是科尔曼理性选择理论的基本假设，不同于经济学"理性经济人"纯粹假设，科尔曼所述的"理性人"兼有经济人和社会人的性质，既追求最大利益又受社会结构的制约。而且科尔曼指出，理性个体的"效益"并不局限于经济效益，还包括社会、文化、情感、道德等多种偏好影响下的其他效用。事实上，社会学理性选择理论是科尔曼在综合了经济学理性选择模型、社会学个人主义方法论以及社会交换理论等基础之上创建出来的新研究范式。科尔曼其实是研究美国教育公平问题的资深学者，他在 *Social Capital in the Creation of Human Capital* 一文中认为，人力资本、经济资本和社会资本是影响人们教育获得的主要因素，学生学业成就的差异最主要是由于学生阶层背景差别引起的，阶层背景主要是指社区环境、父母教育状况及阶层地位，具有优势阶层背景的子女在教育获得上往往也占据优势地位（Coleman，1998）。他在1966年主笔出具的有关教育机会均等的"科尔曼报告"影响巨大，该报告也发现影响学业成绩的最重要因素并不是学校质量，而是儿童的社会出身背景。出身背景或家庭背景对教育获得的影响事实上也体现出不同阶层在子女教育投资中的理性选择，优势阶层往往具有更高的教育投资积极性，而弱势阶层则可能在一番理性考量下主动或被动地作出放弃继续投资教育的无奈选择。

在理性选择理论看来，社会成员的教育获得是一个关于成本和收益、个体能动性与结构约束性等比较衡量的理性决策结果，其决策影响因素包括教育回报率、教育成本、升学失败风险概率和当前教育投资可能引起的地位下降等多元复杂因素。一般来说，低社会阶层的人更需要成功的确定性，所以他们投资教育的风险更高；同时，由于家庭收入的差距，不同阶层的家庭所感知的教育成本也不同，相同的费用显然对低社会阶层的家庭所产生的压力更大；另外，由于本身社会阶层造成的文化资本的欠缺也对教育获得有着不可否认的影响，这一点又增加了低社会阶层家庭对教育投资的风险。不同阶层家庭对是否投资高等教育的不同倾向源于理性行动的考量，本身的阶层资源、机会和局限使阶层间的差异持续存在（文东茅，2005）。总之，理性选择理论基于成本—收益、能动与结构的理性考量，对于考察当前中国社会成员的教育投资决策及其对代际教育获得与教育流动的影响都具有重要的参考价值。

2. 地位获得模型

社会成员的地位获得不仅包括经济社会地位、阶层地位、收入地位等方面的获得，也包括教育地位的获得。在以往的许多研究中，教育获得常常被视为经济社会地位、阶层地位、收入地位等的自变量，实际上教育获得也是受其家庭经济社会地位、阶层地位、收入地位等变动影响的因变量，因此，社会成员的教育获得本身也可以作为独立考察的重要研究课题。相较于经济社会地位、阶层地位、收入地位等变量，社会成员的教育获得具有更易测量、更加精确的研究优势。既然经济社会地位、阶层地位、收入地位等方面的研究可以借助于经典的地位获得模型加以定量分析，那么，社会成员的教育获得同样也可以运用地位获得模型进行研究。这里主要将布劳和邓肯（Blau & Duncan）的地位获得模型作为经典研究文献加以回顾和述评。

地位获得模型是继流动量表分析之后形成的第二代社会流动研究路径，地位获得模型的开创研究始于美国社会学家布劳和邓肯。他们在《美国的职业结构》一书中，以"16 岁时父亲的职业地位""父亲的受教育水平"为先赋性因素测量变量，以被访问者获得的"受教育程度""初职职业地位""目前现职地位"为自致性因素测量变量，并以邓肯发明的社会经济指数计算方法测量父亲与被访问者本人的职业地位，以路径分析法进一步分解了各个先赋性因素和自致性因素对个人"目前职业地位"的影响作用（影响系数见图 2-1）。研究结果表明：以父亲的职业与受教育水平为代表的家庭背景因素对美国男性的职业地位获得具有显著的影响，但在比较了先赋性因素和自致性因素影响的强弱之后，他们认为，美国仍是一个相当开放、公平的社会——因为在决定美国在职男性社会地位获得的诸多因素中，以"受教育水平"为代表的个人自致性因素要比来自于"父亲职业地位"的作用更强（Blau & Duncan, 1967）。布劳—邓肯地位获得模型在一定程度上也验证了特雷曼的工业化假设，即工业化水平越高，作为家庭背景变量的父亲职业对子代职业地位获得的直接影响就越小；工业化水平越高，教育对人们的职业地位获得影响越大；工业化水平越高，父亲职业地位对子代教育地位获得的影响也越小（Treiman, 1970）。也就是说，随着工业化水平的提高和科学技术的不断发展，子女的教育获得越来越基于自己的学习表现，家庭背景的影响逐渐降低，教育机会的分配更加趋向平等。简而言之，随着工业化水平的提高和社会的现代化，父代社会地位对后代的教育获得的影响逐渐降低（李煜，2009）。

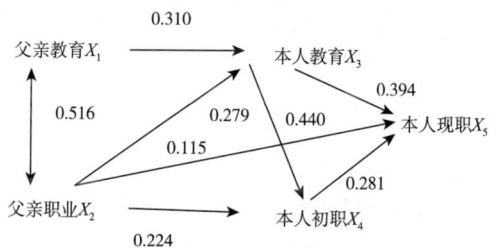

图 2-1　布劳—邓肯地位获得模型

布劳—邓肯地位获得模型在社会学研究史上具有重要的方法论意义，它将"回归分析""路径分析"等定量研究方法引入社会流动研究领域，形成了一套完整的分析框架，从而成为世界各国学者研究本国社会地位获得机制的经典分析模型。当然，在这个过程中，布劳—邓肯地位获得模型也受到一些批评并不断改进。后续研究对布劳—邓肯地位获得模型的修正和拓展大致体现为：在结果变量方面，用经济地位取代职业地位，或将二者同时纳入模型；在自变量方面，添加其他的先赋性因素或自致性因素到模型中，如性别、种族、年龄、智力和期望等。在布劳—邓肯地位获得模型的基础上，衍生出一些新的模型，如布劳和费德曼等的二代模型、威斯康星模型、哈佛模型、赖特模型和罗宾逊模型等（许嘉猷，1986）。无论如何，布劳—邓肯地位获得模型也研究了父亲教育对于子代教育的代际影响，从中可以看到，父亲教育对于子代教育的影响系数达到0.31，这表明父亲教育水平在很大程度上影响到子代教育水平的获得，代际传递是以父代给予子代更好的受教育机会从而获得有优势的职业地位传递（李路路，2003：142）。布劳—邓肯地位获得模型对于理解代际教育流动与地位获得的关系具有重要启发，也为本研究的路径选择提供了有力的定量佐证和模型参考。

3. MMI、EMI 假设

教育规模的大扩展是工业社会发展的内在要求和必然趋势，世界各国在推进工业化的过程中同时也在大力推进教育大众化。教育规模的大扩展无疑在总体上提升了教育机会供给总量，对于代际教育流动也产生了根本性、结构性、宏观性的影响。但是教育规模的大扩展是否会带来教育机会分布的平等化？教育机会获得在数量上和质量上发生了怎么的变动？在这些具有世界普遍性问题的研究过程中诞生了著名的 MMI 假设、EMI 假设。

MMI 假设即"最大化维持不平等假设"（Maximally Maintained Inequality，简称 MMI 假设），是爱尔兰学者拉夫特瑞（A. Raftery）最早提出来的关于工业化社会教育机会分布的重要假设。1993 年，拉夫特瑞和霍特（Hout）在对爱尔兰的中等教育规模扩展与教育机会均等之间关系进行实证研究后发现，伴随爱尔兰中等教育规模的急剧扩展，社会阶层背景（即家庭背景）对教育机会的影响整体在减弱，但是阶层之间的屏障并没有完全消失，他们因此提出了著名的"最大化维持不平等假设"（即 MMI 假设）。MMI 假设中的核心观点认为，"当某级教育水平已经普及后，阶层背景对该级教育机会的影响将减少并可能消失"（Raftery & Hout，1993）。具体地说，教育扩张并不能自然地带来教育机会分配的平等化，相反，只要上层阶级还有愿望去提高他们子女的教育获得等级水平，那么，教育机会不平等就会继续维持下去。只有当上层阶级的子女在某一级别的教育中达到饱和，这一级别的教育不平等才会下降，阶层背景对该等级教育机会获得的影响将减少并可能消失。

MMI 假设自提出来之后引起了有关学者们的广泛关注，有些西方学者对此也展开了实证检验。塞维特（Shavit）和布洛斯菲尔德（Blossfeld）选择美国、英国、意大利、德国等 13 个国家和地区为研究样本，研究结果发现，除了瑞典、荷兰两国外，其余 11 个国家在教育扩展与教育改革方面的努力，不是缩小而是扩大了优势阶层和中下阶层之间的教育不平等，教育机会不平等程度在教育规模扩张期间并未明显下降（Shavit & Blossfeld，1993）。MMI 假设因此获得了塞维特和布洛斯菲尔德多个比较研究结论的支持，证实了该假设对于工业化国家具有相当大的适用性。MMI 假设的这一结论在世界各国产生了重大影响，并引起其他学者的进一步深化研究。其中，以加利福尼亚大学社会学教授卢卡斯（Lucas）为代表，进一步提出了"有效维持不平等"的 EMI 假设（即 Effectively Maintained Inequality）。

卢卡斯通过进一步的研究发现，MMI 假设中的核心观点"当某级教育水平已经普及后，阶层背景对该级教育机会的影响将减少并可能消失"并不完全成立。他认为，当数量的均等在某个教育层级实现后，应该考虑教育质量的不均等。他认为，在教育机会分配方面存在两种不平等，一种是数量上的教育不平等，另一种是质量上的教育不平等。"如果数量差异是教育层次的普遍差异，那么社会经济地位上层阶层必将获得数量优势；如果质量差异是教育类型的普遍差异，那么社会经济地位上层阶层必将获得质量优势。"（Lucas，2001）他认为，即使上层阶级在高等教育中达到了饱和，但不平等还将在高等教育中以更有效的方式维持，这进一步修正了MMI 假设，形成了更具批判力的 EMI 假设。EMI 假设认为，上层阶级在某一级别的教育（比如高等教育）中达到饱和，可能会使下层阶级获取这一级别教育的机会在数量上得到提升，看起来这一级别的教育不平等似乎下降了（其实是数量不平等下降了），但是，下层阶级争取到的教育机会更多地体现在质量和价值较低的教育种类（比如大学专科），而不是价值较高的教育种类（如大学本科、研究生教育），上层阶级仍然在含金量更高的教育种类获得中占据优势地位，从而使教育不平等得以有效维持（即教育质量的不平等持续维持）。EMI 假设得到 Ayalon，H. & Y. Shavit 等实证研究的检验（Ayalon，H. & Y. Shavit，2004）。

MMI 假设和 EMI 假设都认为，在工业化社会教育规模扩张过程中，教育机会的阶级或阶层不平等并没有随着时间的推进而相应下降，教育扩张本身也不会自然地降低教育机会不平等，阶层背景或家庭背景对于社会成员的教育获得仍然存在明显影响。但 MMI 假设和 EMI 假设也有明显区别，特别是 EMI 假设不认同 MMI 假设中"当某级教育水平已经普及后，阶层背景对该级教育机会的影响将减少并可能消失"的核心观点，而是更激进一步地指出，对于任何普及的教育等级，始终存在围绕教育类型和质量的竞争，这种竞争仍然受到阶层背景或家庭背景的显著影响。应该说，MMI 假设和 EMI 假设对于理解世界各国教育变动中的机会公平问题都具有重要启发，同样对于正处在教育规模大扩展进程中的中国也具有重要的警示和反思意义。

三 国内相关重要文献综述

在做好理论范式回顾和国外重要经验研究回顾的基础上，也需要对国内的有关重要文献做回顾述评，从而更加全面反映出国内外已有相关研究所取得的学术成果和重要进展。鉴于中国作为后发展国家，始终处于追赶西方先行现代化国家的发展进程中，各种经济社会问题的呈现与爆发往往晚于西方工业化国家数十年之久，因此，关于各种经济社会问题的研究也往往滞后于西方工业化国家很多年。不过，我们的研究可以站在西方学者的研究基础上，发挥自身的比较优势和后发优势，形成符合中国国情的本土化研究成果。近些年来，特别是自 1999 年高等教育实施规模大扩展以来，整个教育体制和机制发生了根本变化，教育机会分布不公平问题也在悄然滋长，这就引起了国内一批教育学者、社会学者的专业关注和深入研究，形成了一系列剖析深刻的研究成果。在这里，笔者就根据研究主题，从教育获得、教育流动及教育不平等三个主要视角分别选择一些紧密相关、影响显著的研究文献加以总结回顾和简要述评。

1. 教育获得相关研究综述

近年来社会学界、教育学界相关学者对于我国社会成员的教育获得状况进行了一系列研究，成果日益丰富、不断深化。教育获得主要偏重于静态描述、分析社会成员的受教育程度及分布状况，同时有一些研究成果通过多元回归等定量模型来探究家庭背景（或阶层背景）对于个体社会成员教育获得的影响逻辑。

（1）教育获得的阶层分布状况研究。

教育获得的阶层分布状况更多采用描述分析方法，关注的重点主要是高等教育获得状况，主要采用的统计指标为阶层辈出率。所谓阶层辈出率是指某一社会阶层子女在大学生中的比例与该阶层人口在同一社会全体职业人口中所占比例之比。如果辈出率超过 1，则意味着这个阶层的子女接受高等教育的机会高于全体阶层的平均水平；相反，如果辈出率小于 1，则意味着这个阶层的子女接受高等教育的机会低于全体阶层的平均水平（谢作栩、罗奇萍，2004）。近十来年，关于我国高等教育获得阶层辈出率研究也随着时间更替而不定时地问世，总体上反映出当前我国高等教育获得的阶层分布状况不容乐观，这里仅择其中的代表成果作简要介绍。

王伟宜在《高等教育入学机会研究——社会阶层的视角》一书中，基于全国教育科学"十五"规划国家重点课题"高等教育大众化与缩小社会阶层高等教育差异研究"的调查数据（11776 份有效调查问卷），以高等教育机会阶层辈出率为分析指标，从宏观上探讨了不同社会阶层子女高等教育入学机会的总体差异，并从不同类型高校、不同科类及专业等视角细化分析了不同社会阶层子女高等教育入学机会的具体差异。从统计结果看，各阶层子女在高等教育入学机会方面存在较大差距，中上阶层子女处于明显的优势地位，而处于较低层阶层子女则处于劣势地位；出身于中上阶层的子女进部属重点高校的概率远高于来自社会底层的子女；中上阶层的子女在就业成本较高或较为热门的专业中拥有更多的机会，而低收入阶层子女则更多地就读那些冷门的专业、收费较低的师范类或基础理论类专业（王伟宜，2011：100~122）。

谢作栩、王伟宜在《高等教育大众化视野下我国社会各阶层子女高等教育入学机会差异的研究》一文中，基于我国部分省市高校在校学生家庭所处社会阶层调查的基础上，探讨不同社会阶层子女在高等教育入学机会获得方面存在的差异问题。研究结果发现，当前各社会阶层子女在高等教育机会分布上存在一定的明显差异，中上层社会阶层的子女往往拥有比下层社会阶层的子女更多的入学机会；各阶层子女在不同类型高校中的入学机会存在一定差异，在不同科类中的入学机会也存在一定差异；作为家庭文化资源代表的父母受教育程度对子女高等教育入学机会产生较明显的影响（谢作栩、王伟宜，2006）。谢作栩在《高等教育大众化与缩小社会阶层高等教育差异的研究》一文中，通过调查发现，出身于较高阶层的子女拥有较多的入学机会；公办高职院校中各阶层子女入学机会差异最小；拥有较多家庭文化资源的子女获得更多的入学机会，家庭文化因素对子女获取较多高层次公办高校的入学机会有重要影响（谢作栩，2008）。

（2）教育获得与家庭背景（或阶层背景）关系研究。

教育获得的影响因素也是许多学者的关注焦点，主要采用多元回归分析等定量模型探究家庭背景（或阶层背景）等诸因素对于个体社会成员教育获得的影响逻辑。从多个研究成果来看，我国社会成员的教育获得状况受到家庭背景（或阶层背景）因素的持续显著影响。

刘精明在《转型时期社会教育》一书中也研究了家庭资本对教育获得的影响。他选用父亲教育程度（年）、14 岁时父亲的文化活动（是否有读书或看报活动）作为文化资本变量，将 14 岁时家庭社会关系中有无科级以上干部作为社会资本变量，将父亲是不是党员作为政治资本变量引入回归方程。回归分析结果表明，从社会阶层背景的影响来讲，最主要的机制在于个体家庭通过运用各类资本来作用于子代的教育获得。家庭的社会阶层特征，直接或间接地影响着子代接受教育程度的高低（刘精明，2004：167）。此外，刘精明在《国家、社会阶层与教育——教育获得的社会学研究》一书中区分了生存教育和地位教育，定量研究了阶层优势传递与教育获得之间的关系，研究结果同样表明，社会阶层背景对教育获得水平差异的影响是明显的。在不区分教育的生存——地位取向这一质性差异、统一以教育年限为指标来测量教育获得的情况下，家庭背景中的文化资本对子代教育获得具有最显著的影响；在区分教育的等级层次和质性差异的情况下，社会阶层背景对教育机会获得的影响更为显著，主要体现为对生存取向和地位取向两种不同类型教育的选择方面（刘精明，2005：284）。

李春玲在《社会政治变迁与教育机会不平等——家庭背景及制度因素对教育获得的影响（1940—2001）》一文中，她以 1978 年为分界点，将 1940 年以来的 60 年间的教育机会分配形态划分为两个主要的发展阶段来加以考察。研究发现：1940 年以来的 60 年间我国社会教育机会分配形态经历了两个截然相反的变化发展阶段。1978 年以前，教育机会分配从一种极度不平等的状态向着人为平等化的方向演变；而 1978 年之后，随着教育事业的理性化发展，教育机会分配的不平等程度又开始逐步增强，家庭背景等因素对社会成员教育获得的影响力不断上升（李春玲，2003）。

郭丛斌在《家庭经济和文化资本对子女教育机会获得的影响》一文

中，根据国家统计局 2000 年的城镇住户调查数据，运用对应分析方法，建立相关计量模型，分析经济资本和文化资本对子女高等教育和中等教育机会获得的影响。研究结果表明：家庭文化资本和经济资本占有量位居前列的优势社会阶层，其子女接受的教育层次更多的为高等教育；而文化资本和经济资本占有量均处劣势的社会阶层的子女接受的主要是中等教育和初等教育。另外还发现，家庭文化资本对子女高等教育机会获得的影响明显大于家庭经济资本（郭丛斌，2006）。

2. 教育流动相关研究综述

教育流动研究主要关注的是配对父子两代之间受教育程度的变动状况，一般来说，随着社会现代化、教育事业理性化发展，全社会的教育机会总量往往不断增加，两代之间向上的教育流动机会总体上自然也不断增加。我国教育流动机会总量扩展对于代际教育流动空间产生了怎样的影响，引起了一些研究者的初步关注，但相对聚焦、集中的代际教育流动研究成果目前总体较少，下面就选择具有一定相关性的研究成果加以简介。

刘志国、范亚静在《教育的代际流动性影响因素分析》一文中，基于 2008 年北京大学"中国健康与养老追踪调查"（简称 CHARLS）调查数据，将父子学历水平划分为 1-小学以下；2-小学；3-初中；4-高中、中专；5-大专及以上等 5 个等级，然后运用转换矩阵法计算出父子间教育获得水平的传递性状况。研究结果表明，当父亲处于小学以下学历等级时，其子代进入前 3 个低学历等级的概率达到 83.1%，而进入大专及以上高学历等级的比例仅为 5.5%，这说明当父代教育水平处于低学历等级时，其子代往往也很难获得高等学历的教育；而当父亲处于大专及以上高学历等级时，其子代进入最低学历等级即小学以下的概率为 0，而留在最高学历等级即大专及以上的概率为 51%，进入最差两种学历等级的概率不到 5%，这说明处于高学历等级即大专及以上的父代，其子代往往很难落入低等级学历群体。也就是说，父代教育水平如果处于低学历等级，其子代向上的教育流动较为困难；而父代教育水平处于高学历等级，其子代教育水平往往并不会落入最低等级，而更多的可能是进入中高等级学历水平（刘志国、范亚静，2013）。

林莞娟、张戈在《教育的代际流动——来自中国学制改革的证据》一文中，基于 2005 年中国 1% 人口抽样调查数据，运用 OLS 模型估计父母教育年限与子代教育年限之间的关系。结果表明，在控制其他条件不变时，父亲教育年限每增加 1 年，子女教育年限相应增加 0.36 年；而母亲教育年限每增加 1 年，子女教育年限相应增加 0.59 年。可见，相比于父亲，母亲教育年限对于子女教育年限的影响更大。同时，OLS 估计系数较西方发达国家要大，这在一定意义上表明中国在教育机会流动上相对欠公平（林莞娟、张戈，2015）。

刘精明在《转型时期中国社会教育》对社会阶层背景与高等教育机会之间关系进行机会模型分析后指出，无论是哪种类型的高等教育机会，阶层背景的差异其实都显著存在，并且表现出明显的层化态势，即如果按照父代的职业位置和教育水平来进行阶层等级划分，那么具有高等教育水平、处于中高级白领职业位置上的人，其子代获得高等教育的优势远远强于其他"职业-教育"阶层，属于典型的"优势阶层"；那些只具有中等教育水平的中高级白领职业者，具有中上教育水平的低阶白领职业者，以及具有中上教育水平的体力劳动者，其子代在获得高等教育机会方面属于"中等优势阶层"；属于劣势阶层的是那些父辈教育水平较低的职业群体。从他的分析结论来看，父代的教育程度在很大程度上决定了子代教育获得的水平（刘精明，2004：167）。

吴愈晓在《教育分流体制与中国的教育分层（1978—2008）》一文中，基于 2008 年全国综合社会调查数据（CGSS2008），借鉴 MMI、EMI 假设视角，探讨了改革开放以来我国城乡居民在初中、高中和大学等三个教育层次分流升学的路径差异及其影响因素。研究结果发现，家庭经济社会地位变量（户籍、父亲的职业地位和父母亲教育程度）显著影响到子女的升学路径。即家庭经济社会地位越高的学生，越有可能进入重点学校，或更可能选择学术教育轨道而非职业教育轨道。另外，前一阶段在重点学校就读对获得下一阶段更加优质的教育机会具有重要影响。此外，父母亲的教育程度对于孩子是否能进入重点大学读书也具有显著的决定作用（吴愈晓，2013）。

3. 教育不平等相关研究综述

教育不平等始终是相关社会学者、教育学者关注的热点问题，也是本课题研究的重要目标指向。教育不平等事关社会公平中的起点公平，教育不平等突出地反映在教育机会不平等上，尤其是高等教育机会不平等。

（1）教育机会不平等总体状况研究。

刘精明在《中国基础教育领域中的机会不平等及其变化》一文中，他将家庭资源区分为内生性与外依性两种类型。所谓"内生性"家庭资源是指一个家庭一经组成便自然固有的人口结构方式，以及内化于家庭成员之中的知性与情感体系，典型的内生性资源包括家庭结构以及家庭文化资本。所谓"外依性"是就家庭资源与外部社会之间的依赖性而言的，即与劳动力市场状况、制度环境，以及其他社会环境的变化有着密切依赖关系的各种家庭资源。文章基于第三、四、五次中国人口普查数据，对1976~2000年中国基础教育领域中的机会不平等及其变化状况进行实证分析，研究结果表明：内生性家庭资源因其较少受外部社会条件和社会过程的干预，它们导致的教育不平等将是持久而稳定地增长的；而外依性家庭资源对机会不平等的影响则可能因教育扩展或其他大规模的社会平等化过程而有所下降，也可能在相反的社会条件下被强化（刘精明，2008）。

刘精明在《高等教育扩展与入学机会差异：1978~2003》一文中指出，各类高等教育之间的质性差异规定了不同的教育机会的影响模式，来自社会阶层背景以及自身社会阶层位置的影响差异一直明确地存在于1978年至2003年间。不过，自1999年高等教育大规模扩招以来，社会阶层背景对于子代教育获得机会的影响出现了两种截然不同的变化态势：优势阶层更加趋向正规的大学本科及更高层次的教育获得，因而他们在大学本科教育及更高层次的教育获得方面的机会优势出现成倍扩大。同时，受过良好教育的社会成员的子代在获得各类高等教育机会时均保持并继续扩大着较高的机会优势（刘精明，2006）。

（2）教育机会不平等动态研究。

李春玲在《教育不平等的年代变化趋势——对城乡教育机会不平等的再考察》一文，基于中国社会科学院社会学所开展的2006年、2008年和2011年"中国社会状况综合调查"（CGSS）数据，采用梅尔（Mare）的多阶级升学模型，测量不同年代城乡教育不平等的变化趋势。文章通过5个出生年龄组比较分析，发现小学教育的城乡机会不平等在下降，初中教育的城乡机会不平等没有变化，而高中及其他高级中等教育的城乡机会不平等持续上升，大学阶段的城乡机会不平等略有上升。她发现，中等教育的城乡不平等是教育分层的关键所在，初中升入高级中等教育阶段的城乡机会不平等持续扩大，而这是导致农村子弟上大学相对机会下降的源头。与此同时，她也对教育机会分布的工业化理论假设、再生产理论假设和文凭主义假设等进行了验证，数据分析结果支持再生产理论假设和 MMI 假设，即教育机会不平等程度的上升和下降取决于社会结构中的阶级或阶层差异，如果社会结构中的阶级或阶层差异持续存在，那么，教育机会不平等就会维持不变甚至增强（李春玲，2014）。

李煜在《制度变迁与教育不平等的产生机制——中国城市子女的教育获得（1966—2003）》中，基于 2003 年全国综合社会调查数据（CGSS2003），重点考察了"文革"期间（1966~1976）、改革初期（1977~1991）和改革深化时期（1992~2003）等 3 个历史时期我国城市家庭子女教育机会的不平等程度、分配机制及其变迁。研究结果发现，恢复正常高考后，家庭教育背景开始成为改革初期教育不平等的主要原因。1992 年以后，随着市场经济转型和社会变迁分化，产业化、市场化逻辑逐渐侵入教育领域，家庭阶层背景对于子女教育获得的影响开始显现，社会成员在教育获得上出现了资源转化与文化再生产双重模式的复杂生产机制，教育不平等开始逐步强化，甚至出现不断固化的趋向（李煜，2006）。

（3）扩招与教育机会不平等关系研究。

1999 年，我国顺应社会发展需求，开始实施高校大扩招政策，从而带动全社会各种教育机会的全面扩展。全社会的教育机会供给总量上得到显著扩大，这种情况是否能够带来教育机会分布的平等化效应，许多学者对此展开了深入研究。

李春玲在《高等教育扩张与教育机会不平等——高校扩招的平等化效应考查》一文中，基于国家统计局 2005 年 1% 人口抽样调查数据，采用 Logit 回归模型探讨分析了大学扩招对不同阶层、不同户口身份、不同民族和性别之间的教育机会不平等的影响，同时比较了 1999 年之前（扩招政策实施之前）与 1999 年之后（扩招政策实施以来）教育不平等的变动情况，并检验 MMI 假设、EMI 假设和理性选择理论在中国社会的有效性和适用性。研究结论表明：MMI 假设可以得到基本证实，即我国高校大规模扩招并未使高等教育机会的阶层不平等、城乡不平等和民族不平等下降；EMI 假设也得到一定证实，较高等级的高等教育领域的机会不平等大于较低等级的高等教育领域，尤其表现在阶层不平等和城乡不平等方面；理性选择假设事实上也得到部分证实，即教育扩张本身并不能导致教育机会不平等的自然下降，在教育扩张期间，教育不平等程度变动取决于教育成本、教育收益、失败的风险和地位提升等 4 个因素，而这 4 个因素在教育扩张进程中往往不利于中下阶层和弱势群体的教育投资决策，特别是一些中下阶层和弱势群体的子女甚至主动放弃上大学的机会，这就进一步激化了教育机会分配的阶层不平等（李春玲，2010）。

吴晓刚在《1990-2000 年中国的经济转型、学校扩招和教育不平等》一文中，基于 1990 年和 2000 年中国人口普查数据子样本，将 6 岁至 18 岁的学龄子女与其父母背景的信息进行匹配，研究中国 20 世纪 90 年代改革深入发展和社会经济转型加速时期家庭背景对子女入学和升学的影响逻辑。研究结果表明：尽管在 1990 年至 2000 年的 10 年中，我国教育机会在总量上有了极大的扩展，但家庭背景因素对社会成员的入学和升学等方面仍然发挥着重要影响。在这一时期，尽管全国实施了九年义务教育，表面上看，农村（户口）孩子获得的初中教育的机会明显增加，但事实上，农村（户口）孩子获得的高中及后续高等教育的升学机会相对于城市孩子而言仍然严重偏少。同时，即使在控制了地区经济发展水平因素之后，父亲的经济社会地位即家庭背景因素对于社会成员的高中升学率的影响仍然呈增强趋势。这不仅验证了 MMI 假设，甚至可能比 MMI 假设更进一步，即家庭背景的影响实际增加了，相比 10 年前，在学校扩招背景下，弱势群体子女的教育机会相对而言其实更少了，教育作为社会流动渠道的作用其实被削弱了，教育不平等事实上较 10 年前更加严重（吴晓刚，2009）。

四 国内外研究文献述评

前面系统梳理了与本研究有关的主要理论范式、国外重要研究和国内主要文献，可见，国内外关于教育获得、教育流动及其公平性问题的研究成果相当丰富。当然，真实世界的文献绝不仅仅限于上述总结的内容，还有一些其他相关的研究文献由于相关性、重要性、影响性较弱而未入选到这里加以综述，不过，也有少部分文献将会在下文中进一步体现，在此特加说明。

1. 研究理论范式上启发

社会学理论范式往往具有整体性、系统性、辩证性的明显特征。社会学的学科基础假设与经济学不同，不是基于人类行为理性化的唯一假设，而是基于人类行为的多元取向假设，既有工具理性、价值理性行动，也有情感取向、传统取向行动，更多地考察社会结构、制度文化下人类行为基于多元考虑下的行动逻辑。这就形成了社会学理论对于现实社会问题的多角度关照的显著特征，社会学学科也因此才具有更大的想象力、解释力和穿透力。从前面关于教育获得与教育流动的理论回顾中，我们就可以看到，不同的理论范式对于教育获得的看法不尽相同，有时甚至针锋相对、相互对立。比如关于教育的功能论观点与冲突论观点就明显对立，即使二者都是基于同样的时代背景，却作出截然不同的理论解释。当然，立场的根本不同也会造成不同学者对于同一事物的看法不同，不同的立场与不同的出身背景、思想理念等密切相关，因此，思想的冲突历来不可避免。但更应当注意的是，随着经济社会变迁，事物的发展变化可能带来一系列新问题，从而使得一部分原先秉持功能论的学者转向冲突论。比如教育获得，可能在世界各国工业化进程中大力推进教育改革发展的初期，绝大部分的社会成员从中获益，形成了"帕累托改进"的共赢局面，学者们因此普遍对教育改革发展持正面的功能论看法。而随着教育改革发展的深入推进，特别是一些重大教育变革政策的出台，使一部分社会成员在教育获得上受到负面影响，而一部分社会成员却从中获取更多收益，无人利益受损的共赢局面不复存在，教育获得和教育流动中存在的不平等越来越严重，这时就会有更多的学者转向冲突论的看法。因此，社会学理论对于现实的关注会随着时代变化、社会变迁、政策变动而发生理论范式上的转换，这种转换使得我们能够更加辩证、更加客观地剖析社会现象或问题，从而获得更符合现实世界的理论解释。总之，上述三大取向的社会学理论研究范式，对于西方工业化进程中教育获得的理论解读，视角各异、相互补充，对于本研究具有深刻的理论启发，即应该以更加多元、辩证的视角来理解变革社会中的教育获得和教育流动状况。

2. 研究方法论上的启发

社会学研究在方法论上长期存在整体主义和个体主义的差异。研究方法论上的差异主要取决于理论建构的需要，不同的理论建构必须在二者之中选择一个更有倾向性的方法论，这本是无可厚非的。事实上，在很多研究中，虽然存在一定的方法论差异，但二者之间也多在相互补益。个体主义方法论的研究也需要考虑整体主义方法论中所涉及的宏观社会结构、制度文化和组织变迁等因素的影响；整体主义方法论在研究过程中往往因过于宏观、抽象而缺乏操作性，也需要补充个体主义方法论的具体分析。在上述国外重要研究经验回顾中，我们就发现，一些学者试图努力沟通社会学研究方法论上的整体主义和个体主义，包括科尔曼、布劳、邓肯等社会学者的研究就在一定程度上体现了整体主义和个体主义的整合。在科尔曼的理性选择理论中，以个体主义方法论假定每一个社会成员都是理性人，但不是纯粹的理性经济人，而是在既定社会结构约束中的理性人，社会成员在理性选择行动中不仅要考虑经济上的成本收益，而且要考虑周遭社会结构的限制，这就体现了在个体主义方法论基础上融合了整体主义方法论的特点。布劳、邓肯在关于个体成员地位获得的模型建构中，虽然主要运用了个体主义的实证研究方法，但他们在模型中其实也考察了家庭背景等社会结构性因素的影响。同时，他们还分析了工业化进程对于先赋性因素和自致性因素的变动影响。上述国外的几个重要研究所呈现出来的研究方法论，对于本研究也具有重要的方法论启发，即主要基于个体主义方法论，同时补充整体主义方法论的解释，使研究进程更具可操作性，使研究结论更加恰当、合理、完整。

3. 研究本土化上的启发

现代教育本就是西方社会现代性的产物，西方学者在教育获得与教育流动领域的研究自然也取得先机。无论是地位获得模型、流动量表分析，还是 MMI 假设、EMI 假设，都是率先由西方学者创新提出的，这些理论观点或解释模型不仅对于西方先行工业化社会的教育获得与教育流动的发展变动具有深刻的洞悉，同样也有助于理解正处于工业化进程中当代中国社会的教育获得与教育流动的变化状况。近年来，国内不少学者也借鉴西方学者的研究理路或研究模型，展开了当代中国社会教育不平等问题的本土化研究，并尝试与 MMI 假设、EMI 假设和理性选择理论等西方已有理论进行对话或检验，其中，以刘精明、李春玲等国内学者为突出代表。比如刘精明在研究中就考察了国家政策、社会阶层、时代变化等中国国情或社会结构因素变动对教育不平等的影响，研究了 1999 年实施高等教育大扩张以来高等教育入学机会的变化，深入剖析了教育机会不平等变化的制度因素、家庭因素。李春玲也历时地考察了不同年代、城乡之间中国教育机会不平等的变动趋势及其背后的逻辑，定量研究了高等教育扩张的平等化效应，对 MMI 假设、EMI 假设和理性选择理论进行了检验，研究也证实了教育再生产现象在中国社会的客观存在。其他一些教育学研究学者以高等教育机会阶层辈出率为测量指标展开各阶层高等教育机会的分布和变动状况研究，研究结果也在一定程度上证实了扩招以来高等教育机会的阶层分布存在明显的不平等现象，家庭背景很大程度上影响了子女高等教育机会的获得比率和质量层次。已有国内关于教育获得、教育机会不平等的研究，体现了借鉴国外理论观点与结合中国国情的本土化研究取向，从而更加深刻地解读了中国社会的教育获得与教育流动状况，这种研究取向对于本研究也具有研究进路上的重要启发，即要结合中国社会结构变迁、教育政策变动等宏观制度性因素，探讨社会大转型进程中我国社会成员代际教育获得与教育流动状况。

无论是理论范式回顾、国外重要经验研究回顾，还是国内相关重要文献综述，三个层面的内容都十分丰富，对于本研究都具有不同层面的重要启发。事实上，理论范式和国外重要经验研究的回顾侧重于为本研究提供世界眼光，国内的研究成果也相当丰富、深刻，重点关注了时代变动、政策变革、家庭背景等因素对于教育机会不平等的影响逻辑。但需要指出的是，不少研究成果更多关注的是教育获得对收入地位、阶层地位的影响，教育获得主要被作为自变量加以考察。此外，关于教育流动的国内研究成果也相对较少，而将教育获得与教育流动两者一并考察的集中式研究更为欠缺。同时，通过检索中国学术期刊网的硕博士论文库也发现，目前尚无同时以"教育获得""教育流动"为选题关键词的社会学专业研究生论文。基于上述研究现状，本书拟以"教育获得与教育流动"为选题展开集中式的聚焦研究，力图站在上述三个层面的前人研究的基础上，借鉴国内外有关理论观点，采用更多的分析工具和研究方法，更加系统、深入地考察我国社会成员代际教育获得与教育流动总体状况、不平等变动及其深层影响逻辑。

第三章
研究框架、研究设计与研究数据

一 研究框架

研究框架可以说是论文写作的地图和指南针，主要涉及研究视角的选择、主要概念的界定和篇章结构的设定。

1. 研究视角

教育获得不仅是现代社会中个体成员得以生存发展的根本基础，也是其最终社会地位获得的最重要影响变量之一。无论在哪个社会，教育机会尤其是高等教育机会总是稀缺的社会资源，每个社会成员在其结束正规教育之前都面临着不同层次、不同质量教育机会的激烈竞争，稀缺教育机会的获得不仅要靠自身的努力和能力，也需要来自家庭力量的支持，教育机会的竞争可以说是一个十分复杂的社会过程，竞争的最终结果形成了整个社会教育获得的现实分布状况。那么，从代际视角来研究教育获得与教育流动就可以成为考察一个社会教育公平程度的重要窗口，甚至也成为研究社会不平等的重要切入口。从前述的理论回顾和文献综述可知，关于教育获得和教育流动的研究视角丰富多样，但也存在研究视角分散、研究聚焦度和集成度不高等问题。基于此，本书集中从代际视角来研究教育获得和教育流动，借鉴国外已有的主要研究范式和分析模型，参考国内外重要研究假设和研究进路，定量分析、深入剖析我国教育获得与教育流动的现状、不平等变动和深层影响逻辑，以期形成更加系统化、本土化的研究成果。

从代际视角来研究教育获得与教育流动的变动状况具有多重优势。一是代际教育获得具有良好的可测量性。本书所指的教育获得主要是指现代社会个体成员接受正规学校教育的最终程度。虽然现在整个社会都在倡导终身教育，有一些社会成员在工作多年以后再次考入正规学校深造，但这一部分的数量规模总体不大，绝大部分社会成员多是经过最后的正规学校教育之后进入工作岗位，教育获得的最终程度绝大部分不再发生显著变动。因此，绝大部分社会成员的教育获得程度都可以通过问卷调查得到较为精确的测量。二是代际教育流动具有良好的可计算性。现代社会正规学校不同层次的教育都有明确的学制规定，我们只要知道调查对象的教育获得程度，就可以根据教育年限转换表换算出来其具体的受教育年限数值，这也就可以将教育获得程度转换成定距变量，进而可以计算代际教育流动的距离，以及比较获得代际教育流动的方向，便于对其展开定量模型分析。三是代际视角研究可以深入考察代际教育获得与教育流动状况，剖析父代因素对于子代教育获得与教育流动的影响逻辑，进而揭示家庭背景因素与教育机会不平等之间的深层关系，深化我国教育不平等问题研究。

从代际视角来研究社会成员的教育获得与教育流动状况可以更好地连接个体主义与整体主义方法论。为了使得整个研究进路具有良好的可操作性，本书以个体主义方法论为主要指导，采用定量研究方法从问卷调查中的个体样本出发来探究总体样本的分布状况和内在逻辑。同时，在定量模型中也会引入一些家庭背景方面的定类变量，从而连接社会结构因素方面的分析。当然，除此之外，本书还将整体考察我国社会工业化、城市化、高等教育大众化等宏观结构性变迁对于教育获得与教育流动的根本性影响，同时对不同年代社会成员代际教育获得与教育流动不平等性进行动态比较研究。

从代际视角来研究社会成员的教育获得与教育流动状况也可以很好地与西方社会及国内已有研究的结论或假设进行对话。西方学者关于教育获得与教育流动问题的先行研究已经取得了很多重大成果。从定性研究成果来看，主要有文化再生产理论、社会语言编码理论、理性选择理论；从定量研究成果来看，主要有地位获得模型、MMI 假设和 EMI 假设等。从学科分布来看，主要有社会学和教育学等学者的研究成果，各个学科视角的研究成果相互补充，构成了强有力的关于教育获得与教育流动的解释体系。

已有的国外研究成果包含了不同的理论范式、研究假设和解释框架，对于本研究的推进展开具有重要的指导、借鉴和参考意义，特别是其中的定量研究模型尤其具有重要借鉴价值。同时，本研究的结论也可以很好地与西方已有研究成果展开对话，从而检验西方重要理论或假设在转型中国社会的适用性。当然，除此之外，本书也要借鉴国内已有研究的路径方法和分析思路，与已有的国内研究结论进行沟通，从而进一步深化这一课题的本土化研究。

2. 概念界定

这一部分主要介绍与本研究密切相关、多处涉及的基础性概念，力图为后续研究提供更清晰、更明确的概念范畴。当然，本研究涉及的相关概念绝不仅限于这里介绍的，另有一些相关概念可能在具体行文中加以界定，在此说明一下。

（1）教育获得。

教育获得就是指现代社会中社会成员通过正规的学校教育所达到的学历程度，在问卷调查中体现为社会成员教育获得的最终结果。在现代社会中，教育是社会自致性因素的生成机制，教育获得是每一个社会成员生存发展的重要条件，也是一个国家人力资源储备的重要手段。教育获得具有良好的正外部性，不仅事关个人社会地位的最终获得，也关系到整个国家的国民素质、人才红利和发展潜力，可谓"国之大事"。正因为教育获得的积极效应，世界各国都高度重视教育改革发展事业，大力推进义务教育普及化，推动高等教育大众化乃至普及化。在教育获得研究中，高等教育获得及其机会公平是关注的重点，本书所指的高等教育获得主要是指社会成员最终具有大学大专及以上的教育获得。

（2）教育流动（即代际教育流动）。

教育流动是本研究涉及的核心概念之一，它是综合教育获得与代际流动而生成的一个重要概念，一定程度上可以说是"教育获得的代际流动"的简称（本书或称为"代际教育流动"）。参照代际阶层流动、代际收入流动的一般定义，教育流动是指在配对的父代与子代间，以父代的教育获得程度为参照，其子代教育获得程度的变动状况。结合代际流动的一般规定性，教育流动按照流动水平来看，可以划分为垂直流动和水平流动，其中，垂直流动包括向上流动和向下流动，水平流动表示代际教育水平处于同一水平。教育流动性大小也可以在总体上反映出整个社会的总体流动水平，教育流动性越大的社会往往是一个更加开放、更加公平、更具活力的社会；反之而相反。教育流动的测量和研究主要也有两种方式：其一，将教育获得作为定类变量进行测量，即将教育获得的具体类型按照教育层次和质量进行等级排序，进而采用虚拟变量方式引入回归分析，或采用流动量表与对数线性模型加以分析；其二，将原为定类变量的教育获得程度根据教育年限表转换成定距变量，进而展开教育地位获得、教育流动距离等描述分析，同时也可以直接引入回归方程进行多元统计分析。

（3）生存教育与地位教育。

生存教育与地位教育是刘精明教授在《国家、社会阶层与教育》一书借鉴葛兰西、柯林斯等西方学者关于教育类型的看法，运用理想类型方式提出来的关于教育质性区别的两个重要范畴。刘精明认为，社会中存在两种基本类型的教育，即生存教育与地位教育。生存教育就是一个人为适应某一社会的基本生存而必须接受的教育，它更多的是一种有关劳动生产技术和技能的训练，以及为接受这样的训练而必须具备的基础教育；相应地，地位教育即指超出基本生存所必需的、以获取更好的社会职业地位为指向的教育类型，它更多是一种维持地位优势的、具有明显稀缺性的高等级、高品质教育（刘精明，2005：76~86）。可见，生存教育更多地体现为准公共物品，是现代社会正常运转的软性基础设施，具有积极显著的公共性、正外部性；而地位教育更多地体现为准私人物品，是社会个体成员提升社会地位的必然要求，具有显著的私益性、排他性。生存教育与地位教育之间的界限并非固定不变，而是随着时代变迁、社会发展和教育扩展而发生变动。以前绝大部分社会成员的生存教育靠的是代际传授，只有极少部分社会成员能够接受学校教育，无论这种学校教育的层次和质量，都可以看作是地位教育。而在现代社会中，随着人类社会分工的日益精细化、专业化，对社会成员的知识和能力水平的要求越来越高，在工业化初期更多地要求社会成员接受初中级的义务教育、职业教育，这时候的义务教育或职业教育可能就是地位教育；而在工业化中后期则更多地要求社会成员接受高层次的高等教育，这时候高层次、高品质的高等教育才能算作地位教育。生存教育与地位教育研究范畴的提出，可以为我们区别教育的质性不平等及其变动提供有力的分析框架，对于剖析近几十年以来我国不同层次不同品质的教育获得变动情况无疑具有重要帮助。鉴于当代中国已经进入工业化中后期发展阶段，同时也步入高等教育大众化阶段，地位教育对于教育层次和质性的要求已经从早先的中专、职高、技校等中等教育升级到大学专科、本科和研究生等高等教育，因此，本书中的地位教育事实上就是指包括大学专科、本科和研究生等在内的高等教育类型。

（4）教育不平等。

教育不平等是本书关注的一个核心问题，也是目标指向。在教育社会学研究中，教育平等与教育公平是最为常见的两个重要概念，在许多情况下往往不加分别地使用。但事实上，二者之间有明显区别，这里将通过比较分析，进一步明确教育不平等的概念和内涵。

从辞源意义上来看，英语中的"平等"（equality）与平均、相同等概念相关联，更多的是一个法律或政治概念；英语中的"公平"（justice）则与公正、正义等概念相关联，更多的是一个社会或价值概念。可以说，教育平等强调的是法律意义或政治意义上的平等权，教育公平则强调的是社会学意义或价值观意义上的公正性。从内涵界定上看，教育平等是指人们不受政治、经济、文化、民族、信仰、性别、地域等的限制，在法律上享有同等的受教育权利，在事实上具有同等的受教育机会。教育公平概念目前尚缺乏统一、明确的定义，但一般是指受教育者在教育的整个实现过程中享有公正待遇的一种状态。也就是说，教育平等体现的是在不考虑社会成员个体身份差异前提下人人都能够获得受教育的基本权利，教育公平则体现的是在考虑社会成员个体身份差异前提下如何使这种权利得到最大化实现。由此可见，教育平等是教育公平的前提和基础，教育公平的实现首先有赖于要从法律规范和政治地位上确保不同个体受教育权利的平等，只有确保了每个社会成员受教育权利的平等，才有可能追求更高水平的教育公平。

教育平等可以说是近现代化以来人类社会民主化进程带来的重要理念，是相较于教育公平而言更为客观、基础的重要概念。教育平等主要包括两大原则要求：一是教育权利平等原则。这是相对于政治、经济上的平等权权利来说的，每个社会成员的受教育权利也应当是平等的，不因性别、种族等差异而形成权利排斥。二是教育机会均等原则。每个社会成员不因家庭背景差异而享有不均等的入学机会，特别是义务教育阶段要更加突出强调教育机会均等、教育资源均衡，每个愿意接受义务教育的社会成员都不会因为家庭经济困难而失学、辍学。如果做到了上述两个原则要求，教育平等的水平就比较高；反之则相反。本书的教育不平等主要涉及教育获得和教育流动的不平等问题，更多关注的是教育获得和教育流动中的教育机会不平等问题。

3. 篇章结构

本书通过对我国近年来教育不平等现象的初步描述提出了研究选题，并且通过理论回顾和文献综述，概括梳理了主要理论范式对于现代教育的观点分歧，初步认识了现代工业社会中教育扩展与教育不平等之间的有关假设，也较全面地掌握了国内有关学者的重要研究成果。在此基础上，结合本次调查数据展开系统、集成的实证研究，结合描述分析与解释分析，探讨父代因素即家庭背景对于子代教育获得与教育流动的影响逻辑。然后，进一步通过宏观分析探讨结构性因素对子代教育获得与教育流动的影响。最后，将研究全过程得到的具体结论总结提升为具有本土化认识的总体研究结论。总之，本书致力于形成有关理论指导下的实证研究成果，因此，尽力按照定量研究的基本要求设定篇章结构，以期形成规范的定量研究成果。本书的主要篇章结构设置如下。

第一章：导论部分，主要交代本研究的问题意识缘起、将要研究探讨的主要问题，以及本研究具有的理论与现实意义。

第二章：理论回顾与文献综述，从主要理论范式回顾、国外重要经验研究回顾和国内相关重要文献综述等三个层面入手，较为全面系统、有针对性地展开与本研究主题相关的理论回顾与文献综述。

第三章：研究框架、研究设计与研究数据，其中，研究框架主要涉及研究视角的选择、主要概念的界定和篇章结构的设定；研究设计主要涉及研究思路的设计、研究假设的提出和主要变量的设置；研究数据主要涉及调查数据的来源、抽样方法的介绍和数据基本特征的描述。

第四章：教育获得描述分析，主要通过列联表交叉分析、均值分析、相关分析等基础统计方法，从父代的职业阶层、城乡区域和同期群等视角对子代的教育获得状况进行描述分析，较为全面地掌握代际视角下我国社会成员教育获得的基本状况。

第五章：教育获得解释分析，主要通过建构教育获得的年限模型、转换模型和分流模型等来定量剖析受访者父代因素即家庭背景因素对于子代教育获得的深层影响逻辑。

第六章：教育流动描述分析，主要借鉴传统的代际流动量表和代际流动弹性等计算方法或统计技术，定量描述分析本次调查样本的代际教育流动状况，初步探讨我国代际教育流动中的不平等及其变动问题。

第七章：教育流动解释分析，主要通过构建教育流动距离模型、方向模型和对数线性模型来探讨父代因素对于子代教育流动的影响逻辑，定量分析家庭背景因素对于子代教育流动距离和方向等方面的内在影响，并揭示代际教育流动中存在的继承性关系。

第八章：教育获得与教育流动宏观分析，结合国内外相关研究结论和数据，从宏观视角探讨教育获得的结构性影响因素，具体分析教育流动的主要传递机制，进而深入探讨代际教育获得与教育流动不平等的变动情况，特别是我国高校大扩招以来的教育不平等问题。

第九章：结论与讨论，一是对本研究的总体假设进行最后检验，将前文定量研究发现与已有的国内外经典理论观点如 MMI 假设、EMI 假设、理性选择理论等进行对话，形成本土化的理性认识；二是结合研究全过程指出本研究的不足之处与主要局限，以及今后的努力方向。

二　研究设计

本研究设计主要涉及定量研究思路的设计、主要研究方法和主要变量的设置。下面作进一步的具体介绍。

1. 定量研究思路

本书定量研究思路重点围绕实证研究部分来设计，主要从描述性分析和解释性分析两个层次，分别展开对教育获得和教育流动状况的定量研究，深入剖析父代因素即家庭背景因素对于子代教育获得与教育流动的影响逻辑，深化我国教育不平等问题的研究探讨。

本研究构建了一个集"双线索双层次"于一体的"四象限"式定量研究思路，其中，"双线索"即教育获得与教育流动两条线索，"双层次"即描述分析与解释分析两个层次，"四象限"研究最终指向于教育获得与教育流动的不平等性分析。在教育获得描述分析中，本研究主要从阶层视角、城乡视角和同期群视角，运用交叉分析、均值分析、相关分析等基础统计量描述分析教育获得的一般状况；在教育获得解释分析中，主要采用教育年限模型、转换模型和分流模型剖析父代因素对子代教育获得的影响。在教育流动描述分析中，借鉴传统或改造传统的社会流动分析工具，主要采用代际教育流动量表、代际教育流动弹性等工具展开；在教育流动解释分析中，主要采用教育流动距离模型、方向模型和对数线性模型展开。最后，通过上述"双线索双层次"的定量研究结果，进一步系统总结我国代际教育获得与教育流动的总体状况、不平等变动及其背后的深层影响逻辑（见图 3-1）。

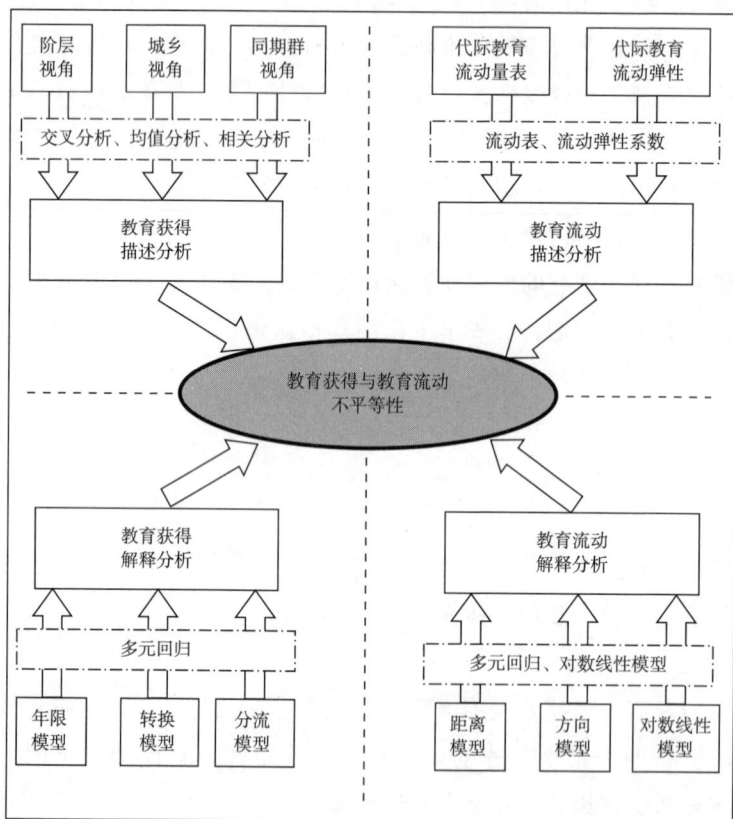

图 3-1

此外，在教育获得解释分析与教育流动解释分析两个章节中，重点探讨父代因素即家庭背景对于子代教育获得与教育流动的影响逻辑，所采用的研究思路总体上大致如图 3-2 所示，因变量将在具体的分析模型中另行交代，另外，在具体分析模型中引入的控制变量也可能有所调整。根据上述研究思路，结合国内外有关理论观点特别是 MMI 假设和 EMI 假设观点，本研究拟提出如下总体研究假设：父代因素即家庭背景因素对于我国社会成员教育获得与教育流动具有重要影响，教育规模扩展并不能自然地带来教育不平等的降低。当然，总体研究假设并非由某个分析模型就能得到检验，而需要通过全部研究，需要多种分析工具或模型的各自贡献。相关分析模型的具体研究假设将会在所在章节另行说明。

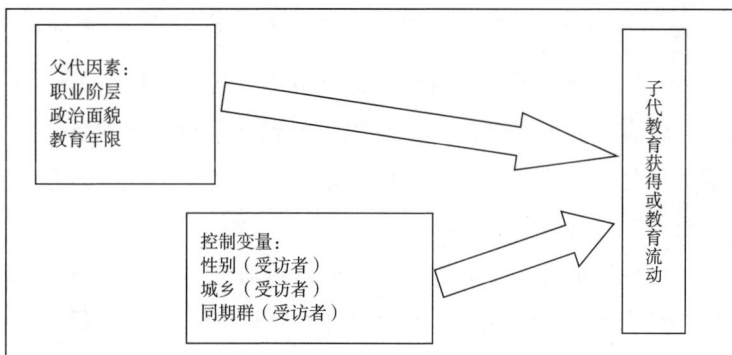

图 3-2

2. 研究方法

本研究的范式取向总体上定位于定量研究，在整个研究过程中主要且重点采用定量研究方法展开深入剖析，但不可避免地在有关章节运用文献分析法、理论分析法等其他相关研究方法。

（1）定量研究方法。

定量研究方法主要应用在本研究的主体部分，主要采用基于调查问卷数据基础上的多种统计分析方法。在教育获得描述分析中主要运用列联表交叉分析、均值分析和相关分析等基础统计分析方法。在教育获得解释分析中主要运用多元线性回归分析、多元逻辑回归分析等多元统计分析方法。在教育流动描述分析中，主要运用代际教育流动量表、代际教育流动弹性等定量分析方法。在代际教育流动解释分析中，主要运用多元线性回归模型、多元逻辑回归模型和对数线性模型等高级统计分析方法。上述统计分析方法的原理在有关教科书中有详细的介绍，由于篇幅所限，这里就不再作具体介绍。同时，上述各种定量研究方法或研究模型的具体运用将在所在章节作必要交代。

（2）文献分析法。

文献分析法主要应用在"第二章　理论回顾与文献述评"中，通过文献检索收集主要理论范式、国外重要研究成果和国内主要研究文献的相关材料，并加以全面、系统地归类梳理、回顾总结。此外，在"第八章　教育获得与教育流动宏观分析"中，也较多运用了文献分析法，借鉴国内外相关研究成果对有关论点进行论证。

（3）理论分析法。

理论分析法主要体现在最后的结论章节中，通过对国内外已有理论观点的检验，将本研究所得到的结论与相关的理论假设进行对话。此外，本研究事实上也是在理论指导下展开的实证研究，在整个行文过程中、在相关章节中也不时贯穿着理论分析。

此外，要说明的是，本研究所采用的定量研究工具主要是 SPSS 软件，文中表格格式及数字形式除非另行整理的，以 SPSS 统计分析生成的原生格式为基准。此外，辅以 Excel 软件协助计算工作以及制作图表。

3. 变量设置

变量设置是定量研究操作化的内在要求，科学合理的变量设置是多元统计分析方法得以应用的前提条件。由于本研究涉及的变量数量较多，在不同的模型中可能选用的变量不尽相同，因此，下面仅对本研究涉及的最主要核心变量加以设置，其他一些有关变量在相关章节里另行说明。

（1）教育获得。

教育获得在本研究中作为核心的因变量存在，操作化为问卷调查中受访对象最终所获得的教育程度。教育获得的变量设置主要有两种方式：一种是作为定类变量，以虚拟变量方式引入定量模型，如划分为生存教育与地位教育等；另一种是作为定距变量，即将教育获得的最终程度根据教育年限表转换成受教育年限数值。这两种设置方式在下文的定量研究中都将会运用到，下面具体介绍。

本次调查中设置了"你目前的最高教育程度"和"你父亲的最高教育程度"两个问题，调查选项设置了 12 个，分别是：没有受过任何教育、私塾、小学、初中、职业高中、普通高中、中专、技校、大学专科、大学本科、研究生、其他。其中，"私塾"不属于正规的学校教育，因此，将"私塾"归入"没有受过任何教育"；"其他"类型的教育类型也不属于正规的学校教育，因此，将这部分的调查样本作剔除处理。那么，最终就形成"没有受过任何教育、小学、初中、技校、职业高中、中专、普通高中、大学专科、大学本科、研究生"等 10 个教育获得类型，作为本研究的基本分类。但也需要说明的是，文中根据研究需要还会作进一步的调整，其中，可能将"技校、职业高中、中专"等三类作合并处理或剔除处理，也可能将"大学专科、大学本科"作合并处理，这将会在相关章节中加以说明。

那么，本研究常用的 10 个教育获得程度类型就可以根据以下教育获得程度与教育年限换算表转换为定距变量的教育年限数值（见表 3-1）。那么，综合考虑各类教育程度的教育年限、教育质性差别以及当代中国社会对于各类教育获得程度收益率的现实评价，上述 10 个教育获得程度类型可以按照等级顺序排列为：研究生、大学本科、大学专科、普通高中、中专、职业高中、技校、初中、小学和没有受过任何教育，可作为等级定序变量依次赋值为"10、9、8、7、6、5、4、3、2、1"，从而可以应用于等级相关分析等研究。

表 3-1 教育获得程度与教育年限换算表

序号	教育程度类型	教育年限	说明
1	没有受过任何教育	0	"私塾"归入"没有受过任何教育"。
2	小学	6	小学学习年限按 6 年计算。
3	初中	9	初中学习年限按 3 年计算。
4	技校	11.5	技校学习年限分布在 2~3 年，这里做平均处理，按 2.5 年计算。
5	职业高中	12	职业高中学习年限按 3 年计算。
6	中专	13	中专学习年限普遍为 4 年。
7	普通高中	12	普通高中学习年限按 3 年计算。考虑到普通高中的升学率较高，后续的教育获得预期良好，故而将其排序在中专之后。
8	大学专科	15	大学专科学习年限普遍为 3 年。
9	大学本科	16	大学本科学习年限普遍为 4 年。
10	研究生	19	硕士研究生学习年限普遍为 3 年，博士研究生学习年限多为 3~4 年，但由于博士学位受访者较少，这里就低按 3 年计算。

当教育获得作为定类变量时，余下的 10 个教育类型就可以根据教育获得的层次和质性差别划分为生存教育与地位教育两大教育质性类型。根据前述的概念界定，针对受访者本人，在当代中国已经进入工业化中后期阶段背景下，本研究将小学、初中、技校、职业高中、普通高中、中专等教育类型都归为生存教育，只将受访者本人具有大学专科、本科和研究生等高等教育获得归为地位教育（见表 3-2）。事实上，本研究中受访者的地位教育就相当于其高等教育获得，另外，"没有受过任何教育"的样本作缺失值处理。据此，本研究将受访者的教育获得状况转换为生存教育和地位教育等两大质性类别，其中，"生存教育"赋值为"1"，"地位教育"赋值为"0"，以虚拟变量的方式引入定量分析模型。鉴于受访者父亲年龄的年代分布较广，生存教育与地位教育的边界比较模糊、难以确定，本研究就不对受访者父亲的教育获得作质性归类及相关分析。

表 3-2　生存教育与地位教育归类表

序号	教育程度类型	教育质性类型
1	没有受过任何教育	拟作缺失值处理
2	小学	生存教育
3	初中	生存教育
4	技校	生存教育
5	职业高中	生存教育
6	中专	生存教育
7	普通高中	生存教育
8	大学专科	地位教育
9	大学本科	地位教育
10	研究生	地位教育

（2）教育流动。

教育流动关注的是配对父代和子代的代际教育获得变动状况，主要通过比较配对父代和子代的最终教育获得程度或教育年限来加以测量。通过上述教育获得程度类型与教育年限换算表（见表3-1），本研究将配对父代和子代的最终教育程度类型转换为可以比较的教育年限数值。代际教育流动的年限就是子代最终教育年限减去父代最终教育年限得到的数值。经过初步的统计分析，本研究发现，代际教育流动同代际收入流动、代际地位流动等一样，也存在正向流动、水平流动和负向流动的情况。代际教育流动方向可以通过比较代际教育年限数值而加以判定，不过，对于教育流动方向的测量还有一种更精准的方法，即按照我国教育学制标准将教育获得程度类型转换为可以比较的等级定序变量，通过对比代际教育获得等级定序变量而加以判定，本研究主要采用的就是后一种方法。

（3）家庭背景（即父代因素）。

家庭背景对教育获得与教育流动的影响是本研究关注的核心问题之一。家庭背景是许多社会学定量研究中重点关注的变量因素，也是本研究需要重点考察的代际教育获得与教育流动的重要影响因素。家庭背景是个复杂的系统构成，包括经济、政治、文化和社会等各方面的资本要素，为使得家庭背景具有可测量性，在一般的社会学研究中，往往将其具体操作化为经济资本、政治资本、文化资本和社会资本。其中，经济资本主要以其父代的个人或家庭收入为衡量标准；政治资本主要以其父代拥有的行政级别为衡量标准；文化资本主要以其父代的受教育程度为衡量标准；社会资本往往以其父代的社会关系网络规模和网顶关键人等为衡量标准。鉴于本次调查数据的制约，在本研究中，家庭背景方面仅调查收录了受访者父代的最高教育程度、政治面貌、户口类型、职业阶层等数据。一般来说，父代的职业阶层地位是其经济社会地位的综合体现，不仅可以反映个人或家庭经济收入水平，也能够在相当程度上反映个人或家庭的社会资本存量；父代的最高教育程度可以较好地反映出受访者家庭的文化资本；父代所处年代具有党员身份往往意味着较高的政治资本。据此，本研究以职业阶层代表经济资本和社会资本，以父代教育获得程度代表文化资本，以政治面貌代表政治资本，综合考察上述父代诸类资本因素（即家庭背景因素）对子代教育获得与教育流动的影响。

①职业阶层。

本次调查问卷访问了受访者14岁时父亲的职业类型，原问卷中的分类过于详细，结合近年来国内社会分层研究的已有结论和看法，对原始数据作合理的合并处理，将父代的职业阶层主要合并为7个职业阶层，具体如下：国家机关、党群组织、企业、事业单位负责人；国家机关、党群组织、企业、事业单位中层干部/中层管理人员/中高级专业技术人员；国家机关、党群组织、企业、事业单位办事人员/一般专业技术人员/业务人员；商业服务业/个体户人员；工人；农民；其他不便归类人员。这7个职业阶层在后续的研究中简称为：机关企事业单位负责人、机关企事业单位中层人员、机关企事业单位一般工作人员、商业服务业人员、工人、农民、其他不便归类人员，具体分布情况如表3-3所示。根据过往的国内外研究结果表明，上述7个职业阶层的经济社会地位在大多数社会中呈依序下降的特征，如果定量分析模型要求不太高，可以通过依次降序赋值7、6、5、4、3、2、1的方式转换为等级变量进行等级相关等分析。当然，上述7个职业阶层尽可能作为定类变量，以虚拟变量方式引入定量分析模型，本研究主要采取这一策略。

表3-3　受访者父亲职业阶层

		频数	百分比	有效百分比	累积百分比
有效	机关企事业单位负责人	90	1.6	1.7	1.7
	机关企事业单位中层人员	308	5.5	5.8	7.5
	机关企事业单位一般工作人员	447	8.0	8.4	15.9
	商业服务业人员	331	5.9	6.2	22.1
	工人	901	16.1	16.9	39.0
	农民	3107	55.4	58.4	97.4
	其他不便归类人员	140	2.5	2.6	100.0
	合计	5324	94.9	100.0	
缺失	系统	289	5.1		
合计		5613	100.0		

②政治面貌。

本次调查问卷访问了受访者 14 岁时父亲的政治面貌情况，原问卷关于政治面貌的类型有：共产党员、民主党派、无党派人士、共青团员、群众等 5 个类别，这里转换为"共产党员"和"非共产党员"两类（见表 3-4）。其中，"共产党员"赋值为"1"，"非共产党员"赋值为"0"，作为虚拟变量引入定量分析模型。

表 3-4 受访者父亲政治面貌

		频数	百分比	有效百分比	累积百分比
有效	共产党员	806	14.4	14.4	14.4
	非共产党员	4801	85.5	85.6	100.0
	合计	5607	99.9	100.0	
缺失	系统	6	0.1		
合计		5613	100.0		

（4）控制变量。

①性别。

本次调查中，受访者的性别信息收录完整，有效样本中没有缺失值。现将男性设为"1"，女性设为"0"，性别变量以虚拟变量方式引入定量分析模型。

②年龄。

本次调查中，受访者的年龄信息收录完整，有效样本中没有缺失值。年龄作为定距变量可直接引入定量分析模型，如有需要另作平方处理。

③城乡。

城乡变量是考察中国社会城乡差别的重要视角，这与中国长期以来的城乡二元结构息息相关。本次调查没有直接访问受访者 14 岁时父亲居住地的城乡类型，为此，本研究拟从户口类型来间接测量受访者 14 岁时父亲居住地的城乡类型。总体上看来，受访者父代所处时代的户口类型可以很好地反映出受访者 14 岁时父亲居住地的城乡类型。本研究将受访者 14 岁时父亲居住地的城乡类型划分为"农村"和"城镇"，其中农村设为"1"，"城镇"设为"0"，以虚拟变量方式引入定量分析模型。由表 3-5 可以发现，本次调查样本中受访者 14 岁时父代居住在农村的比例较高，占总有效样本量的 68.0%。

表 3-5 受访者 14 岁时父亲城乡类型

		频数	百分比	有效百分比	累积百分比
有效	农村	3819	68.0	69.8	69.8
	城镇	1651	29.4	30.2	100.0
	合计	5470	97.5	100.0	
缺失	系统	143	2.5		
合计		5613	100.0		

④同期群。

同期群的视角是比较考察不同时间段内调查对象有关方面动态变化的重要方式。关于同期群的划分，不同研究根据各自需要往往有不同的划分标准。本研究侧重从"年代"视角来探讨不同年代间代际视角下的教育获得与教育流动状况，因此，尝试将同期群根据出身年龄所在的年代划分为若干个同期群。以"年代"视角划分同期群的方法并非随意设想，而是与我国社会变迁进程有着紧密的联系。改革开放之前，我国社会变迁经历了非理性的复杂过程，个体社会成员的生命历程也显得更加跌宕不平。1949 年前出生在新中国建立之前的，个体受教育机会极度稀缺。1950 年后出生在新中国成立之后的国家建设初期的，基础教育开始起步，但非常不幸的是，这一同期群受到"文化大革命"的干扰，大多没有接受正规教育，只有极少部分个体在恢复高考后通过竞争继续深造。1960 年后同期群出生初期也受到"文化大革命"的干扰，但其中的部分社会成员刚好在高中毕业之后适逢"高考恢复"，有机会参与竞争和接受正常的高等教育。1970 年后同期群几乎伴随着改革开放进程而成长，他们出生成长之后都可以接受正常的基础教育，也可以通过自身努力竞争高等教育机会。改革开放以来，我国社会变迁总体上进入了正常的理性化发展道路。改革开放以来的每一个 10 年，都可以看到中国社会发生的根本性变化，这也刚好与人们日常话语中的 70 后、80 后、90 后等话语相衔接，同时也与国家的重大改革政策相衔接。最重要的是，1980 年后出生的同期群在进入大学时恰逢我国高校大扩招之始，以年代为视角划分同期群，有助于考察高校大扩招之后父代因素的影响变动情况。据此，本研究以"年代"为视角划分受访者的出生年龄同期群，同时将"年代"同期群作为定类变量，以虚拟变量方式引入定量分析模型。结合本次调查数据，年龄最大的受访者为1942年出生，年龄最小的受访者为1995年出生，经频次分析发现，受访者本人1949年前出生和1990年后出生的两个同期群包含的样本量数量较少，占总有效样本的比例较低，可能会缺乏应有的代表性，从而影响分析结果的科学性和合理性。为此，本研究将受访者出生年龄同期群最终划分为1959年前（含1959年）、1960~1969年、1970~1979年和1980年后（含1980年）4个同期群。4个受访者出生年龄同期群频次分布如表3-6所示，各个同期群的样本分布较为均衡，有利于后续的定量分析。特别要强调的是，1980年后出生的受访者进入大学时适逢1999年高校大扩招，因此，这一同期群可以作为考察我国高校大扩招之后教育不平等变动情况的重要视角。

表 3-6　受访者出生年龄同期群

		频数	百分比	有效百分比	累积百分比
有效	1959年前（含1959年）	1690	30.1	30.1	30.1
	1960~1969年	1287	22.9	22.9	53.0
	1970~1979年	1243	22.1	22.1	75.2
	1980年后（含1980年）	1393	24.8	24.8	100.0
	合计	5613	100.0	100.0	

另外，在后续研究中还将涉及父代的出生年龄同期群。经过频次分析发现，父亲年龄最大的出生于1880年，年龄最小的出生于1975年，横跨近百年。参照重大生命历程事件——1949年新中国成立对受访者父亲的重大影响，本研究将受访者父亲按照出生年龄以1949年为界划分为1929年前（含1929年）、1930~1939年、1940~1949年、1950~1959年、1960年后（含1960年）5个同期群，受访者父亲同期群具体分布情况如表3-7所示，总体上分布也比较均匀，有利于后续的定量分析。

表 3-7　受访者父亲出生年龄同期群

		频数	百分比	有效百分比	累积百分比
有效	1929 年前（含 1929 年）	1494	26.6	29.3	29.3
	1930~1939 年	1123	20.0	22.0	51.3
	1940~1949 年	932	16.6	18.3	69.5
	1950~1959 年	881	15.7	17.3	86.8
	1960 年后（含 1960 年）	673	12.0	13.2	100.0
	合计	5103	90.9	100.0	
缺失	系统	510	9.1		
合计		5613	100.0		

三　研究数据

研究数据是本研究得以进行定量分析的基础和前提条件。研究数据主要涉及调查数据来源、抽样方法和数据基本特征。

1. 数据来源

本研究采用的数据来源于上海大学、上海大学上海社会科学调查中心于 2012 年在全国六省市（上海市、吉林省、广东省、河南省、云南省、甘肃省）开展的"社会发展与社会建设"问卷调查。问卷包含 5745 个有效样本，在结构式问卷调查中，详细访问、记录了受访者的性别、年龄、户口性质、教育程度、职业流动、职业经历、收入状况等数据，也调查了受访者 14 岁时父亲的户口、职业、教育、政治面貌等数据。本次问卷调查数据样本量规模巨大，因此根据研究需要对其中有关变量信息缺失的少量样本作了剔除，最终纳入本研究分析模型的有效样本量为 5613 个，达到定量研究的相关要求。

2. 抽样方法

抽样方法的科学性关系到调查数据的信度和效度，关系到调查样本推及总体的有效性和准确性。本次调查采用多阶段分层抽样方法，按 PPS 抽样原则完成了对街道和乡镇一级的抽样，具体过程是：第一阶段在省会城市（市辖区）抽取 3 个街道或乡镇；第二阶段在每个省抽取 2 个地级市（市辖区），并在每个地级市（市辖区）抽取 3 个乡镇；第三阶段在每个省抽取 3 个县（或县级市），每个县（或县级市）中抽取 3 个乡镇；第四阶段总体上控制每个省共抽取出 8 个街道或乡镇。同时，本次调查严格规定了各地居民户的抽样要求，即每个被抽中的居民委员会或村民委员会必须随机抽取 25 户作为调查样本，并对整个过程进行严格督导和控制，有效提升了调查样本抽样的代表性。

（1）省会城市（市辖区）的抽样情况。

本次调查为尽可能降低设计效应、提高抽样精度，在可操作的前提下，对上海和其他五省的省会城市（市辖区）（包括深圳）采用三阶段不等概率抽样，各阶段的抽样单位具体如下。

第一阶段：以街道、乡镇为初级抽样单位，依 PPS 原则提取样本；

第二阶段：以居民委员会、村民委员会为二级抽样单位，每个街道、乡镇按 PPS 原则抽取 2 个居民委员会、村民委员会；

第三阶段：以家庭住户为单位，并在每户中确定 1 人为最终调查对象。

（2）地级市（市辖区）的抽样情况。

五省地级市的市辖区和其他县级单位均采用四阶段不等概率分层抽样，各阶段的分层抽样单位如下。

第一阶段：以区（地级市）、县（包括县级市）为初级抽样单位，根据经济发展水平排列后按 PPS 原则抽取；

第二阶段：以街道、乡镇为二级抽样单位，依 PPS 原则提取样本；

第三阶段：以居民委员会、村民委员会为三级抽样单位；

第四阶段：以家庭住户为单位，并使用 Kish 入户抽样表，在每户中确定 1 人为最终调查对象。

3. 数据特征

为从总体上了解本次调查数据的基本情况，并为后续的研究提供基本的数据分布背景，现主要从教育程度、年龄、收入、性别、婚姻状况、户口、民族、政治面貌、工作状况等角度描述分析本次调查数据的基本特征。除此之外，还有少部分其他类别的数据特征可能在相关章节中另行描述。

首先，将教育程度作为重点数据特征加以单独描述，就受访者本人教育获得程度、受访者父代教育获得程度两个方面作频次分析，并根据教育获得程度与教育年限转换表进行均值分析。

从表 3-8 和图 3-3 关于受访者本人教育获得程度的总体分布中，有效样本中"初中"的受访者占最大多数，比例为 28.4%；第二多数的为"小学"，比例为 21.4%；第三多数的为"普通高中"，比例为 12.6%。占比最少的依次是"技校、研究生、职业高中"，比例分别为 0.6%、1.4%、1.7%。需要特别注意的是，"没有受过任何教育"的受访者占比例也达到 11.5%，这个数值相当高，因此，要通过其年龄分组分布判断其合理性。本研究将 644 份"没有受过任何教育"的受访者样本抽离出来作年龄分组分布频次统计，结果如表 3-9 所示，"没有受过任何教育"的受访者年龄大多在 50 岁以上，占比达到 63.5%。因此，没有受过任何教育的受访者多是因为年龄比较大，在当时所处年代的教育供给高度匮乏的情况下，没有机会接受任何教育是可以理解的，这也证明了本次调查数据的合理性。

表 3-8 受访者本人教育获得程度

		频数	百分比	有效百分比	累积百分比
有效	没有受过任何教育	644	11.5	11.5	11.5
	小学	1200	21.4	21.4	32.9
	初中	1595	28.4	28.4	61.3
	技校	33	0.6	0.6	61.9
	职业高中	93	1.7	1.7	63.6
	中专	272	4.8	4.8	68.4
	普通高中	710	12.6	12.6	81.0
	大学专科	560	10.0	10.0	91.0
	大学本科	430	7.7	7.7	98.7
	研究生	76	1.4	1.4	100.0
	合计	5613	100.0	100.0	

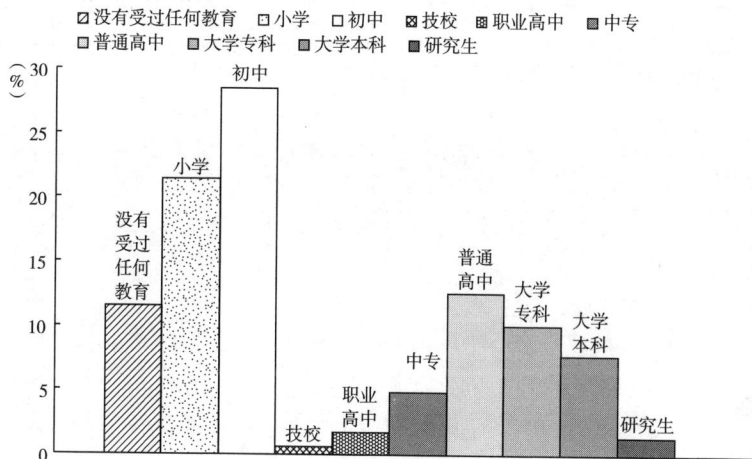

图 3-3　受访者本人教育获得程度总体分布图

表 3-9　没有受过任何教育的受访者年龄分组

		频数	百分比	有效百分比	累积百分比
有效	29 岁及以下	16	2.5	2.5	2.5
	30~39 岁	75	11.6	11.6	14.1
	40~49 岁	144	22.4	22.4	36.5
	50~59 岁	169	26.2	26.2	62.7
	60~69 岁	210	32.6	32.6	95.3
	70 岁及以上	30	4.7	4.7	100.0
	合计	644	100.0	100.0	

在表 3-10 和图 3-4 关于受访者父代教育获得程度的总体分布中，有效样本中没有受过任何教育的受访者占绝大多数，比例为 40%；第二多数的为"小学"，比例为 28.0%；第三多数的为"初中"，比例为 16.7%。占比最少的依次是研究生、技校、职业高中，比例分别为 0.1%、0.3%、0.5%。

其次，从年龄、收入等定距变量角度描述分析本次调查数据的重要特征。年龄分布、收入分布也是了解数据总体特征的重要视角，一方面可以通过年龄、收入的均值了解本次调查样本的平均收入水平、平均年龄，另一方面可以通过对年龄分组的频次统计了解年龄组分布情况。

表 3-10 受访者父代教育获得程度

		频数	百分比	有效百分比	累积百分比
有效	没有受过任何教育	2246	40.0	40.0	40.0
	小学	1570	28.0	28.0	68.0
	初中	935	16.7	16.7	84.7
	技校	17	0.3	0.3	85.0
	职业高中	27	0.5	0.5	85.5
	中专	115	2.0	2.0	87.5
	普通高中	471	8.4	8.4	95.9
	大学专科	103	1.8	1.8	97.7
	大学本科	121	2.2	2.2	99.9
	研究生	8	0.1	0.1	100.0
	合计	5613	100.0	100.0	

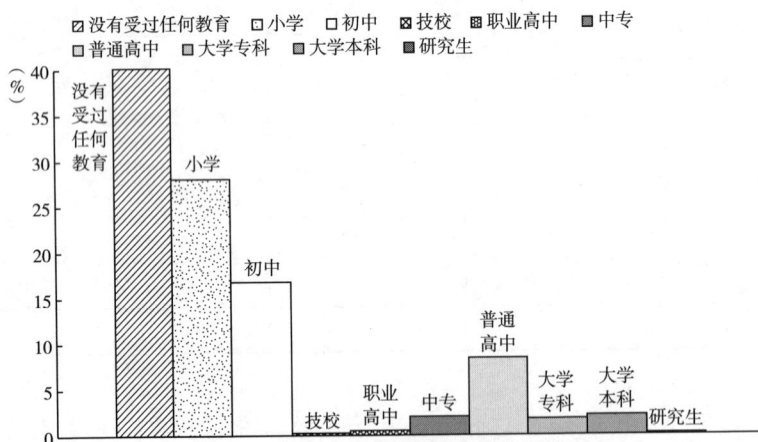

图 3-4 受访者父代教育获得程度分布图

一是考察受访者年龄和年总收入的均值描述统计结果（见表 3-11）。从受访者年龄来看，年龄最小的为 18 岁，达到受访者最低年龄要求；年龄最大的为 71 岁，平均年龄为 44.75 岁。从受访者年总收入来看，受访者个人（2011 年）总收入最小值为 0 元，最大值为 600000 元；受访者个人（2011 年）总收入平均值为 24424.07 元。这一数据与国家统计局公布的 2011 年城镇居民人均总收入 23979 元相差不多，这也说明本次调查数据具有较高的准确性。

表 3-11 年龄和年总收入的描述统计量

	N	极小值	极大值	均值	标准差
受访者年龄	5613	18.00	71.00	44.75	13.87469
受访者个人（2011 年）总收入	5600	0.00	600000.00	24424.0712	34723.44479

二是考察受访者本人的年龄分组情况（见表 3-12）。这里将受访者根据年龄大小划入 6 个年龄组，其中，占比最大的年龄组是 40~49 岁，达到 24.8%。从受访者本人年龄分组分布情况看，年龄分布基本呈现正态分布，这也符合问卷调查科学抽样的一般特征。

表 3-12 受访者本人年龄分组

		频数	百分比	有效百分比	累积百分比
有效	29 岁及以下	1004	17.9	17.9	17.9
	30~39 岁	1041	18.5	18.5	36.4
	40~49 岁	1392	24.8	24.8	61.2
	50~59 岁	1161	20.7	20.7	81.9
	60~69 岁	903	16.1	16.1	98.0
	70 岁及以上	112	2.0	2.0	100.0
	合计	5613	100.0	100.0	

三是从性别、婚姻状况、户口、民族、政治面貌、工作状况等定类变量视角描述分析本次调查数据的重要特征。当然，研究数据基本特征的描述视角还有很多，本研究只能选择其中最基本、最主要的变量视角加以描述分析。下面以一张大表格的形式将上述有关变量的基本特征统一罗列出来，以便于总体上了解和把握整个调查数据的主要基本特征（见表 3-13）。

表 3-13 受访者的个人基本特征表

		数量（人）	比例（%）
性别	男	2783	49.6
	女	2830	50.4
	合计	5613	100.0

		数量（人）	比例（%）
婚姻状况	未婚	775	13.8
	已婚	4441	79.1
	离婚	144	2.6
	丧偶	244	4.3
	缺失	9	0.2
	合计	5613	100
户口类型	农业户口	3203	57.1
	非农业户口	2404	42.8
	蓝印户口	4	0.1
	没有户口	2	0
	合计	5613	100.0
户口本外地	本地户口	4539	80.9
	外地户口	1071	19.1
	缺失	3	0.1
	合计	5613	100.0
民族类型	汉族	5073	90.4
	其他民族	536	9.5
	缺失	4	0.1
	合计	5613	100.0
政治面貌	非党员	5002	89.1
	党员	611	10.9
	合计	5613	100.0
工作状况	从事非农工作	2478	44.1
	务农	1602	28.6
	没有工作	988	17.6
	离退休	545	9.7
	合计	5613	100.0

第四章

教育获得描述分析

本章是整个定量研究的基础环节，教育获得状况对于后续教育流动研究具有基础性作用。教育获得的描述分析具有多元视角，本书注重从代际视角来分析社会成员教育获得的分布状况。具体地说，主要从父代的职业阶层、城乡区域和年代同期群等视角加以重点分析。在各个具体视角下的教育获得状况主要通过列联表交叉分析、均值分析、相关分析等基础统计方法来加以描述分析，进而"管中窥豹"式地反映代际视角下我国社会成员教育获得的基本状况。

一　教育获得的阶层分布

阶层视角是社会学研究诸多社会现象或社会问题尤其是社会不平等问题的核心视角，因为阶层及其地位承载了一个社会成员的经济社会地位，涵盖了政治、经济、文化和关系网络等各方面要素。阶层视角也是研究教育获得分布及其不平等的重要视角，本书重点从父亲的职业阶层背景来考察子代受访者的教育获得分布状况，主要采用列联表交叉分析、均值分析和相关分析等基础统计方法进行描述分析。

1. 列联表交叉分析

列联表是指两个或多个定类变量各水平的频数分布表，又称频数交叉表，列联表分析是定量研究中最基础的描述性分析工具之一。列联表分析（Crosstabs）就是通过列联表的方式对多个定类变量各水平的频数分布及其比例进行描述分析。不同阶层间的教育获得分布状况也可以通过列联表的形式呈现，笔者以受访者父亲职业阶层为行（Row），以受访者本人教育获得程度为列（Column），对各个受访者父亲职业阶层子代的教育获得程度进行频数和比例的列联交叉分析，形成了以下交叉分析结果表格（见表4-1）。结果显示：列联表交叉分析卡方检验的显著性水平为0.000，这表明不同父亲职业阶层的子代的教育获得程度分布存在显著差异。

笔者根据表4-1中的比例数据制作了不同父亲职业阶层的子代的教育获得程度分布比例图（见图4-1）。从柱状图可以看出，采访者本人为"没有受过任何教育"的，其父亲的职业阶层最集中在农民阶层；采访者本人为"初中"的，其父亲的职业阶层最集中在工人阶层；采访者本人为"大学本科"和"大学专科"的，其父亲的职业阶层最集中在机关企事业单位中层人员。

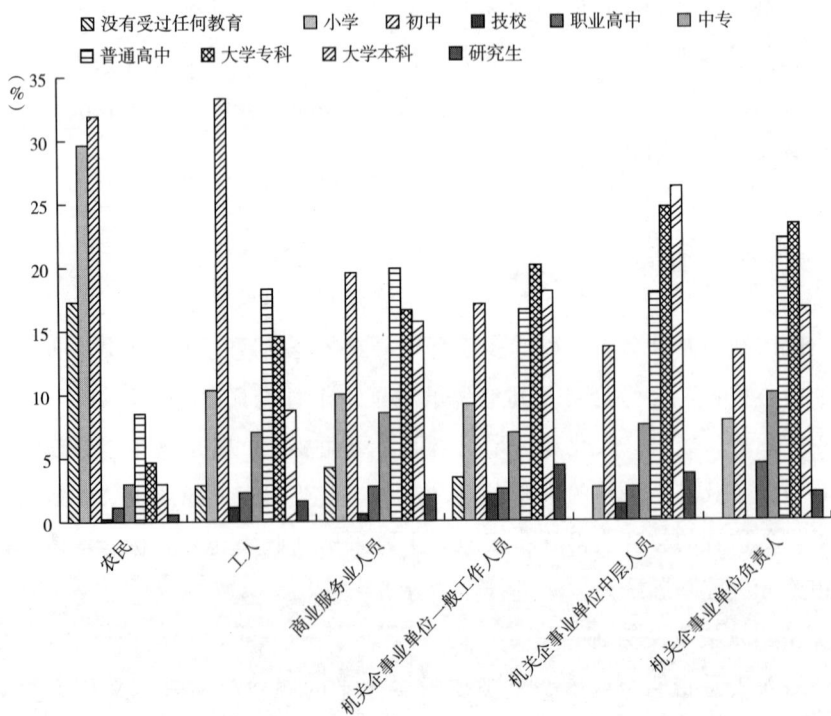

图4-1　不同父亲职业阶层的子代的教育获得程度分布比例图

表 4-1 受访者父亲职业阶层 & 受访者本人教育获得程度 交叉表

		没有受过任何教育	小学	初中	技校	职业高中	中专	普通高中	大学专科	大学本科	研究生	合计
					受访者本人教育获得等级							
受访者父亲职业阶层	农民 计数	537	922	992	7	33	94	263	145	94	20	3107
	占受访者父亲职业阶层中的	17.3%	29.7%	31.9%	0.2%	1.1%	3.0%	8.5%	4.7%	3.0%	0.6%	100.0%
	占总数的	10.4%	17.8%	19.1%	0.1%	0.6%	1.8%	5.1%	2.8%	1.8%	0.4%	59.9%
	工人 计数	25	93	300	10	21	64	165	131	78	14	901
	占受访者父亲职业阶层中的	2.8%	10.3%	33.3%	1.1%	2.3%	7.1%	18.3%	14.5%	8.7%	1.6%	100.0%
	占总数的	0.5%	1.8%	5.8%	0.2%	0.4%	1.2%	3.2%	2.5%	1.5%	0.3%	17.4%
	商业服务业人员 计数	14	33	65	2	9	28	66	55	52	7	331
	占受访者父亲职业阶层中的	4.2%	10.0%	19.6%	0.6%	2.7%	8.5%	19.9%	16.6%	15.7%	2.1%	100.0%
	占总数的	0.3%	0.6%	1.3%	0%	0.2%	0.5%	1.3%	1.1%	1.0%	0.1%	6.4%
	机关企事业单位一般工作人员 计数	15	41	76	9	11	31	74	90	81	19	447
	占受访者父亲职业阶层中的	3.4%	9.2%	17.0%	2.0%	2.5%	6.9%	16.6%	20.1%	18.1%	4.3%	100.0%
	占总数的	0.3%	0.8%	1.5%	0.2%	0.2%	0.6%	1.4%	1.7%	1.6%	0.4%	8.7%

续表

受访者父亲职业阶层			没有受过任何教育	小学	初中	技校	职业高中	中专	普通高中	大学专科	大学本科	研究生	合计
受访者父亲职业阶层	机关企事业单位中层人员	计数	0	8	42	4	8	23	55	76	81	11	308
		占受访者父亲职业阶层中的	0.0%	2.6%	13.6%	1.3%	2.6%	7.5%	17.9%	24.7%	26.3%	3.6%	100.0%
		占总数的	0.0%	0.2%	0.8%	0.1%	0.2%	0.4%	1.1%	1.5%	1.6%	0.2%	6.1%
	机关企事业单位负责人	计数	0	7	12	0	4	9	20	21	15	2	90
		占受访者父亲职业阶层中的	0.0%	7.8%	13.3%	0.0%	4.4%	10.0%	22.2%	23.3%	16.7%	2.2%	100.0%
		占总数的	0.0%	0.1%	0.2%	0%	0.1%	0.2%	0.4%	0.4%	0.3%	0.0%	1.7%
合计		计数	591	1104	1487	32	86	249	643	518	401	73	5184
		占受访者父亲职业阶层中的	11.4%	21.3%	28.7%	0.6%	1.7%	4.8%	12.4%	10.0%	7.7%	1.4%	100.0%
		占总数的	11.4%	21.3%	28.7%	0.6%	1.7%	4.8%	12.4%	10.0%	7.7%	1.4%	100.0%

注：卡方检验＝1408.852，显著性水平为0.000。

由于教育获得程度的类型过多，也存在过于复杂的问题，为进一步简化教育获得程度类型，笔者根据教育获得的质性区别，将受访者教育质性类型归为生存教育与地位教育两类，然后再将受访者父亲职业阶层与受访者本人教育获得质性类型进行列联表交叉分析（见表4-2）。列联表交叉分析卡方检验的显著性水平为0.000，这表明不同父亲职业阶层的子代的教育获得质性类型分布具有显著差异性。

表4-2　受访者父亲职业阶层 & 受访者教育质性类型　交叉表

			受访者教育质性类型		合计
			生存教育	地位教育	
受访者父亲职业阶层	农民	计数	2848	259	3107
		占受访者父亲职业阶层中的	91.7%	8.3%	100.0%
		占总数的	54.9%	5.0%	59.9%
	工人	计数	678	223	901
		占受访者父亲职业阶层中的	75.2%	24.8%	100.0%
		占总数的	13.1%	4.3%	17.4%
	商业服务业人员	计数	217	114	331
		占受访者父亲职业阶层中的	65.6%	34.4%	100.0%
		占总数的	4.2%	3.4%	7.6%
	机关企事业单位一般工作人员	计数	257	190	447
		占受访者父亲职业阶层中的	57.5%	42.5%	100.0%
		占总数的	5.0%	3.7%	8.7%
	机关企事业单位中层人员	计数	140	168	308
		占受访者父亲职业阶层中的	45.5%	54.5%	100.0%
		占总数的	2.7%	3.2%	5.9%
	机关企事业单位负责人	计数	52	38	90
		占受访者父亲职业阶层中的	57.8%	42.2%	100.0%
		占总数的	1.0%	0.7%	1.7%
合计		计数	4192	992	5184
		占受访者父亲职业阶层中的	80.9%	19.1%	100.0%
		占总数的	80.9%	19.1%	100.0%

注：卡方检验＝740.988，显著性水平为0.000。

笔者根据表 4-2 中的比例数据制作了不同父亲职业阶层的子代的教育获得质性类型分布比例图（见图 4-2）。从柱状图可以看出，采访者本人教育获得为"生存教育"质性类型的，其父亲的职业阶层最集中在农民阶层、工人阶层；采访者本人教育获得为"地位教育"质性类型的，其父亲的职业阶层最集中在机关企事业单位中层人员阶层，其次分布在机关企事业单位一般工作人员和负责人职业群体中。也就是说，父代职业阶层位序越高的子代，其教育获得质性类型越有可能属于地位教育；相反地，父代职业阶层位序越低的子代，其教育获得质性类型越有可能属于生存教育。

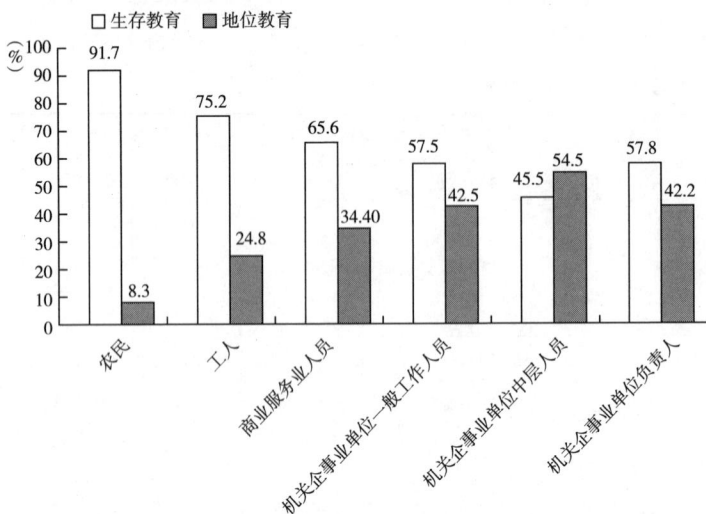

图 4-2　不同父亲职业阶层的子代的教育获得质性类型分布比例图

2. 均值分析

均值分析是定量研究描述性分析的基本工具，一般是针对不同水平定类变量下有关定距变量分布的均值计算与方差分析。这里关注的主要是不同父亲职业阶层的子代的教育年限平均值，由于受访者教育获得程度已经转换成定距变量的教育年限，因此，可以通过均值分析得到不同父亲职业阶层的子代的教育年限平均值。经 SPSS 软件的 Means 分析得到表 4-3，所有 5184 份有效样本子代的教育年限平均值为 9.25 年，均值分析的方差检验结果表明组间差异显著性水平为 0.000，也就是说不同父亲职业阶层的子代的教育年限平均值分布存在显著差异。同时，根据不同父亲职业阶层的子代的教育年限平均值分布比例图（见图 4-3），可以直观地看出，机关企事业单位中层人员阶层子代的教育年限平均值最高，达到 13.55 年；次高的为机关企事业单位负责人阶层的子代，教育年限平均值达到 12.76 年；最低的为农民阶层的子代，教育年限平均值仅为 7.52 年。从总体上看，随着受访者父亲职业阶层地位的变高，其子代教育获得的平均年限就越多，但不同父亲职业阶层子代的教育年限分布也存在较显著的差别，其中，机关企事业单位中层人员阶层子代的教育年限平均值高于农民阶层的子代教育年限平均值约 6.03 年，二者差距相当明显。

表 4-3　不同父亲职业阶层的子代教育年限均值分析

受访者父亲职业阶层	均值	N	标准差	极小值	极大值
农民	7.52	3107	4.43358	0.00	19.00
工人	11.01	901	3.64181	0.00	19.00
商业服务业人员	11.66	331	4.06374	0.00	19.00
机关企事业单位一般工作人员	12.22	447	4.06453	0.00	19.00
机关企事业单位中层人员	13.55	308	2.83841	6.00	19.00
机关企事业单位负责人	12.76	90	3.08061	6.00	19.00
总计	9.25	5184	4.68647	0.00	19.00

注：方差检验，$F = 287.107$，显著性水平为 0.000。

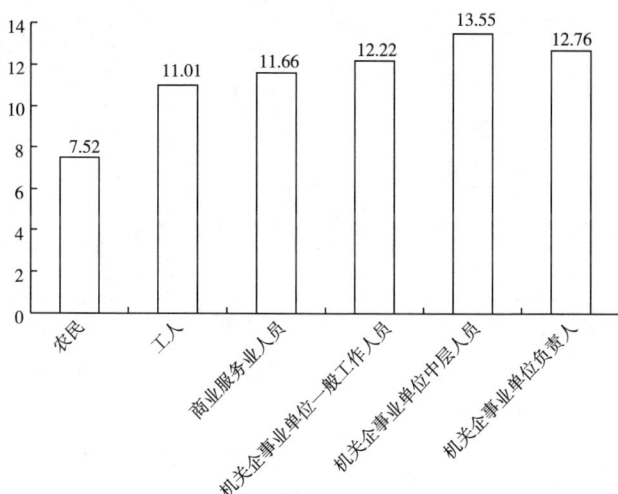

图 4-3　不同父亲职业阶层的子代的教育年限平均值分布比例图

3. 相关分析

定比变量和定序变量可以运用相关分析进行研究，这里主要采用 Spearman 等级相关分析探究父亲职业阶层等级和受访者本人的教育获得等级的相关关系。为了能够对父亲职业阶层和受访者本人的教育获得进行 Spearman 等级相关分析，本研究将父亲职业阶层按职业地位转换成等级变量，剔除掉其中不便排序的"其他"教育类别，"机关企事业单位负责人、机关企事业单位中层人员、机关企事业单位一般工作人员、商业服务业人员、工人、农民"等 6 类按职业地位高低依次赋值为"6、5、4、3、2、1"。同样，再根据教育获得的质性水平和收益率评价，"研究生、大学本科、大学专科、普通高中、中专、职业高中、技校、初中、小学和没有受过任何教育"，作为等级变量依次赋值为"10、9、8、7、6、5、4、3、2、1"。经 SPSS 软件 Spearman 等级相关分析，父亲职业阶层等级和受访者本人的教育获得等级之间的 Spearman 等级相关系数达到 0.483，显著性水平小于 0.01（见表 4-4），这表明父亲职业阶层等级和受访者本人的教育获得等级之间存在显著的相关关系。也就是说，受访者父亲职业阶层等级越低，其子代可能的教育获得等级就越低；相反，受访者父亲职业阶层等级越高，其子代可能的教育获得等级也就越高。

表 4-4　父亲职业阶层等级和受访者本人的教育获得等级相关系数

			受访者本人教育获得等级	受访者父亲职业阶层地位
Spearman 的 rho	受访者本人教育获得等级	相关系数	1.000	0.483**
		Sig.（双侧）	.	0.000
		N	5613	5184
	受访者父亲职业阶层地位	相关系数	0.483**	1.000
		Sig.（双侧）	0.000	.
		N	5184	5184

注：**. 在置信度（双测）为 0.01 时，相关性是显著的。

二　教育获得的城乡分布

我国自古以来就形成了城乡二元分治结构，并延续到近现代乃至当代中国社会。古代中国社会就是个安土重迁的社会，大多数社会成员一出生就决定了终身生活场所，也就是说，绝大多数农民的子子代代还是生活在农村。近代以来，无论是新中国成立之前还是之后，中国依然是明显的城乡二元分治社会，特别是随着计划经济的强力推行，城乡户籍制度、计划供给制度、单位制等刚性制度的快速建立，严格限制了城乡人口流动，形成了显著的城乡二元结构，城乡差距不断扩大。即使改革开放以来，市场化、工业化、城市化进程快速推进，当代中国社会依然存在明显的二元结构。可以说，社会成员出生时的城乡属性就规定了其可能得到的资本、机会和公共资源，限定了其生命历程的可能路径，对其最终的地位获得具有根本性的影响。本研究以受访者 14 岁时父亲的城乡归属为视角来考察其教育获得的分布状况，这里同样也主要采用列联表交叉分析、均值分析和相关分析等基础统计方法进行描述分析。

1. 列联表交叉分析

笔者将受访者 14 岁时父亲户口类型转换为父亲的城乡归属，然后，以受访者父亲城乡类型为行（Row），以受访者本人教育获得程度为列（Column），对不同城乡类型父亲的子代教育获得程度进行频数和比例交叉分析，形成了以下交叉分析结果表格（见表 4-5）。结果显示：列联表交叉分析卡方检验的显著性水平为 0.000，这表明不同城乡类型父亲的子代教育获得程度分布具有显著差异性。同时，根据表 4-5 中子代教育获得类型分布比例数据制作出父亲不同城乡类型的子代教育获得程度分布比例图（见图 4-4）。从柱状图可以清晰地看出，受访者 14 岁时父亲在农村的子代教育获得类型主要集中在"初中、小学"，而受访者 14 岁时父亲不在农村（或城市）的子代教育获得类型主要集中在"普通高中、大学专科和大学本科"。

另外根据表 4-6 中的比例数据制作了受访者 14 岁时父亲不同城乡类型的子代教育获得质性类型分布图（见图 4-5）。从该柱状图高低可知，采访者本人教育获得为"生存教育"质性类型的，其父亲的城乡类型集中在"农村"；采访者本人教育获得为"地位教育"质性类型的，其父亲的城乡类型集中在"城镇"。也就是说，受访者 14 岁时父亲不同的居住类型深刻影响到教育质性差别，受访者 14 岁时父亲居住在农村的子代，其教育获得更多地体现为生存教育，而受访者 14 岁时父亲不居住在农村的子代，其教育获得更多地体现为地位教育。

表4-5 受访者14岁时父亲城乡类型 & 受访者本人教育获得等级 交叉表

		受访者本人教育获得等级										合计
		没有受过任何教育	小学	初中	技校	职业高中	中专	普通高中	大学专科	大学本科	研究生	
受访者14岁时父亲城乡类型	城镇 计数	27	108	358	23	43	125	333	319	268	47	1651
	占受访者14岁时父亲城乡类型中的	1.6%	6.5%	21.7%	1.4%	2.6%	7.6%	20.2%	19.3%	16.2%	2.8%	100.0%
	占总数的	0.5%	2.0%	6.5%	0.4%	0.8%	2.3%	6.1%	5.8%	4.9%	0.9%	30.2%
	农村 计数	590	1054	1208	10	48	137	356	232	155	29	3819
	占受访者14岁时父亲城乡类型中的	15.4%	27.6%	31.6%	0.3%	1.3%	3.6%	9.3%	6.1%	4.1%	0.8%	100.0%
	占总数的	10.8%	19.3%	22.1%	0.2%	0.9%	2.5%	6.5%	4.2%	2.8%	0.5%	69.8%
合计	计数	617	1162	1566	33	91	262	689	551	423	76	5470
	占受访者14岁时父亲城乡类型中的	11.3%	21.2%	28.6%	0.6%	1.7%	4.8%	12.6%	10.1%	7.7%	1.4%	100.0%
	占总数的	11.3%	21.2%	28.6%	0.6%	1.7%	4.8%	12.6%	10.1%	7.7%	1.4%	100.0%

注：卡方检验=1116.215，显著性水平为0.000。

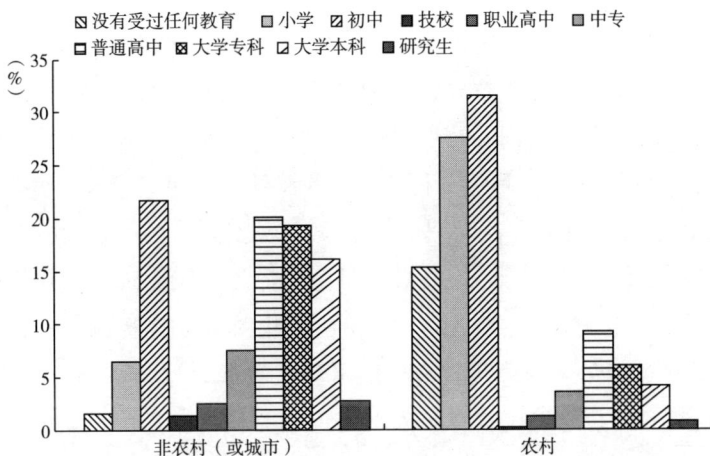

图 4-4　受访者 14 岁时父亲不同城乡类型的子代教育获得类型分布比例图

表 4-6　受访者 14 岁时父亲的城乡类型 & 受访者教育获得质性类别　交叉表

| | | | 受访者教育获得质性类别 | | 合计 |
			生存教育	地位教育	
受访者 14 岁时父亲的城乡类型	农村	计数	3403	416	3819
		占受访者 14 岁时父亲的城乡类型中的	89.1%	10.9%	100.0%
	城镇	计数	1017	634	1651
		占受访者 14 岁时父亲的城乡类型中的	61.6%	38.4%	100.0%
合计		计数	4420	1050	5470
		占受访者 14 岁时父亲的城乡类型中的	80.8%	19.2%	100.0%

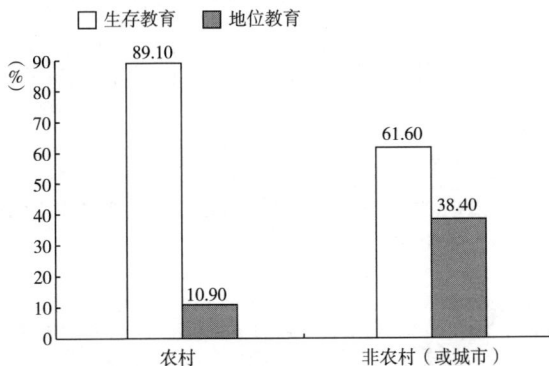

图 4-5　受访者 14 岁时父亲不同城乡类型的子代教育获得质性类型分布图

2. 均值分析

这里关注的主要是受访者 14 岁时不同城乡类型父亲的子代教育年限平均值。同上所述,受访者教育获得程度已经转换成定距变量的教育年限,经 SPSS 软件的 Means 分析得到表 4-7,所有 5470 份有效样本的子代教育年限平均值为 9.27 年,均值分析的方差检验结果表明组间差异显著性水平为 0.000,也就是说受访者 14 岁时不同城乡类型父亲的子代教育年限平均值分布存在显著差异。同时,根据不同受访者父亲职业阶层子代的教育年限平均值制作出分布图(见图 4-6),从柱状图可以直观地看出,受访者 14 岁时农村类型父亲的子代教育年限平均值较低,为 7.97 年;受访者 14 岁时城镇类型父亲的子代教育年限平均值相对较高,为 12.26 年。从总体上看,受访者 14 岁时父亲所在地城市化水平越高,其子代教育获得平均年限也就越高,其中,受访者 14 岁时城镇类型父亲的子代教育年限平均值高于受访者 14 岁时农村类型父亲的子代教育年限平均约 4.29 年。

表 4-7　受访者本人教育年限均值分析

受访者 14 岁时父亲城乡类型		均值	N	标准差	极小值	极大值
dimension1	城镇	12.26	1651	3.52318	0.00	19.00
	农村	7.97	3819	4.51961	0.00	19.00
	总计	9.27	5470	4.67693	0.00	19.00

注:方差检验,F=1174.798,显著性水平为 0.000。

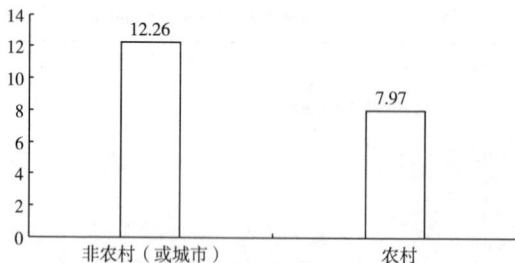

图 4-6　受访者 14 岁时不同城乡类型父亲的子代教育年限平均值分布图

3. 相关分析

这里主要采用 Spearman 等级相关分析探究受访者 14 岁时父亲的城乡等级和受访者本人的教育获得等级的相关关系。为了能够对受访者 14 岁时父亲的城乡等级和受访者本人的教育获得等级进行 Spearman 等级相关分析，本研究将受访者 14 岁时其父亲居住在农村的设置为 "1"，居住在城镇的设置为 "2"。经 SPSS 软件 Spearman 等级相关分析，受访者 14 岁时其父亲的城乡等级和受访者本人的教育获得等级之间的 Spearman 等级相关系数达到 0.441，显著性水平小于 0.01，这表明受访者 14 岁时其父亲的城乡等级和受访者本人的教育获得等级之间存在显著的相关关系（见表 4-8）。也就是说，受访者父亲出生在农村的，其子代可能的教育获得等级就越低；相反，受访者父亲不是出生在农村的（即受访者父亲出生在城镇的），其子代可能的教育获得等级也就越高。

表 4-8 受访者 14 岁时父亲的城乡等级和受访者本人的教育获得等级相关系数

			受访者 14 岁时父亲的城乡等级	受访者本人教育获得等级
Spearman 的 rho	受访者 14 岁时父亲的城乡等级	相关系数	1.000	0.441 **
		Sig.（双侧）	.	0.000
		N	5470	5470
	受访者本人教育获得等级	相关系数	0.441 **	1.000
		Sig.（双侧）	0.000	.
		N	5470	5613

注：**. 在置信度（双测）为 0.01 时，相关性是显著的。

三 教育获得的同期群分布

同期群视角是社会学定量研究中描述性分析的重要方式，受访者父亲的同期群划分前文已有说明。教育获得的同期群分布主要是从父亲的出生年龄同期群视角来考察子代的教育获得分布状况，这里也主要采用列联表交叉分析、均值分析和相关分析等基础统计方法进行描述分析。

1. 列联表交叉分析

本研究将受访者父亲的出生年龄转换为父亲的同期群分组，然后，以受访者父亲同期群为行（Row），以受访者本人教育获得程度为列（Column），对受访者不同年龄同期群父亲的子代教育获得程度进行频数和比例交叉分析，形成了以下交叉分析结果表格（见表 4-9）。结果显示：列联表交叉分析卡方检验的显著性水平为 0.000，这表明不同年龄同期群父亲的子代教育获得程度分布具有显著差异性。同时，根据上述表格中子代教育获得程

表4-9 受访者父亲出生年龄同期群 & 受访者本人教育获得等级 交叉表

		没有受过任何教育	小学	初中	技校	职业高中	中专	普通高中	大学专科	大学本科	研究生	合计
1929年前（含1929年）	计数	255	405	421	2	13	63	196	93	41	5	1494
	占受访者父亲出生年龄同期群中的	17.1%	27.1%	28.2%	0.1%	0.9%	4.2%	13.1%	6.2%	2.7%	0.3%	100.0%
1930~1939年	计数	144	273	333	10	12	34	176	86	49	6	1123
	占受访者父亲出生年龄同期群中的	12.8%	24.3%	29.7%	0.9%	1.1%	3.0%	15.7%	7.7%	4.4%	0.5%	100.0%
1940~1949年	计数	101	185	257	6	21	52	104	112	72	22	932
	占受访者父亲出生年龄同期群中的	10.8%	19.8%	27.6%	0.6%	2.3%	5.6%	11.2%	12.0%	7.7%	2.4%	100.0%
1950~1959年	计数	37	105	243	9	30	64	83	130	147	33	881
	占受访者父亲出生年龄同期群中的	4.2%	11.9%	27.6%	1.0%	3.4%	7.3%	9.4%	14.8%	16.7%	3.7%	100.0%
1960年后（含1960年）	计数	11	47	212	5	14	45	99	117	115	8	673
	占受访者父亲出生年龄同期群中的	1.6%	7.0%	31.5%	0.7%	2.1%	6.7%	14.7%	17.4%	17.1%	1.2%	100.0%
合计	计数	548	1015	1466	32	90	258	658	538	424	74	5103
	占受访者父亲出生年龄同期群中的	10.7%	19.9%	28.7%	0.6%	1.8%	5.1%	12.9%	10.5%	8.3%	1.5%	100.0%

受访者本人教育获得等级

受访者父亲出生年龄同期群

注：卡方检验 =714.938，显著性水平为 0.000。

度分布比例数据制作出受访者父亲出生年龄同期群视角下子代教育获得等级类型分布比例图（见图4-7）。从柱状图可以清晰地看出，受访者父亲出生于在1940～1949年、1930～1939年、1929年前（含1929年）前三个同期群体的子代教育获得类型主要集中在"小学、初中"，而受访者父亲出生于1950～1959年、1960年后（含1960年）两个同期群体的子代教育获得类型中"大学专科、大学本科"有了明显提高。如果从教育获得质性视角来看，受访者父亲出生越晚的同期群，其子代有更多的机会接受地位教育（见表4-9、图4-8）。

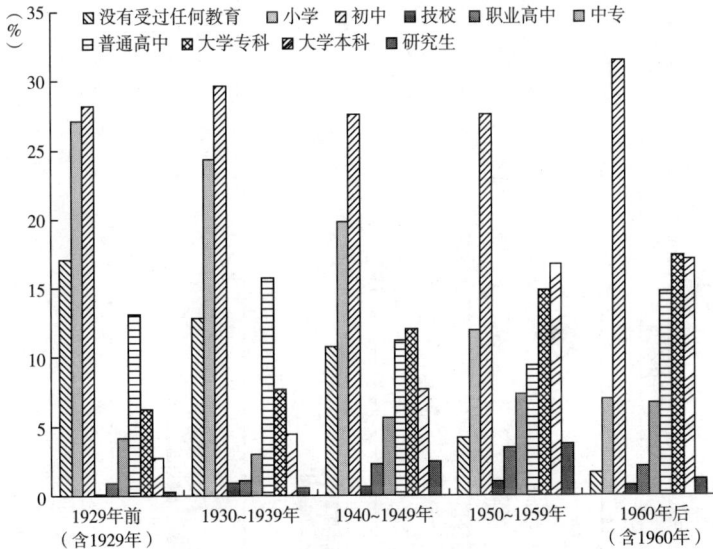

图4-7 受访者父亲出生年龄同期群视角下子代教育获得等级类型分布比例图

表4-10 受访者父亲出生年龄同期群 & 受访者教育获得质性等级类型 交叉表

			受访者教育获得质性等级类型		合计
			生存教育	地位教育	
受访者父亲出生年龄同期群	1929年前（含1929年）	计数	1355	139	1494
		占受访者父亲出生年龄同期群中的	90.7%	9.3%	100.0%
	1930～1939年	计数	982	141	1123
		占受访者父亲出生年龄同期群中的	87.4%	12.6%	100.0%
	1940～1949年	计数	726	206	932
		占受访者父亲出生年龄同期群中的	77.9%	22.1%	100.0%

续表

			受访者教育获得质性等级类型		合计
			生存教育	地位教育	
受访者父亲出生年龄同期群	1950~1959年	计数	571	310	881
		占受访者父亲出生年龄同期群中的	64.8%	35.2%	100.0%
	1960年后（含1960年）	计数	433	240	673
		占受访者父亲出生年龄同期群中的	64.3%	35.7%	100.0%
合计		计数	4067	1036	5103
		占受访者父亲出生年龄同期群中的	79.7%	20.3%	100.0%

注：卡方检验=373.971，显著性水平为0.000。

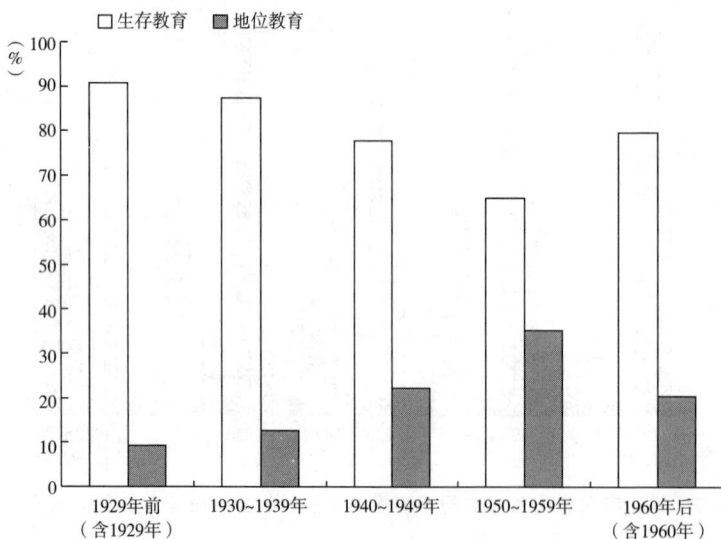

图4-8 受访者父亲出生年龄同期群视角下子代教育获得质性类型分布图

2. 均值分析

这里关注的主要是受访者父亲不同出生年龄同期群的子代教育年限平均值。同上所述，受访者教育获得程度已经转换成定距变量的教育年限，经SPSS软件的Means分析得到表4-11，5103份有效样本的平均教育年限为年9.45年，均值分析的方差检验结果表明组间差异显著性水平为0.000，也就是说受访者父亲不同出生年龄同期群的子代教育年限平均值分布存在显著差异。同时，根据受访者父亲出生年龄同期群视角下的子代教育年限均值变动图（见图4-9），可以直观地看出，受访者父亲出生于

1929 年前（含 1929 年）同期群的子代教育年限平最低，为 7.84 年；受访者父亲出生于 1960 年后（含 1960 年）同期群的子代教育年限平均值最高，为 11.79 年。从总体上看，受访者父亲出生年龄同期群所在年份越晚，其子代教育获得平均年限就越高，其中，受访者父亲出生于 1960 年后同期群的子代教育年限平均值高于受访者父亲出生于 1929 年前同期群的子代教育年限平均 3.95 年。

表 4-11　受访者父亲同期群视角下的子代教育年限均值分析

受访者父亲出生年龄同期群	均值	N	极小值	极大值	标准差	合计
1929 年前（含 1929 年）	7.8414	1494	0.00	19.00	4.56059	11715.00
1930~1939 年	8.5806	1123	0.00	19.00	4.46006	9636.00
1940~1949 年	9.5687	932	0.00	19.00	4.78306	8918.00
1950~1959 年	11.3933	881	0.00	19.00	4.28740	10037.50
1960 年后（含 1960 年）	11.7912	673	0.00	19.00	3.55357	7935.50
总计	9.4537	5103	0.00	19.00	4.66596	48242.00

注：方差检验，$F = 373.971$，显著性水平为 0.000。

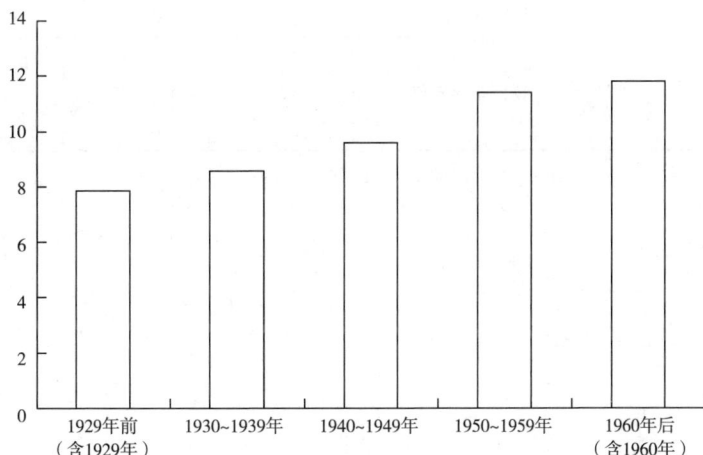

图 4-9　受访者父亲同期群视角下的子代教育年限均值变动图

3. 相关分析

这里主要采用 Spearman 等级相关分析探究受访者父亲出生年龄同期群等级和受访者本人教育获得等级的相关关系。为了能够对受访者父亲出生年龄同期群等级和受访者本人的教育获得等级进行 Spearman 等级相关分析，本研究将受访者父亲出生年龄同期群在 1929 年前的设置为"1"，受访者父亲出生年龄同期群在 1930~1939 年的设置为"2"，受访者父亲出生年龄同期群在 1940~1949 年的设置为"3"，受访者父亲出生年龄同期群在 1950~1959 年的设置为"4"，受访者父亲出生年龄同期群在 1960 年后的设置为"5"。经 SPSS 软件 Spearman 等级相关分析，受访者父亲出生年龄同期群等级和受访者本人教育获得等级之间的 Spearman 等级相关系数达到 0.314，显著性水平小于 0.01，这表明受访者父亲出生年龄同期群等级和受访者本人的教育获得等级之间存在显著的相关关系（见表 4-12）。也就是说，受访者父亲出生年龄越早的同期群，其子代可能的教育获得等级就越低；相反，受访者父亲出生年龄越晚的同期群，其子代可能的教育获得等级也就越高。

表 4-12　受访者父亲同期群等级和受访者本人教育获得等级相关系数

			受访者父亲出生年龄同期群	受访者本人教育获得等级
Spearman 的 rho	受访者父亲出生年龄同期群	相关系数	1.000	0.314**
		Sig.（双侧）	.	0.000
		N	5103	5103
	受访者本人教育获得等级	相关系数	0.314**	1.000
		Sig.（双侧）	0.000	.
		N	5103	5613

注：**. 在置信度（双测）为 0.01 时，相关性是显著的。

第五章

教育获得解释分析

上一章通过阶层视角、城乡视角和同期群视角描述分析了代际视角下的子代教育获得分布状况。研究发现各个视角的子代教育获得分布状况存在显著差异，也就是说，受访者父亲的职业阶层地位、城乡归属类型和年代同期群对受访者本人的教育获得分布确实具有重要的影响。但描述分析只能提供概览式的分析结论，为更深入地定量研究受访者父代因素对受访者本人教育获得的影响，下面将通过建构教育获得年限模型、转换模型和分流模型来对此加以深入剖析。

一 教育获得年限模型

教育获得年限模型主要是参照布劳—邓肯地位获得模型设计而来，布劳—邓肯地位获得模型的因变量可以是个体成员的职业、阶层或经济社会综合地位指数等地位类定距变量。笔者将受访者的教育获得程度转换成定距变量的教育年限，个体社会成员的教育年限也就成为衡量其教育获得地位的核心指标。虽然教育年限数据并非连续性变量，而是离散性变量，不同教育获得程度的教育年限之间有间隔，但作为定距变量，仍然可以作为因变量纳入教育年限分析模型，分析结果具有相似的效果。因此，笔者尝试运用教育获得年限模型来探析受访者父代因素对子代教育获得年限的影响。

1. 教育年限分布状况

本研究中教育年限是测量教育获得地位的核心指标，因此，有必要再对受访者和受访者父亲的教育年限作简要介绍。在前一章教育获得描述分析中，已经从父代职业阶层、城乡归属和父代同期群对子代的教育年限作了均值分析。下面仅补充介绍一下受访者和受访者父亲的教育年限的总体均值状况，以及受访者同期群自身视角的教育年限均值状况。

根据前述教育获得程度与教育年限转换表，本研究把教育获得程度转换成定距变量的教育年限，然后计算出所有受访者本人和受访者父代教育年限的平均值。由表 5-1 可知，受访者本人教育年限最小值为 0 年，最大值为 19 年，平均教育年限为 9.23 年；受访者父代教育年限最小值为 0 年，最大值为 19 年，平均教育年限为 6.96 年。从教育年限平均值来看，所有受访者本人的平均教育年限超过父代 2.27 年，也就是说，受访者本人的教育获得年限水平从总体上看普遍高于父代。受访者和受访者父亲的教育年限二者都是教育年限模型的重要变量，其中，受访者的教育年限是因变量，受访者父亲的教育年限是作为自变量而存在。此外，还可以从受访者同期群视角来观察受访者自身教育年限的平均值分布状况，从总体上看，随着年代更替，社会成员的平均受教育年限稳步提升。

表 5-1　受访者本人教育年限和受访者父亲教育年限均值

	均值	极小值	极大值	标准差	N
受访者本人教育年限	9.2340	0.00	19.00	4.68676	5613
受访者父亲教育年限	6.9555	0.00	19.00	5.56156	5613
有效的 N（列表状态）					5613

表 5-2　受访者同期群视角下的本人教育年限均值

受访者同期群	均值	极小值	极大值	标准差	N
1959 年前（含 1959 年）	7.2000	0.00	19.00	4.66560	1690
1960~1969 年	8.6659	0.00	19.00	4.11644	1287
1970~1979 年	9.7289	0.00	19.00	4.64536	1243
1980 年后（含 1980 年）	11.7850	0.00	19.00	3.89669	1393
总计	9.2340	0.00	19.00	4.68676	5613

注：方差检验，$F = 5592.218$，显著性水平为 0.000。

2. 教育年限总体模型

教育年限总体模型探究的是受访者父代因素对子代教育获得年限的总

体影响。因此，纳入教育年限总体模型的自变量主要是与父代经济社会背景有关的变量，即作为子代的受访者的家庭背景诸因素。正如前文主要变量设置中说明的，父代职业阶层主要代表的是受访者家庭的经济资本因素和社会资本因素，父代政治面貌主要代表的是受访者家庭的政治资本因素，父代教育年限主要代表的是受访者家庭的文化资本因素。此外，还将受访者的性别、城乡和所处同期群等变量作为控制变量纳入分析模型。根据研究设计中的总体假设以及国内外已有研究的相关理论观点，一般来说，父代因素即家庭背景因素对子代的教育获得年限往往具有重要影响。本研究拟对此进行进一步检验，据此提出教育年限总体模型的具体研究假设如下：

　　假设5.1a：受访者父亲的职业阶层即父代经济社会资本因素对子代教育获得年限具有显著影响。

　　假设5.1b：受访者父亲的政治面貌即父代政治资本因素对子代教育获得年限具有显著影响。

　　假设5.1c：受访者父亲的教育年限即父代文化资本因素对子代教育获得年限具有显著影响。

前文已经对主要变量设置作了交代，现就教育年限总体模型的因变量和自变量设置作针对性的简要介绍。

（1）因变量。

教育年限就是指受访者本人最终获得的教育年限，通过教育年限转换表获得受访者的最终教育年限数据。

（2）自变量。

A. 职业阶层（父代）。职业阶层是用来指代受访者父亲经济社会资本的测量指标。职业阶层的设置前文已有交代，这里拟作为定类变量，以虚拟变量方式纳入分析模型。

B. 政治面貌（父代）。政治面貌是用来指代受访者父亲政治资本的测量指标。本研究将父亲政治面貌分为"共产党员"和"非共产党员"两类，"共产党员"设为"1"，"非共产党员"设为"0"，作为虚拟变量纳入分析模型。

C. 教育年限（父代）。教育年限是用来指代受访者父亲文化资本的测量指标。受访者父亲的教育年限也是从其教育获得程度类型按照教育年限换算表转换而来，因此，直接作为定距变量引入分析模型。

（3）控制变量。

A. 性别（受访者）。性别是指受访者的性别属性，其中，"男"设为"1"，"女"设为"0"，作为虚拟变量纳入分析模型。

B. 城乡（受访者）。城乡是指受访者14岁时父亲居住区域的城乡类型，受访者14岁时作为未成年人且尚处于九年义务教育阶段，因此，笔者认为，受访者14岁时父亲居住区域的城乡类型也就是受访者的城乡类型。受访者14岁时父亲居住区域的城乡类型为"农村"的，设置为"1"，城乡类型为"城镇"的，设置为"0"，作为虚拟变量纳入分析模型。

C. 同期群（受访者）。以受访者同期群替代年龄作为控制变量，意在考察不同同期群受访者的教育获得年限的变化情况。受访者同期群在前文变量设置章节已有交代，这里以虚拟变量方式纳入分析模型。

将上述因变量、自变量和控制变量纳入 SPSS 多元线性回归分析，经 SPSS 软件回归分析得到下述多元线性回归分析结果。总体上看，本次回归分析纳入的样本量规模较大，且通过共线性检验没有排除任何纳入的变量，回归方程通过方差检验可以成立，调整后的拟合度 R^2 数值达到 0.410，可以说，本次建构的教育年限总体模型具有较为理想的解释力。

表 5-3　教育年限总体模型 OLS 回归系数

	模型
（常量）	6.744***
父代职业阶层（参照组：农民）	
机关企事业单位负责人	1.979***
机关企事业单位中层人员	1.953***
机关企事业单位一般工作人员	1.362***
商业服务业人员	1.436***
工人	1.022***
受访者父亲政治面貌（中共党员=1）	0.468**
受访者父亲教育年限	0.212***

续表

	模型
受访者性别（男 = 1）	1.316 ***
受访者 14 岁时城乡类型（农村 = 1）	−2.385 ***
受访者同期群［参照组：1959 年前（含 1959 年）］	
受访者 1960~1969 年同期群	1.191 ***
受访者 1970~1979 年同期群	1.709 ***
受访者 1980 年后（含 1980 年）同期群	3.108 ***
AD R^2	0.410
F-test	296.895 ***
DF	12
N	5118

注：因变量为受访者教育年限，表中回归系数为未标准化系数，* P < 0.05，** P < 0.01，*** P<0.001。

从表 5-3 教育年限总体模型 OLS 回归系数及显著性检验结果可以发现：

假设 5.1a 得到有力验证，父代的职业阶层即经济社会资本因素对子代教育获得年限在总体上具有显著影响。父代不是农民的其他各职业阶层都对子代教育获得年限具有显著性影响，而且，职业阶层在现实社会中的位序越高，其子代教育获得年限与农民阶层子代相比也就越高。

假设 5.1b 得到有力验证，父代的政治面貌即政治资本因素也对子代教育获得年限具有较强的显著性影响。从回归系数来看，父代政治面貌为"中共党员"的子代教育年限平均较"非中共党员"的子代要多出 0.468 年。

假设 5.1c 得到有力验证，父代的教育年限即文化资本因素也对子代教育获得年限具有显著性影响。从回归系数来看，父代教育年限每增加 1 年，其子代教育年限平均要多出 0.212 年。

此外，受访者不同同期群对子代教育获得年限也具有显著影响。从回归系数来看，出生在 1960 年之后的受访者教育地位获得较参照组［1959 年前（含 1959 年）出生的受访者］都有显著提升，且随着同期群年代更替而不断增强。另外，对于 1980 后（含 1980 年）出生的受访者同期群，较参照组而言，教育获得年限增长最快。这也说明，我国社会成员教育获得机会和层次在近几十年来不断改善，特别在高校大扩招之后更加显著。

受访者的性别与城乡归属对其自身的教育获得年限同样具有显著性影响。从回归系数来看，受访者为男性的教育年限平均比女性多出 1.316 年；受访者 14 岁时在农村的教育年限平均比不在农村（即在城镇）的少了 2.385 年。从总体上看，我国社会成员教育获得在性别和城乡上还存在一定差异，特别是城乡之间存在显著差异。

3. 教育年限同期群模型

教育年限同期群模型是从上述教育年限总体模型转化过来的，前述教育年限总体模型是针对所有受访者样本，而这里将根据受访者出生年龄同期群制作不同同期群受访者的教育年限模型，从而比较不同年代受访者教育获得年限中父代影响因素的变化。教育年限同期群模型与教育年限总体模型的不同之处就在于其对受访者样本按照同期群进行剥离后分别分析，那么控制变量中的受访者同期群就没必要纳入教育年限同期群模型，其他方面与上述教育年限总体模型大致相似。教育年限同期群模型意在考察不同同期群父代因素对于子代教育获得年限的影响及其变动情况。根据研究设计中的总体假设和已有的研究成果，可以初步认为，即使在教育大规模扩展背景下，随着年代更替、时代变迁，父代因素即家庭背景因素对子代教育获得年限的影响依然不断增强，为此进一步提出如下具体研究假设：

假设 5.2a：受访者父亲的职业阶层即父代经济社会资本因素对子代教育获得年限的影响随着年代更替而不断增强。

假设 5.2b：受访者父亲的政治面貌即父代政治资本因素对子代教育获得年限的影响随着年代更替而不断增强。

假设 5.2c：受访者父亲的教育年限即父代文化资本因素对子代教育获得年限的影响随着年代更替而不断增强。

教育年限同期群模型中的因变量、自变量与控制变量等设置情况与上述教育年限总体模型一样，在此就不再重复介绍。这里将子代不同同期群样本剥离开来，然后分别将上述因变量、自变量和控制变量纳入多元线性回归方程，经 SPSS 软件 OLS 回归分析得到下表的多元线性回归分析结果。从总体上看，四个同期群模型引入的分析样本数量大致相当，且模型解释力比较稳定、均衡。

表 5-4 教育年限同期群模型 OLS 回归系数

	同期群			
	1959 年前 （含 1959 年）	1960~ 1969 年	1970~ 1979 年	1980 年后 （含 1980 年）
（常量）	6.771 ***	8.291 ***	8.589 ***	8.974 ***
父代职业阶层 （参照组：农民）				
机关企事业单位负责人	2.241 *	1.769 *	1.392	2.121 **
机关企事业单位中层人员	2.202 ***	1.988 ***	1.117	2.023 ***
机关企事业单位一般工作人员	1.568 **	1.005 *	0.495	1.934 ***
商业服务业人员	1.149 *	0.593	0.448	1.845 ***
工人	1.090 *	0.950 *	0.669	0.796 ***
受访者父亲政治面貌 （中共党员 = 1）	0.474	0.672 *	0.294	0.454
受访者父亲教育年限	0.151 ***	0.152 ***	0.289 ***	0.295 ***
受访者性别（男 = 1）	2.294 ***	1.707 ***	1.046 ***	0.133
受访者 14 岁时城乡类型 （农村 = 1）	−2.820 ***	−2.636 ***	−2.860 ***	−1.628 ***
AD R^2	0.342	0.334	0.332	0.322
F-test	85.870 ***	66.072 ***	65.637 ***	69.811 ***
DF	9	9	9	9
N	1472	1168	1171	1307

注：因变量为受访者教育年限，表中回归系数为未标准化系数，* $P < 0.05$,** $P < 0.01$,
*** $P < 0.001$。

从表 5-4 教育年限同期群模型 OLS 回归系数及显著性检验结果可以发现：

假设 5.2a 并未得到完全验证，父代职业阶层即经济社会资本因素对于子代教育获得年限的影响随着子代同期群的更替而出现"U"形变化。其中，1959 年前（含 1959 年）出生的、1960~1969 年出生的和 1980 后（含 1980 年）出生的子代受到父代职业阶层的影响较显著，而 1970~1979 年出生的子代受到父代职业阶层的影响不具显著性。对此，本研究认为，

1970~1979 年出生的子代恰逢改革开放之初，整个社会的正常化、开放化、流动化给子代教育获得带来了空前的机会。但是，要引起注意的是，1980 年后（含 1980 年）出生的子代同期群的教育获得重新又受到父代职业阶层的显著影响，且与父代职业阶层位序紧密相关。事实上，1980 年后出生的受访者正处于我国改革开放的社会理性化发展时期，大多能够接受正常的学校教育，同时，这一时期我国教育规模开始不断扩展，特别是 1999 年高校大扩招带来全社会教育规模大扩展，但是，在教育规模大扩展的时代背景下，受访者的教育获得年限却重新受到父代职业阶层背景的显著影响。

假设 5.2b 并未得到充分验证，父代政治面貌即政治资本因素对于子代教育获得年限的影响总体上不具有显著性，且影响系数变动呈现不规律特征。父代政治面貌仅对 1960~1969 年出生子代教育获得年限具有一定的明显影响，对其他年代出生的子代的教育获得年限看不出显著影响。

假设 5.2c 得到全面的验证，父代教育年限即文化资本因素对于子代教育获得年限始终存在显著影响。受访者父亲教育年限对于子代教育年限的影响随子代同期群更替而日益增强，也就是说，近几十年来，父代文化资本因素对于子代教育获得年限始终存在显著影响且呈现增强趋势。

此外，受访者的性别与城乡归属对于其自身的教育获得年限也具有重要影响。其中，受访者性别类型对于自身教育获得年限的影响随同期群更替而日益消减，特别对于 1980 后（含 1980 年）出生的受访者同期群而言，性别已不具有显著性影响，也就是说，社会成员教育获得的性别不平等在近二三十年来得到显著改善。另外，受访者的城乡归属对于自身教育获得年限的显著影响随同期群更替而始终存在，总体上看回归系数呈现一定的下降趋势，这说明受访者的教育获得年限始终受到出生地城乡属性的深刻影响，但影响随着工业化、城市化、教育扩展等社会转型进程而呈现一定的下降趋势。

二 教育获得转换模型

转换模型其实也就是升学模型，就是考察某一层次教育获得的社会成员升学进入高一层次教育获得比率的研究模型。教育获得过程具有累积性特征，它被表示为教育转换率，即某种教育水平 k 上的学生继续进入下个水平 k+1 的比例（郝大海，2010：55）。教育转换率是基于调查样本计算出来的相邻层次教育获得转换的概率，可以较准确地反映出教育获得的累积变动状况。按照我国教育制度的一般规定性，技校、职高、中专和大学专科基本上属于终点教育类型，也就是说，这几类教育获得类型总体上很难再有继续升学的可能性，因此，本研究在后续计算教育转换率时就不再考察这几类教育获得类型。同时，受访者教育获得程度为研究生的样本数量较少，这里也不作考察。为此，本研究进一步将大学专科和大学本科合并为大学教育，那么，小学、初中、高中、大学等教育获得类型相邻间存在连续性、积累性的升学制度安排，可以进行相邻间连续性的教育转换率计算。

根据教育转换率的内涵规定性，笔者结合调查数据，分别从受访者同期群与受访者教育获得程度的交叉列联表结果、受访者父代职业阶层与受访者教育获得程度的交叉列联表结果计算出不同受访者同期群的自身教育转换率、父代不同职业阶层背景的子代教育转换率（见表 5-5、表 5-6）。从不同受访者同期群的自身教育转换率来看，升入小学的教育转换率情况为：1959 年前出生的受访者同期群为 0.785（即 78.5%），1960~1969 年出生的受访者同期就达到 0.903（即 90.3%），已经达到饱和状态。小学升入初中的教育转换率情况：仅 1980 年后出生的受访者同期群达到 91.51%。初中升入高中的教育转换率增长趋势较为缓慢，这说明初中之后的教育分流现象比较明显。高中升入大学本专科的教育转换率从最初低于初中升入高中的教育转换率，到后来明显高于初中升入高中的教育转换率，呈现比较显著的增长趋势，特别是 1980 后出生的受访者同期群的高中升入大学本专科的教育转换率高达 0.713（即 71.3%）。从不同父代职业阶层背景的总体教育转换率来看，父代为农民职业阶层的子代教育转换率连续居于最低水平。而父代为机关企事业单位中层人员的子代教育转换率连续居于最高水平；父代为机关企事业单位负责人的子代教育转换率连续居于次高水平。那么，随着年代更替、教育扩展，特别是国家普及九年制义务教育的长期努力，升入小学教育转换率较早地达到饱和状况（即教育转换率大于或等于 90%）（郝大海，2010：60），小学升入初中教育转换率也在 1980 年后出生的群体中接近饱和状况，那么在小学升入初中教育转换率接近饱和时父代因素的影响是否如 MMI 假设所述出现下降？同时，在初中升入高中的教育转换率、高中升入大学本专科的教育转换率至今还未接近饱和状况下，父代因素的影响是否如 MMI 假设所述依然长期存在？这是本研究关注的一个重要问题。以下将参照梅尔的升学模型，通过构建小学升入初中教育转换模型、初中升入高中教育转换模型、高中升入大学教育转换模型等三个模型来深入剖析父代因素对于子代教育转换的影响逻辑。

表 5-5　不同受访者同期群的自身教育转换率

教育转换率	升入小学	小学升入初中	初中升入高中	高中升入大学
1959 年前（含 1959 年）	0.785	0.625	0.392	0.391
1960~1969 年	0.902	0.702	0.436	0.407
1970~1979 年	0.906	0.785	0.459	0.663
1980 年后（含 1980 年）	0.973	0.915	0.556	0.762

表 5-6　父代不同职业阶层视角下的子代教育转换率

教育转换率	升入小学	小学升入初中	初中升入高中	高中升入大学
农民	0.827	0.641	0.317	0.496
工人	0.972	0.894	0.496	0.575
商业服务业人员	0.958	0.896	0.634	0.633
机关企事业单位一般工作人员	0.967	0.905	0.675	0.720
机关企事业单位中层人员	1.000	0.974	0.743	0.753
机关企事业单位负责人	1.000	0.922	0.699	0.655

1. 小学升入初中教育转换模型

小学升入初中是九年制义务教育的法定要求，按理每一个社会成员都必然接受至少初中程度的教育。小学升入初中教育转换率按照 MMI 假设在1980 后（含 1980 年）出生同期群达到饱和状态，优势阶层如机关企事业单位中层人员、机关企事业单位负责人的子代则在更早的 1960~1969 年出生同期群达到饱和状态。那么，当优势阶层的这一层次教育转换率达到饱和之时，阶层背景或家庭背景因素的影响是否会下降？

（1）小学升入初中教育转换率。

根据表 5-5 不同受访者同期群的自身教育转换率数据制作出本次调查样本的受访者小学升入初中教育转换率变动图（见图 5-1）。从下图可以直观地看出，近几十年来，小学升入初中教育转换率在不断提升，在 1980 年后出生的同期群中达到 0.9727（即 97.27%），达到饱和状态，这也证实了我国九年制义务教育事业发展已经取得显著成效，绝大部分社会成员的义务教育权利能够得到保障。

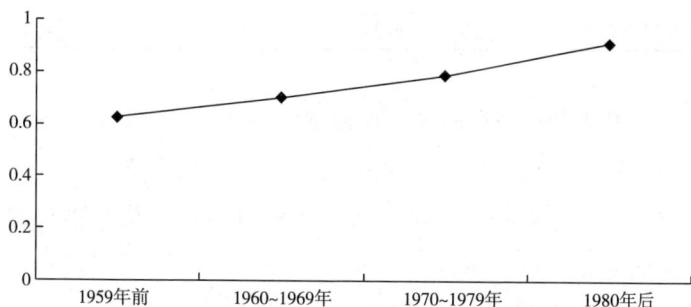

图 5-1　受访者小学升入初中教育转换率变动图

为更微观深入地探究父代职业阶层背景对于该转换率分布的影响，笔者进一步计算出不同受访者同期群视角下父代职业阶层不同的受访者小学升入初中教育转换率。从中可以发现，优势职业阶层的子代的小学升入初中教育转换率达到饱和的时间要早于弱势职业阶层的子代。其中，父代为机关企事业单位中层人员、机关企事业单位负责人职业阶层的受访者出生于 1960~1969 年同期群小学升入初中教育转换率就实现了饱和状态；父代为机关企事业单位一般工作人员、工人职业阶层的子代出生于 1970~1979 年的该转换率也实现了饱和状态；而父代为农民职业阶层的子代的小学升入初中教育转换率按照标准始终未能达到饱和状态。

表 5-7　不同受访者同期群视角下父代职业阶层不同的受访者小学升入初中教育转换率

小学升入初中转换率	同期群			
	1959 年前（含 1959 年）	1960~1969 年	1970~1979 年	1980 年后（含 1980 年）
农民	0.452	0.587	0.689	0.856

续表

小学升入初中转换率	同期群			
	1959 年前 （含 1959 年）	1960~1969 年	1970~1979 年	1980 年后 （含 1980 年）
工人	0.835	0.873	0.907	0.954
商业服务业人员	0.803	0.792	0.818	0.971
机关企事业单位一般工作人员	0.842	0.855	0.917	0.984
机关企事业单位中层人员	0.929	0.986	0.987	1.000
机关企事业单位负责人	0.833	0.929	0.920	1.000

（2）小学升入初中教育转换总体模型。

小学升入初中教育转换总体模型关注的是父代因素对子代小学升入初中教育转换的总体影响。小学升入初中教育转换总体模型的建构思路与上述年限模型相类似，不同之处在于小学升入初中教育转换总体模型不是采用 OLS 回归分析，而是采用 Logistic 回归分析。因变量为受访者是否从小学升入初中，作为二分变量引入 Logistic 回归分析，其中，"1"为从小学升入初中，"0"为未从小学升入初中。根据研究设计中的总体假设和已有研究成果的理论观点，一般而言，我国社会成员由小学升入初中属于义务教育阶段，在此阶段，父代因素即家庭背景因素对子代小学升入初中教育转换往往不具有显著影响，故据此提出如下具体研究假设：

假设 5.3a：受访者父亲的职业阶层即父代经济社会资本因素对子代小学升入初中教育转换不具有显著影响。

假设 5.3b：受访者父亲的政治面貌即父代政治资本因素对子代小学升入初中教育转换不具有显著影响。

假设 5.3c：受访者父亲的教育年限即父代文化资本因素对子代小学升入初中教育转换不具有显著影响。

小学升入初中教育转换总体模型中的自变量与控制变量等设置情况与上述教育年限模型等一样，在此就不再重复介绍。笔者将上述因变量、自变量和控制变量纳入 Logistic 回归方程，经 SPSS 软件统计分析后得到表 5-8 小学升入初中教育转换总体模型 Logistic 回归系数和发生比。

表 5-8 小学升入初中教育转换总体模型 Logistic 回归系数和发生比

	非标准化回归系数（B）	发生比 Exp（B）
（常量）	0.117	1.124
父代职业阶层 （参照组：农民）		
机关企事业单位负责人	0.919*	2.506
机关企事业单位中层人员	1.626***	5.086
机关企事业单位一般工作人员	0.298	1.347
商业服务业人员	0.377*	1.458
工人	0.634***	1.886
受访者父亲政治面貌（中共党员=1）	0.168	1.183
受访者父亲教育年限	0.109***	1.115
受访者性别（男=1）	0.735***	2.085
受访者 14 岁时城乡类型（农村=1）	-1.632***	0.196
受访者同期群 （参照组：1959 年前）		
受访者 1960~1969 年同期群	0.653***	1.921
受访者 1970~1979 年同期群	0.816***	2.261
受访者 1980 年后同期群	1.826***	6.209
Pseudo R^2	0.410	
-2Log Likelihood	4674.475	
X^2	1778.178***	
DF	12	
N	5118	

注：因变量为受访者是否从小学升入初中（是=1，否=0），表中回归系数为未标准化系数，* $P<0.05$，** $P<0.01$，*** $P<0.001$。

由上表分析结果可以发现：

假设 5.3a 并未得到验证，即受访者父亲的职业阶层即父代经济社会资本因素对子代小学升入初中教育转换总体上有显著影响，但父代为机关企事业单位一般人员职业阶层的子代小学升入初中教育转换不具有显著影响。从回归系数来看，所有非农民的父代职业阶层的子代小学升入初中教育转换的概率都显著高于父代为农民职业阶层的子代。从发生比数据来看，父亲为机关企事业单位负责人职业阶层的子代小学升入初中教育转换的概率为农民职业阶层子代的 2.506 倍，父亲为机关企事业单位中层人员职业阶层的子代小学升入初中教育转换的概率为农民职业阶层子代的 5.086 倍，父亲为机关企事业单位一般人员职业阶层的子代小学升入初中教育转换的概率为农民职业阶层子代的 1.347 倍，父亲为商业服务业人员职业阶层的子代小学升入初中教育转换的概率为农民职业阶层子代的 1.458 倍，父亲为工人职业阶层的子代小学升入初中教育转换的概率为农民职业阶层子代的 1.886 倍。由此可见，父亲为农民职业阶层的子代小学升入初中教育转换的概率最低，其他职业阶层的子代小学升入初中教育转换的概率都显著高于农民职业阶层的子代。

假设 5.3b 得到验证，受访者父亲的政治面貌即父代政治资本因素对子代小学升入初中教育转换不具有显著影响。

假设 5.3c 并未得到验证，受访者父亲的教育年限即父代文化资本因素对子代小学升入初中教育转换具有显著影响。从回归系数及其显著性检验来看，显著度处于极高水平。从发生比数据来看，父代教育年限每增加 1 年，其子代小学升入初中教育转换的概率增加 1.115 倍。

此外，受访者自身所处同期群不同对于本人小学升入初中教育转换也具有显著影响。从回归系数及其显著性检验来看，与参照组同期群相比较，其他三个同期群出生的受访者在小学升入初中教育转换方面存在显著差异。从发生比来看，受访者 1960~1969 年同期群小学升入初中教育转换的概率是参照组的 1.921 倍，受访者 1970~1979 年同期群小学升入初中教育转换的概率是参照组的 2.261 倍，受访者 1980 年后（含 1980 年）同期群小学升入初中教育转换的概率是参照组的 6.209 倍。可见，随着受访者同期群的年代更替、时代变迁，社会成员的小学升入初中教育转换的概率呈递增趋势。

受访者的性别和城乡归属对本人小学升入初中教育转换也具有显著影响。其中，性别为男性的受访者在小学升入初中教育转换的概率是女性的

2.085 倍，也就是说，小学升入初中教育转换概率上存在一定的性别差异；城乡归属为农村的受访者在小学升入初中教育转换的概率是城镇的 0.196 倍，反过来，也就是说城镇的受访者小学升入初中教育转换的概率是农村的 5.102 倍，可见，社会成员的城乡归属状况对于小学升入初中教育转换概率具有显著影响。

（3）小学升入初中教育转换同期群模型。

小学升入初中教育转换同期群模型关注的是父代因素对不同同期群子代小学升入初中教育转换的变动影响。小学升入初中教育转换同期群模型的建构思路与上述小学升入初中教育转换同期群模型相同，不同之处在于将不同同期群子代的样本剥离出来进行 Logistic 回归分析，受访者同期群不再作为控制变量引入模型。因变量为受访者是否从小学升入初中，作为二分变量引入 Logistic 回归分析，其中，"1" 为从小学升入初中，"0" 为未从小学升入初中。根据研究设计中的总体假设和已有研究成果的理论观点，一般而言，我国社会成员由小学升入初中属于义务教育阶段，随着年代更替、时代变迁，父代因素即家庭背景因素对子代小学升入初中教育转换的影响往往不会日益增强，据此提出如下具体研究假设：

假设 5.4a：受访者父亲的职业阶层即父代经济社会资本因素对子代小学升入初中教育转换的影响随着年代更替并不会日益增强。

假设 5.4b：受访者父亲的政治面貌即父代政治资本因素对子代小学升入初中教育转换的影响随着年代更替并不会日益增强。

假设 5.4c：受访者父亲的教育年限即父代文化资本因素对子代小学升入初中教育转换的影响随着年代更替并不会日益增强。

小学升入初中教育转换同期群模型中的因变量、自变量与其他控制变量等设置情况与上述小学升入初中教育转换总体模型一样，在此就不再重复介绍。本研究将上述因变量、自变量和控制变量纳入 Logistic 回归方程，经 SPSS 软件统计分析后得到表 5-9 小学升入初中教育转换同期群模型 Logistic 回归系数和发生比。

表 5-9　小学升入初中教育转换同期群模型 Logistic 回归系数和发生比

	同期群							
	1959年前（含1959年）		1960~1969年		1970~1979年		1980年后（含1980年）	
	非标准化回归系数（B）	发生比 Exp（B）	非标准化回归系数（B）	发生比 Exp（B）	非标准化回归系数（B）	发生比 Exp（B）	非标准化回归系数（B）	发生比 Exp（B）
（常量）	0.193	1.213	0.948*	2.579	1.225*	3.405	0.780	2.181
父代职业阶层（参照组：农民）								
机关事业单位负责人	0.900*	2.459	1.435	4.198	-0.073	0.929	18.048	68860058.268
机关企事业单位中层人员	1.438	4.214	2.429*	11.350	1.349	3.854	17.917	6045266.978
机关企事业单位一般工作人员	0.529	1.698	-0.017	0.984	0.113	1.120	1.143*	3.135
商业服务业人员	0.219	1.245	-0.208	0.812	-0.083	0.920	1.052*	2.864
工人	0.701*	2.015	0.600*	1.821	0.259	1.295	0.638	1.893
受访者父亲政治面貌（中共党员=1）	0.079	1.082	0.178	1.195	0.250	1.285	0.687	1.988
受访者父亲教育年限	0.072***	1.075	0.078***	1.081	0.140***	1.150	0.189***	1.208
受访者性别（男=1）	1.010***	2.746	0.891***	2.438	0.529***	1.697	0.154	1.167
受访者14岁时城乡类型（农村=1）	-1.753***	0.173	-1.736***	0.176	-1.991***	0.137	-0.908*	0.403
Pseudo R²	0.387		0.308		0.325		0.278	
-2Log Likelihood	1536.502		1243.017		1110.423		710.742	
X²	504.025***		299.297***		302.333***		196.010***	
DF	9		9		9		9	
N	1472		1168		1171		1307	

注：因变量为受访者是否从小学升入初中（是=1，否=0），表中回归系数为未标准化系数，*P<0.05，**P<0.01，***P<0.001。

由上表分析结果可以发现：

假设 5.4a 得到验证，受访者父亲的职业阶层即父代经济社会资本因素对子代小学升入初中教育转换随着年代更替并没有呈现日益增强的趋势。从回归系数看来，各个同期群受访者父亲的职业阶层对子代小学升入初中教育转换的影响大多不具有显著性。反过来也说明，在小学升入初中教育转换中，父代经济社会资本因素的影响有所下降。

假设 5.4b 得到验证，受访者父亲的政治面貌即父代政治资本因素对子代小学升入初中教育转换的影响并没有随着年代更替而更加显著。

假设 5.4c 并未得到验证，受访者父亲的教育年限即父代文化资本因素对子代小学升入初中教育转换始终存在显著影响。从回归系数及其显著性检验来看，不同受访者同期群的显著度始终处于极高水平。这说明父代的文化资本对子代小学升入初中教育转换持续存在显著影响。

此外，受访者的性别和城乡归属对本人小学升入初中教育转换的影响呈下降趋势。其中，受访者的性别对本人小学升入初中教育转换的影响随着年代更替而出现从显著到不显著的变动趋势；受访者城乡归属状况对本人小学升入初中教育转换存在显著影响，但显著性随着年代更替有所下降。

2. 初中升入高中教育转换模型

初中升入高中是社会成员告别义务教育之后进入更高层次普通高中教育的重要阶段。初中之后一般存在普通高中教育与职业教育的分流，而进入普通高中教育则意味着有更多连续升学的可能性，而进入技校、职高和中专等则意味着职业教育的最终分流。以下重点考察父代因素对于子代初中升入高中教育转换的影响逻辑。

（1）初中升入高中教育转换率。

根据表 5-5 受访者不同同期群的自身教育转换率数据制作出本次调查样本的受访者初中升入高中教育转换率变动图（见图 5-2）。从中可以直观地看出，近几十年来初中升入高中教育转换率也在不断提升，但增长速度并不太快。可以说，社会成员在接受完初中之后面临着大分流，一部分流入就业劳务市场，一部分流入中等职业教育，更大部分流入高中教育，可以说，初中升入高中的教育转换是影响社会成员教育获得状况的重要节点。

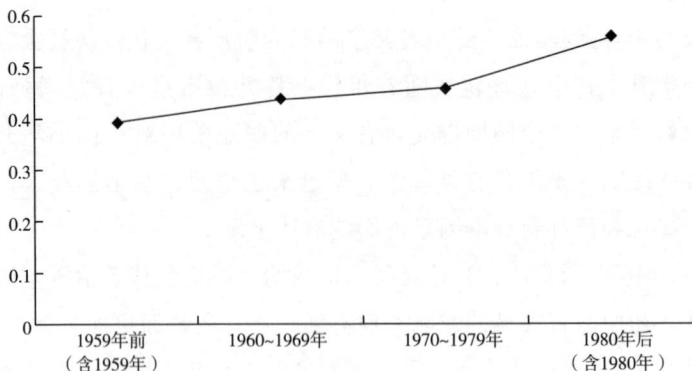

图 5-2 受访者初中升入高中教育转换率变动图

　　为更微观深入地探究父代职业阶层背景对受访者初中升入高中教育转换率分布的影响，笔者进一步计算出不同受访者同期群视角下父代职业阶层不同的子代初中升入高中教育转换率。从中可以发现，父代不同职业阶层的子代初中升入高中教育转换率按照标准都未达到饱和状况，同时在不同受访者同期群存在明显的差异，其中，优势职业阶层如机关企事业单位中层人员、机关企事业单位负责人的子代初中升入高中教育转换率始终处于领先位置，而弱势阶层如农民的子代初中升入高中教育转换率始终处于落后位置。

表 5-10　不同受访者同期群视角下父代职业阶层不同的受访者初中升入高中教育转换率

初中升入高中转换率	同期群			
	1959 年前 （含 1959 年）	1960～1969 年	1970～1979 年	1980 年后 （含 1980 年）
农民	0.269	0.277	0.314	0.375
工人	0.350	0.533	0.536	0.562
商业服务业人员	0.528	0.632	0.444	0.719
机关企事业单位一般工作人员	0.574	0.646	0.626	0.810
机关企事业单位中层人员	0.615	0.714	0.776	0.868
机关企事业单位负责人	0.667	0.654	0.696	0.789

　　（2）初中升入高中教育转换总体模型。

　　初中升入高中教育转换总体模型关注的是父代因素对子代初中升入高

中教育转换的总体影响。初中升入高中教育转换总体模型的建构思路与上述小学升入初中教育转换总体模型相类似，不同之处在于因变量为受访者是否从初中升入高中，其中，"1"为从初中升入高中，"0"为未从初中升入高中。根据研究设计中的总体假设和已有研究成果的理论观点，我国社会成员由初中升入高中之后就不再属于义务教育阶段，这种情况下，父代因素即家庭背景因素对子代初中升入高中教育转换往往具有显著影响，据此提出如下具体研究假设：

假设5.5a：受访者父亲的职业阶层即父代经济社会资本因素对子代初中升入高中教育转换具有显著影响。

假设5.5b：受访者父亲的政治面貌即父代政治资本因素对子代初中升入高中教育转换具有显著影响。

假设5.5c：受访者父亲的教育年限即父代文化资本因素对子代初中升入高中教育转换具有显著影响。

初中升入高中教育转换总体模型中的因变量、自变量与控制变量等设置情况与上述教育年限模型一样，在此就不再重复介绍。本研究将上述因变量、自变量和控制变量纳入 Logistic 回归方程，经 SPSS 软件统计分析后得到表 5-11 初中升入高中教育转换总体模型 Logistic 回归系数和发生比。

表 5-11　初中升入高中教育转换总体模型 Logistic 回归系数和发生比

	非标准化回归系数（B）	发生比 Exp（B）
（常量）	−1.842	0.158
父代职业阶层 （参照组：农民）		
机关企事业单位负责人	1.014***	2.757
机关企事业单位中层人员	1.102***	3.010
机关企事业单位一般工作人员	0.766***	2.151
商业服务业人员	0.880***	2.410
工人	0.383*	1.467
受访者父亲政治面貌（中共党员＝1）	0.270*	1.310

	非标准化回归系数（B）	发生比 Exp（B）
受访者父亲教育年限	0.079***	1.082
受访者性别（男＝1）	0.441***	1.554
受访者14岁时城乡类型（农村＝1）	−1.149***	0.317
受访者同期群 （参照组：1959年前）		
受访者1960~1969年同期群	0.517***	1.677
受访者1970~1979年同期群	0.592***	1.807
受访者1980年后同期群	1.230***	3.421
Pseudo R²	0.336	
−2Log Likelihood	4988.025	
X²	1401.553***	
DF	12	
N	5118	

注：因变量为受访者是否从初中升入高中（是＝1，否＝0），表中回归系数为未标准化系数，* P<0.05，** P<0.01，*** P<0.001。

由上表分析结果可以发现：

假设5.5a得到验证，受访者父亲的职业阶层即父代经济社会资本因素对子代初中升入高中教育转换确实具有较显著影响。从回归系数及其显著性检验结果来看，所有非农民的父代职业阶层的子代初中升入高中教育转换的概率都显著高于父代为农民职业阶层的子代。从发生比数据来看，父亲为机关企事业单位负责人职业阶层的子代初中升入高中教育转换的概率为农民职业阶层子代的2.757倍，父亲为机关企事业单位中层人员职业阶层的子代初中升入高中教育转换的概率为农民职业阶层子代的3.010倍，父亲为机关企事业单位一般工作人员职业阶层的子代初中升入高中教育转换的概率为农民职业阶层子代的2.151倍，父亲为商业服务业人员职业阶层的子代初中升入高中教育转换的概率为农民职业阶层子代的2.410倍，父亲为工人职业阶层的子代初中升入高中教育转换的概率为农民职业阶层子代的1.467倍。由此可见，父亲为农民职业阶层的子代初中升入高中教育转换的概率最低，其他职业阶层的子代初中升入高中教育转换的概率都显著高于农民职业阶层的子代。

假设 5.5b 得到验证，受访者父亲的政治面貌即父代政治资本因素对子代初中升入高中教育转换具有显著影响。父代政治面貌为中共党员的子代初中升入高中教育转换概率是父代政治面貌为非中共党员子代的 1.310 倍。

假设 5.5c 也得到验证，受访者父亲的教育年限即父代文化资本因素对子代初中升入高中教育转换具有显著影响。从回归系数及其显著性检验来看，显著度处于极高水平。从发生比数据来看，父代教育年限每增加 1 年，其子代初中升入高中教育转换的概率增加 1.082 倍。

此外，受访者自身所处同期群对本人初中升入高中教育转换具有显著影响。从逻辑回归系数及其显著性检验来看，与参照组同期群相比较，其他三个同期群出生的受访者在初中升入高中教育转换方面存在显著差异。从发生比来看，受访者 1960~1969 年同期群初中升入高中教育转换的概率是参照组的 1.677 倍，受访者 1970~1979 年同期群初中升入高中教育转换的概率是参照组的 1.807 倍，受访者 1980 年后同期群初中升入高中教育转换的概率是参照组的 3.421 倍，可见，随着受访者同期群的年代更替、时代变迁，社会成员在初中升入高中教育转换的概率呈递增趋势。

受访者的性别和城乡归属对本人初中升入高中教育转换也具有显著影响。其中，性别为男性的受访者在初中升入高中教育转换的概率是女性的 1.554 倍，也就是说，初中升入高中教育转换概率上存在一定的性别差异；城乡归属为农村的受访者在初中升入高中教育转换的概率是城镇的 0.317 倍，反过来，就是说城镇的受访者初中升入高中教育转换的概率是农村的 3.155 倍，可见，社会成员的城乡归属状况对初中升入高中教育转换概率具有显著影响。

（3）初中升入高中教育转换同期群模型。

初中升入高中教育转换同期群模型关注的是父代因素对不同同期群子代初中升入高中教育转换的变动影响。初中升入高中教育转换同期群模型的建构思路与上述初中升入高中教育转换总体模型相同，不同之处在于将不同同期群子代的样本剥离出来进行 Logistic 回归分析，受访者同期群不再作为控制变量引入模型。因变量为受访者是否从初中升入高中，作为二分变量引入 Logistic 回归分析，其中，"1" 为从初中升入高中，"0" 为未从初中升入高中。根据研究设计中的总体假设和已有研究成果的理论观点，我国社会成员由初中升入高中不再属于义务教育阶段，随着年代更替、时代变迁，即使在教育规模扩展背景下，父代因素即家庭背景因素对子代初中升入高中教育转换往往具有日益明显的影响，据此提出如下具体研究假设：

　　假设5.6a：受访者父亲的职业阶层即父代经济社会资本因素对子代初中升入高中教育转换的影响随着年代更替而不断增强。
　　假设5.6b：受访者父亲的政治面貌即父代政治资本因素对子代初中升入高中教育转换的影响随着年代更替而不断增强。
　　假设5.6c：受访者父亲的教育年限即父代文化资本因素对子代初中升入高中教育转换的影响随着年代更替而不断增强。

　　初中升入高中教育转换同期群模型中的因变量、自变量与控制变量等设置情况与上述其他转换模型一样，在此就不再重复介绍。本研究将上述因变量、自变量和控制变量纳入Logistic回归方程，经SPSS软件统计分析后得到表5-12初中升入高中教育转换同期群模型Logistic回归系数和发生比。
　　由下表分析结果可以发现：
　　假设5.6a部分得到验证，受访者父亲的职业阶层即父代经济社会资本因素对子代初中升入高中教育转换随着年代更替并没有呈现线性增强的趋势。从回归系数及其显著性检验结果看来，受访者父亲的职业阶层即父代经济社会资本因素对子代初中升入高中教育转换的影响随着年代更替出现了U形变化，即1959年前（含1959年）出生的同期群初中升入高中教育转换受到父代职业阶层的显著影响，1960～1969年和1970～1979年出生的两个同期群初中升入高中教育转换总体上未受到父代职业阶层的显著影响，而1980年后（含1980年）出生的同期群初中升入高中教育转换重新受到父代职业阶层的显著影响。也就是说，对于改革开放之后出生的受访者而言，父亲的职业阶层即父代经济社会资本因素对子代初中升入高中教育转换重新具有显著影响。

表 5-12　初中升入高中教育转换同期群模型 Logistic 回归系数和发生比

	同期群							
	1959年前（含1959年）		1960~1969年		1970~1979年		1980年后（含1980年）	
	非标准化回归系数（B）	发生比 Exp（B）	非标准化回归系数（B）	发生比 Exp（B）	非标准化回归系数（B）	发生比 Exp（B）	非标准化回归系数（B）	发生比 Exp（B）
（常量）	-1.915***	0.147	-1.196***	0.302	-1.023***	0.360	-1.191***	0.304
父代职业阶层（参照组：农民）								
机关企事业单位负责人	1.401*	4.059	0.975*	2.651	0.579	1.784	0.893	2.443
机关企事业单位中层人员	1.027*	2.791	0.970*	2.637	0.912*	2.490	1.396***	4.037
机关企事业单位一般工作人员	0.887*	2.428	0.617	1.853	0.360	1.434	1.062***	2.892
商业服务业人员	0.974*	2.650	0.492	1.636	0.019	1.019	1.131***	3.099
工人	0.302	1.353	0.438	1.550	0.255	1.290	0.305	1.357
受访者父亲政治面貌（中共党员=1）	0.344	1.411	0.421*	1.524	0.137	1.147	0.288	1.334
受访者父亲教育年限	0.064***	1.066	0.052*	1.053	0.093**	1.097	0.129***	1.138
受访者性别（男=1）	0.692***	1.998	0.893***	2.442	0.221	1.247	0.157	1.170
受访者14岁时城乡类型（农村=1）	-1.136***	0.321	-1.481***	0.227	-1.253**	0.286	-0.974***	0.378
Pseudo R²	0.287		0.323		0.278		0.290	
-2Log Likelihood	1165.599		1066.334		1213.196		1491.320	
X²	292.489***		293.445***		259.834***		319.923***	
DF	9		9		9		9	
N	1472		1168		1171		1307	

注：因变量为受访者是否从初中升入高中（是=1，否=0），表中回归系数为未标准化系数，* P<0.05，** P<0.01，*** P<0.001。

假设 5.6b 未得到验证，受访者父亲的政治面貌即父代政治资本因素对子代初中升入高中教育转换的影响并没有随着年代更替而更加显著。从回归系数及其显著性检验结果来看，仅 1960~1969 年出生的同期群受到父代政治面貌的显著影响，其他同期群均未受到父代政治面貌的影响。

假设 5.6c 能够得到验证，受访者父亲的教育年限即父代文化资本因素对子代初中升入高中教育转换始终存在显著影响。从回归系数及其显著性检验来看，不同受访者同期群的显著度始终处于较高水平。从回归系数来看，随着同期群的年代更替，发生比数值也越高，这说明父代的文化资本对子代初中升入高中教育转换持续存在显著影响。

此外，受访者的性别和城乡归属对本人初中升入高中教育转换的影响呈下降趋势。其中，受访者的性别对本人初中升入高中教育转换的影响随着年代更替呈现从显著到不显著的变动趋势；受访者城乡归属状况对本人初中升入高中教育转换始终存在显著而稳定的影响。

3. 高中升入大学教育转换模型

高中升入大学是人生的重大转折，直接影响着个体社会成员最终的社会地位获得状况。在大学处于精英教育时期，上大学就意味着"铁饭碗"，可见，高中进入大学的教育转换对个体社会成员的重要性不言而喻。即使在大学教育大众化阶段，子代能够从高中升入大学、进一步接受高等教育仍然是社会各阶层绝大多数家庭的优先选择。笔者将进一步分析高中升入大学教育转换率，并通过高中升入大学教育转换总体模型和同期群模型来深入探讨父代因素对子代高中升入大学教育转换的影响。

(1) 高中升入大学教育转换率。

根据表 5-5 不同受访者同期群的自身教育转换率数据制作出本次调查样本的受访者高中升入大学教育转换率变动图（见图 5-3）。从下图可以直观地看出，近几十年来高中升入大学教育转换率也在不断提升，1969 年前出生的社会成员的高中升入大学教育转换率总体不高，但 1970 年后出生的社会成员的高中升入大学教育转换率开始快速攀升，特别是 1980 年后（含 1980 年）同期群的高中升入大学教育转换率达到 0.762，甚至大幅超过该同期群的初中升入高中教育转换率。事实上，这也与 1999 年高校扩招政策紧密相关，高校大扩招带动了高中升入大学教育转换率的快速提升。

为更微观深入地探究父代职业阶层背景对受访者高中升入大学教育转换

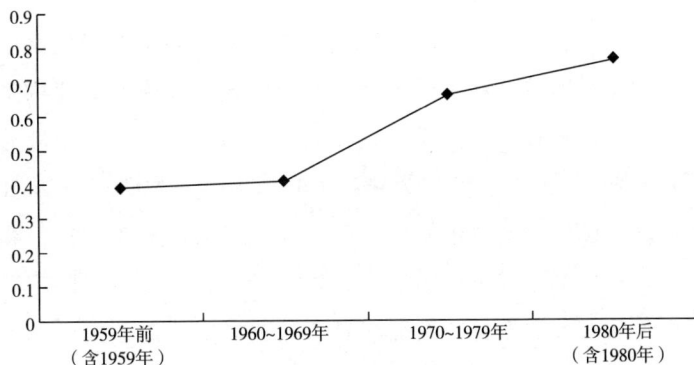

图 5-3　受访者高中升入大学教育转换率变动图

率分布的影响，笔者进一步计算出不同受访者同期群视角下父代职业阶层不同的子代高中升入大学教育转换率。从中可以发现，父代不同职业阶层的子代高中升入大学教育转换率在不同受访者同期群都存在明显的差异。其中，优势职业阶层如机关企事业单位中层人员、机关企事业单位负责人的子代高中升入大学教育转换率始终处于领先位置，而弱势阶层如农民的子代高中升入大学教育转换率始终处于落后位置。不过令人惊奇的是，在 1980 年后（含 1980 年）出生的同期群中，父代为机关企事业单位负责人、机关企事业单位中层人员和机关企事业单位一般工作人员职业阶层的子代高中升入大学教育转换率超过 90%，按照标准即达到饱和状态。那么，按照 MMI 假设，1980 年后（含 1980 年）出生的同期群的高等教育机会获得受到家庭背景的作用应该有所下降，事实究竟如何，有待下一步的研究探讨。

表 5-13　不同受访者同期群视角下父代职业阶层不同的受访者高中升入大学教育转换率

高中升入大学转换率	同期群			
	1959 年前（含 1959 年）	1960~1969 年	1970~1979 年	1980 年后（含 1980 年）
农民	0.308	0.285	0.557	0.648
工人	0.366	0.364	0.674	0.75
商业服务业人员	0.321	0.417	0.75	0.708
机关企事业单位一般工作人员	0.5	0.619	0.678	0.912
机关企事业单位中层人员	0.479	0.66	0.831	0.954
机关企事业单位负责人	0.4	0.471	0.75	0.934

（2）高中升入大学教育转换总体模型。

高中升入大学教育转换总体模型关注的是父代因素对子代高中升入大学教育转换的总体影响。高中升入大学教育转换总体模型的建构思路与上述初中升入高中教育转换总体模型相类似，不同之处在于因变量为"是否从高中升入大学"，其中，"1"为从高中升入大学，"0"为未从高中升入大学。根据研究设计中的总体假设和已有研究成果的理论观点，我国社会成员由高中升入大学同样不再属于义务教育阶段，父代因素即家庭背景因素对子代高中升入大学教育转换往往具有显著影响，据此提出如下具体研究假设：

假设 5.7a：受访者父亲的职业阶层即父代经济社会资本因素对子代高中升入大学教育转换具有显著影响。

假设 5.7b：受访者父亲的政治面貌即父代政治资本因素对子代高中升入大学教育转换具有显著影响。

假设 5.7c：受访者父亲的教育年限即父代文化资本因素对子代高中升入大学教育转换具有显著影响。

高中升入大学教育转换总体模型中的自变量与控制变量等设置情况与上述其他转换模型一样，在此就不再重复介绍。本研究将上述因变量、自变量和控制变量纳入 Logistic 回归方程，经 SPSS 软件统计分析后得到表 5-14 高中升入大学教育转换总体模型 Logistic 回归系数和发生比。

表 5-14　高中升入大学教育转换总体模型 Logistic 回归系数和发生比

	非标准化回归系数（B）	发生比 Exp（B）
（常量）	-3.332***	0.036
父代职业阶层 （参照组：农民）		
机关企事业单位负责人	0.847*	2.333
机关企事业单位中层人员	1.124***	3.078
机关企事业单位一般工作人员	0.821***	2.274
商业服务业人员	0.670***	1.954

续表

	非标准化回归系数（B）	发生比 Exp（B）
工人	0.314*	1.369
受访者父亲政治面貌（中共党员＝1）	0.250*	1.284
受访者父亲教育年限	0.112***	1.118
受访者性别（男＝1）	0.295***	1.343
受访者14岁时城乡类型（农村＝1）	−1.072***	0.342
受访者同期群 （参照组：1959年前）		
受访者1960~1969年同期群	0.464*	1.590
受访者1970~1979年同期群	1.094***	2.988
受访者1980年后同期群	1.830***	6.232
Pseudo R^2	0.364	
−2Log Likelihood	3694.141	
X^2	1319.119***	
DF	12	
N	5118	

注：因变量为受访者是否为高中升入大学（是＝1，否＝0），表中回归系数为未标准化系数，* $P<0.05$，** $P<0.01$，*** $P<0.001$。

由上表分析结果可以发现：

假设5.7a得到验证，受访者父亲的职业阶层即父代经济社会资本因素对子代高中升入大学教育转换确实具有较显著影响。从回归系数及其显著性检验结果来看，所有非农民的父代职业阶层的子代高中升入大学教育转换的概率都显著高于父代为农民职业阶层的子代。从发生比数据来看，父亲为机关企事业单位负责人职业阶层的子代高中升入大学教育转换的概率为农民职业阶层子代的2.333倍，父亲为机关企事业单位中层人员职业阶层的子代高中升入大学教育转换的概率为农民职业阶层子代的3.078倍，父亲为机关企事业单位一般人员职业阶层的子代高中升入大学教育转换的概率为农民职业阶层子代的2.274倍，父亲为商业服务业人员职业阶层的子代高中升入大学教育转换的概率为农民职业阶层子代的1.954倍，父亲为工人职业阶层的子代高中升入大学教育转换的概率为农民职业阶层子代的 1.369 倍。由此可见，父亲为农民职业阶层的子代高中升入大学教育转换的概率最低，其他职业阶层的子代高中升入大学教育转换的概率都显著高于农民职业阶层的子代。

假设 5.7b 得到验证，受访者父亲的政治面貌即父代政治资本因素对子代高中升入大学教育转换具有显著影响。父代政治面貌为中共党员的子代高中升入大学教育转换概率是父代政治面貌为非中共党员子代的 1.284 倍。

假设 5.7c 也得到验证，受访者父亲的教育年限即父代文化资本因素对子代高中升入大学教育转换具有显著影响。从回归系数及其显著性检验来看，显著度处于极高水平。从发生比数据来看，父代教育年限每增加 1 年，其子代高中升入大学教育转换的概率增加 1.118 倍。

此外，受访者自身所处同期群对本人高中升入大学教育转换具有显著影响。从回归系数及其显著性检验来看，与参照组同期群相比较，其他三个同期群出生的受访者在高中升入大学教育转换方面存在显著差异。从发生比来看，受访者 1960~1969 年同期群高中升入大学教育转换的概率是参照组的 1.590 倍，受访者 1970~1979 年同期群高中升入大学教育转换的概率是参照组的 2.988 倍，受访者 1980 年后同期群高中升入大学教育转换的概率是参照组的 6.232 倍，可见，随着受访者同期群的年代更替，社会成员在高中升入大学教育转换的概率呈递增趋势。

受访者的性别和城乡归属对本人高中升入大学教育转换也具有显著影响。其中，性别为男性的受访者在高中升入大学教育转换的概率是女性的 1.343 倍，也就是说，高中升入大学教育转换概率上存在一定的性别差异；城乡归属为农村的受访者在高中升入大学教育转换的概率是城镇的 0.342 倍，反过来，就是说城镇的受访者高中升入大学教育转换的概率是农村的 2.924 倍，可见，社会成员的城乡归属状况对于高中升入大学教育转换概率具有显著影响。

（3）高中升入大学教育转换同期群模型。

高中升入大学教育转换同期群模型关注的是父代因素对不同同期群子代高中升入大学教育转换的变动影响。高中升入大学教育转换同期群模型的建构思路与上述高中升入大学教育转换总体模型相同，不同之处在于将不同同期群子代的样本剥离出来进行 Logistic 回归分析，受访者同期群不再作为控制变量引入模型。因变量为受访者是否从高中升入大学，作为二分变量引入 Logistic 回归分析，其中，"1"为从高中升入大学，"0"为未从高中升入大学。根据研究设计中的总体假设和已有研究成果的理论观点，我国社会成员由高中升入大学同样不再属于义务教育阶段，随着年代更替、时代变迁，即使在教育规模扩展背景下，父代因素即家庭背景因素对子代高中升入大学教育转换往往具有日益明显的影响，据此提出如下具体研究假设：

> 假设 5.8a：受访者父亲的职业阶层即父代经济社会资本因素对子代高中升入大学教育转换的影响随着年代更替而不断增强。
> 假设 5.8b：受访者父亲的政治面貌即父代政治资本因素对子代高中升入大学教育转换的影响随着年代更替而不断增强。
> 假设 5.8c：受访者父亲的教育年限即父代文化资本因素对子代高中升入大学教育转换的影响随着年代更替而不断增强。

高中升入大学教育转换同期群模型中的自变量与控制变量等设置情况与上述其他转换模型一样，在此就不再重复介绍。本研究将上述因变量、自变量和控制变量纳入 Logistic 回归方程，经 SPSS 软件统计分析后得到表 5-15 高中升入大学教育转换同期群模型 Logistic 回归系数和发生比。

由下表分析结果可以发现：

假设 5.8a 部分得到验证，受访者父亲的职业阶层即父代经济社会资本因素对于子代高中升入大学教育转换随着年代更替呈现出曲折的非线性变动趋势。从回归系数及其显著性检验结果看来，受访者父亲的职业阶层即父代经济社会资本因素对子代高中升入大学教育转换的影响随着年代更替出现了曲折变化，即 1959 年前（含 1959 年）出生的同期群高中升入大学教育转换总体上并未受到父代职业阶层的显著影响，1960~1969 年出生的同期群高中升入大学教育转换部分受到父代职业阶层的显著影响，1970~1979 年出生的同期群高中升入大学教育转换总体上未受到父代职业阶层的显著影响，而 1980 年后（含 1980 年）出生的同期群高中升入大学教育转换重新受到父代职业阶层的显著影响。也就是说，我国 1999 年高校大扩招以后，受访者父亲的职业阶层即父代经济社会资本因素对子代高中升入大学教育转换重新具有显著影响。

表5-15 高中升入大学教育转换同期群模型 Logistic 回归系数和发生比

	同期群							
	1959年前（含1959年）		1960~1969年		1970~1979年		1980年后（含1980年）	
	非标准化回归系数（B）	发生比 Exp（B）	非标准化回归系数（B）	发生比 Exp（B）	非标准化回归系数（B）	发生比 Exp（B）	非标准化回归系数（B）	发生比 Exp（B）
（常量）	-3.572***	0.028	-3.392***	0.034	-1.974***	0.139	-1.515***	0.220
父代职业阶层（参照组：农民）								
机关企事业单位负责人	1.184	3.266	1.093**	2.984	0.278	1.321	1.096	2.992
机关企事业单位中层人员	0.969	2.636	1.425*	4.157	0.610	1.840	1.596***	4.931
机关企事业单位一般工作人员	0.998*	2.712	1.168	3.217	-0.032	0.968	1.181***	3.257
商业服务业人员	0.731	2.078	0.749	2.115	0.152	1.165	0.808***	2.242
工人	0.395	1.484	0.569	1.767	0.098	1.103	0.278	1.321
受访者父亲政治面貌（中共党员＝1）	-0.013	.987	0.278	1.321	0.303	1.354	0.467*	1.595
受访者父亲教育年限	0.107***	1.113	0.105***	1.110	.130***	1.139	0.119***	1.127
受访者性别（男＝1）	0.682**	1.977	0.884***	2.419	0.223	1.250	-0.033	0.968
受访者14岁时城乡类型（农村＝1）	-0.833**	0.435	-0.935*	0.393	-1.334***	0.264	-1.072***	0.342
Pseudo R²	0.229		0.299		0.289		0.308	
-2Log Likelihood	653.311		635.504		974.757		1391.340	
X²	148.888***		192.679***		242.284***		334.762***	
DF	9		9		9		9	
N	1472		1168		1171		1307	

注：因变量为受访者是否从高中升入大学（是＝1，否＝0），表中回归系数为未标准化系数，* P<0.05，** P<0.01，*** P<0.001。

假设 5.8b 部分得到验证，受访者父亲的政治面貌即父代政治资本因素对子代高中升入大学教育转换的影响随着年代更替并未呈现持续显著性。从回归系数及其显著性检验结果来看，1980 年后（含 1980 年）出生的同期群高中升入大学教育转换受到父代政治面貌的显著影响，其中，父代政治面貌为中共党员的子代高中升入大学教育转换概率为父代为非中共党员的子代的 1.595 倍。

假设 5.8c 得到验证，受访者父亲的教育年限即父代文化资本因素对子代高中升入大学教育转换始终存在显著影响。从回归系数及其显著性检验来看，不同受访者同期群的显著度始终极高。从发生比来看，随着同期群的年代更替，发生比数值总体上较为稳定，这说明父代的文化资本对子代高中升入大学教育转换存在持续而稳定的显著影响。

此外，受访者的性别和城乡归属对本人高中升入大学教育转换的影响呈下降趋势。其中，受访者的性别对本人高中升入大学教育转换的影响随着年代更替呈现从显著到不显著的变动趋势，也就是说，高中升入大学教育转换中的性别不平等有所趋缓，甚至在 1980 后（含 1980 年）的同期群中出现了女性上大学的概率高于男性的情况。受访者城乡归属对本人高中升入大学教育转换始终存在稳定的影响，但显著性水平发生 U 形变化，在 1970 后出生的同期群中显著性水平迅速升高，这说明，城乡社会成员上大学的概率差距随着年代更替依然处于较高水平。

三 教育获得分流模型

教育获得分流模型主要关注的是父代因素对子代教育获得质性差异的影响。教育获得质性差异是指对社会成员最终教育地位或社会地位获得具有根本性影响的教育获得类型上的显著分流。按照 EMI 假设看法，教育不平等存在数量上的不平等和质量上的不平等两大类型，教育获得质性差异是考察教育质量不平等的重要视角。教育获得质性差异最主要的就是地位教育与生存教育的分流，但除此之外，还存在重点高中与非重点高中、普通教育与职业教育等教育分流。鉴于调查数据样本结构约束，这里不展开重点高中与非重点高中、普通教育与职业教育等教育分流的研究，而主要关注地位教育与生存教育的分流状况。下面将通过地位教育分流状况、地位教育分流总体模型和地位教育分流同期群模型来加以深入剖析父代因素对子代地位教育分流的影响。

1. 地位教育分流状况

地位教育分流就是指社会成员的最终教育获得类型分流到地位教育类型的事实情况。前文根据调查样本的总体情况将大学专科及以上的教育获得类型归为地位教育，将其他的教育获得类型归为生存教育。本次调查样本中，生存教育的样本占 81.0%，而地位教育的样本占 19.0%（见表5-16）。从受访者同期群视角来看（见表 5-17），受访者地位教育分流的比例随着年代更替而逐渐上升，从 1959 年前（含 1959 年）出生同期群的7.5%增长到 1980 后（含 1980 年）出生同期群的 37.7%。可见，随着年代更替和教育扩展，个体社会成员获得地位教育的可能性也越来越高。

表 5-16　生存教育与地位教育分流状况

		频数	百分比	有效百分比	累积百分比
有效	生存教育	4547	81.0	81.0	81.0
	地位教育	1066	19.0	19.0	100.0
	合计	5613	100.0	100.0	

表 5-17　受访者同期群 & 受访者地位教育分流　交叉表

			受访者教育获得质性类别		合计
			生存教育	地位教育	
受访者同期群	1959 年前（含 1959 年）	计数	1563	127	1690
		占受访者同期群中的	92.5%	7.5%	100.0%
	1960~1969 年	计数	1142	145	1287
		占受访者同期群中的	88.7%	11.3%	100.0%
	1970~1979 年	计数	974	269	1243
		占受访者同期群中的	78.4%	21.6%	100.0%
	1980 年后（含 1980 年）	计数	868	525	1393
		占受访者同期群中的	62.3%	37.7%	100.0%
合计		计数	4547	1066	5613
		占受访者同期群中的	81.0%	19.0%	100.0%

2. 地位教育分流总体模型

地位教育分流总体模型意在考察父代因素对子代地位教育分流的总体影响。前文将大学专科及以上的教育获得程度归为地位教育，其他的则归为生存教育，作为二分变量引入 Logistic 回归分析模型。地位教育模型与上述转换模型总体思路相似，只是因变量为是否归入地位教育，其中，"是"赋值为 1，"否"赋值为 0。根据研究设计中的总体假设和已有研究成果的理论观点，我国社会成员地位教育分流往往会受到家庭背景因素以及"是否读过重点高中"等变量的深刻影响，据此提出如下具体研究假设：

假设 5.9a：受访者父亲的职业地位即父代经济资本因素对子代地位教育分流具有显著影响。

假设 5.9b：受访者父亲的政治面貌即父代政治资本因素对子代地位教育分流具有显著影响。

假设 5.9c：受访者父亲的教育年限即父代文化资本因素对子代地位教育分流具有显著影响。

假设 5.9d：受访者是否读过重点高中对本人地位教育分流具有显著影响。

地位教育分流模型中的自变量设置情况与上述转换总体模型总体相同，在此就不再重复介绍。但是，在控制变量设置中，因重点高中对受访者的地位教育一般具有重要影响，因此，本分析模型将增加受访者是否读过重点高中的变量，其中，"是"赋值为"1"，"否"赋值为"0"，从而也一并考察重点高中对地位教育获得的影响。其他的控制变量与上述转换模型一样。本研究将上述因变量、自变量和控制变量纳入 Logistic 回归方程，经 SPSS 软件统计分析后得到表 5-18 地位教育分流模型 Logistic 回归系数和发生比。

从下表分析结果可以发现：

表 5-18 地位教育分流模型 logistic 回归系数和发生比

	非标准化回归系数（B）	发生比 Exp（B）
（常量）	-3.490^{***}	0.030

续表

	非标准化回归系数（B）	发生比 Exp（B）
父代职业阶层 （参照组：农民）		
机关企事业单位负责人	0.859*	2.361
机关企事业单位中层人员	1.112***	3.040
机关企事业单位一般工作人员	0.896***	2.451
商业服务业人员	0.659***	1.933
工人	0.408*	1.503
受访者父亲政治面貌（中共党员=1）	0.209	1.233
受访者父亲教育年限	0.102***	1.107
受访者是否读过重点高中（是=1）	2.544***	12.729
受访者性别（男=1）	0.306*	1.358
受访者14岁时城乡类型（农村=1）	-0.999***	0.368***
受访者同期群 （参照组：1959年前）		
受访者1960~1969年同期群	0.381*	1.464
受访者1970~1979年同期群	0.964***	2.623
受访者1980年后同期群	1.635***	5.129
Pseudo R^2	0.451	
-2Log Likelihood	3319.563	
X^2	1693.697***	
DF	13	
N	5118	

注：因变量为受访者是否分流到地位教育（是为1，否为0），表中回归系数为未标准化系数，* $P<0.05$，** $P<0.01$，*** $P<0.001$。

假设 5.9a 得到验证，受访者父亲的职业阶层即父代经济社会资本因素对子代地位教育分流确实具有显著影响。从回归系数来看，所有非农民的父代职业阶层子代教育质性为地位教育的概率都显著高于父代为农民职业阶层的子代。从发生比数据来看，父亲为机关企事业单位负责人职业阶层的子代获得地位教育的概率为农民职业阶层子代的 2.361 倍，父亲为机关企事业单位中层人员职业阶层的子代获得地位教育的概率为农民职业阶层子代的 3.040 倍，父亲为机关企事业单位一般工作人员职业阶层的子代获得地位教育的概率为农民职业阶层子代的 2.451 倍，父亲为商业服务业人员职业阶层的子代获得地位教育的概率为农民职业阶层子代的 1.933 倍，父亲为工人职业阶层的子代获得地位教育的概率为农民职业阶层子代的 1.503 倍。由此可见，父亲为农民职业阶层的子代获得大学专科及以上的地位教育的概率最低，其他职业阶层的子代获得地位教育的概率都显著高于农民职业阶层的子代。

假设 5.9b 未得到验证，受访者父亲的政治面貌即父代政治资本因素对子代地位教育分流没有显著影响。从回归系数显著性检验来看，没有统计显著性。

假设 5.9c 得到验证，受访者父亲的教育年限即父代文化资本因素对子代地位教育分流具有显著影响。从回归系数及其显著性检验来看，显著度处于极高水平。从发生比数据来看，父代教育年限每增加 1 年，其子代获得地位教育的概率增加 1.107 倍。由于教育年限是离散型数据，父代教育获得程度每提高一个层次，其子代获得地位教育的概率呈复利增长。可见，受访者父代的教育程度即文化资本因素对于子代获得大学专科及以上的地位教育具有极其显著的影响。

假设 5.9d 也得到验证，受访者是否读过重点高中对本人地位教育分流具有显著影响。从回归系数及其显著性检验来看，与参照组没读过重点高中的相比较，读过重点高中的受访者地位教育分流存在显著差异。从发生比来看，读过重点高中的受访者获得地位教育的概率是参照组的 12.729 倍，可见，高中学校的质量差异极其显著地影响到受访者的地位教育分流。

此外，受访者自身所处同期群对本人地位教育分流具有显著影响。从回归系数及其显著性检验来看，与参照组同期群相比较，其他三个同期群出生的受访者地位教育分流存在显著差异。从发生比来看，受访者 1960~1969 年同期群获得地位教育的概率是参照组的 1.464 倍，受访者 1970~1979 年同期群获得地位教育的概率是参照组的 2.623 倍，受访者 1980 年后（含 1980 年）同期群获得地位教育的概率是参照组的 5.129 倍，可见，随着受访者同期群的年代更替、时代变迁，社会成员在获得地位教育上的概率呈递增趋势。

受访者的性别和城乡归属对于地位教育获得概率也具有显著影响。其中，性别为男性的受访者在地位教育获得上的概率是女性的 1.358 倍，也就是说，大学专科及以上的地位教育获得概率上存在一定的性别差异；城乡归属为农村的受访者在地位教育获得上的概率是城镇的 0.368 倍，反过来，就是说城镇的受访者在地位教育获得上的概率是农村的 2.717 倍，可见，社会成员的城乡归属状况对于其自身地位教育获得的概率具有显著影响。

3. 地位教育分流同期群模型

地位教育分流同期群模型关注的是父代因素对不同同期群子代分流进入地位教育的变动影响。地位教育分流同期群模型的建构思路与上述地位教育分流总体模型相同，不同之处在于将不同同期群子代的样本剥离出来进行 Logistic 回归分析，受访者同期群不再作为控制变量引入模型。因变量为受访者是否归入地位教育，其中，"1" 为 "是"，"0" 为 "否"，作为二分变量引入 Logistic 回归分析。根据研究设计中的总体假设和已有研究成果的理论观点，随着年代更替、时代变迁，即使在教育规模扩展背景下，父代因素即家庭背景因素以及 "是否读过重点高中" 对子代地位教育分流的影响往往日益明显，据此提出如下具体研究假设：

假设 5.10a：受访者父亲的职业阶层即父代经济社会资本因素对子代地位教育分流的影响随着年代更替而不断增强。

假设 5.10b：受访者父亲的政治面貌即父代政治资本因素对子代地位教育分流的影响随着年代更替而不断增强。

假设 5.10c：受访者父亲的教育年限即父代文化资本因素对子代地位教育分流的影响随着年代更替而不断增强。

假设 5.10d：受访者是否读过重点高中对自身地位教育分流的影响随着年代更替而不断增强。

地位教育分流同期群模型中的自变量与控制变量等设置情况与上述地位教育分流总体模型一样，在此就不再重复介绍。本研究将上述因变量、自变量和控制变量纳入 Logistic 回归方程，经 SPSS 软件统计分析后得到表 5-19 地位教育分流同期群模型 Logistic 回归系数和发生比。

表 5-19 地位教育分流同期群模型 logistic 回归系数和发生比

	同期群							
	1959 年前（含 1959 年）		1960~1969 年		1970~1979 年		1980 年后（含 1980 年）	
	非标准化回归系数（B）	发生比 Exp（B）	非标准化回归系数（B）	发生比 Exp（B）	非标准化回归系数（B）	发生比 Exp（B）	非标准化回归系数（B）	发生比 Exp（B）
（常量）	-3.849***	0.021	-3.789***	0.023	-2.245***	0.106	-1.684***	0.186
父代职业阶层（参照组：农民）								
机关企事业单位负责人	1.434	4.197	1.099	3.002	0.317	1.373	.966	2.628
机关企事业单位中层人员	1.060	2.886	1.601*	4.957	0.557	1.745	1.456***	4.287
机关企事业单位一般工作人员	1.103*	3.015	1.361**	3.902	0.028	1.029	1.238***	3.448
商业服务业人员	0.769	2.158	1.189	3.283	0.271	1.311	0.719**	2.053
工人	0.381	1.463	0.745	2.107	0.276	1.318	0.391*	1.479
受访者父亲政治面貌（中共党员=1）	0.032	1.033	0.077	1.080	0.492*	1.635	0.314	1.369

续表

	同期群							
	1959年前（含1959年）		1960~1969年		1970~1979年		1980年后（含1980年）	
	非标准化回归系数（B）	发生比 Exp（B）	非标准化回归系数（B）	发生比 Exp（B）	非标准化回归系数（B）	发生比 Exp（B）	非标准化回归系数（B）	发生比 Exp（B）
受访者父亲教育年限	0.105***	1.111	0.100**	1.106	0.108***	1.113	.102***	1.108
受访者是否读过重点高中	2.782***	16.156	2.414***	11.182	3.128***	22.828	2.217***	9.182
受访者性别（男=1）	0.679*	1.972	0.880***	2.410	0.124	1.132	0.004	1.004
受访者14岁时城乡类型（农村=1）	-0.766	0.465	-0.675*	0.509	-1.213***	0.297	-1.075***	0.341
Pseudo R²	0.305		0.369		0.431		0.411	
-2Log Likelihood	600.526		585.911		835.103		1258.121	
X²	201.673***		242.272***		381.939***		467.981***	
DF	10		10		10		10	
N	1472		1168		1171		1307	

注：因变量为受访者是否分流到地位教育（是为1，否为0），表中回归系数为未标准化系数，* P<0.05，** P<0.01，*** P<0.001。

由上表分析结果可以发现：

假设 5.10a 得到部分验证，受访者父亲的职业阶层即父代经济社会资本因素对于子代地位教育分流随着年代更替并呈现曲折变化，特别是自高校大扩招之后，受访者父亲的职业阶层即父代经济社会资本因素对子代地位教育分流的影响突然显著增强。1959 年前（含 1959 年）出生的和 1960~1969 年出生的两个同期群地位教育分流受到父代职业阶层的影响不大，1970~1979 年出生的同期群地位教育分流总体上未受到父代职业阶层的显著影响，而 1980 年后（含 1980 年）出生的同期群地位教育分流重新受到父代职业阶层的显著影响。也就是说，我国 1999 年高校扩招以后，受访者父亲的职业阶层即父代经济社会资本因素对于子代地位教育分流重新产生显著影响。

假设 5.10b 未得到验证，受访者父亲的政治面貌即父代政治资本因素对子代地位教育分流的影响总体上不太显著，也没有随着年代更替而明显增强。

假设 5.10c 得到验证，受访者父亲的教育年限即父代文化资本因素对子代地位教育分流始终存在显著影响。从回归系数显著性检验来看，不同受访者同期群的显著度始终处于极高水平。从回归系数来看，随着同期群的年代更替，发生比数值几乎维持在同一水平，这说明父代的文化资本对子代地位教育分流存在持续而稳定的显著影响。

假设 5.10d 得到验证，受访者是否读过重点高中对本人地位教育分流始终存在显著影响。从回归系数及其显著性检验来看，不同同期群中读过重点高中的受访者地位教育分流与参照组没读过重点高中的相比较均存在显著差异。从发生比变动来看，随着年代更替，读过重点高中的受访者地位教育分流与参照组没读过重点高中的相比较均呈现较高倍率，其中，1970~1979 年同期群中读过重点高中的受访者地位教育分流概率是参照组没读过重点高中的 22.828 倍，但 1980 年后（含 1980 年）同期群中读过重点高中的受访者地位教育分流概率下降为 9.182 倍。可见，从总体上看，高中学校的质量差异极其显著地影响到受访者的地位教育分流，不过作用大小有所波动。

此外，受访者的性别和城乡归属对本人地位教育分流总体上具有重要影响。其中，受访者的性别对于本人地位教育分流的影响随着年代更替呈现从显著到不显著的变动趋势；受访者城乡归属状况对本人地位教育分流随着年代更替呈现持续而显著的影响。

第六章

教育流动描述分析

代际流动是研究一个社会流动状况的重要视角，是社会学中社会流动研究的核心领域。过往的社会学研究中，学者们考虑到现代社会中的职业在相当程度上反映一个社会成员所获得的收入、权力和声望，因而主要从职业代际流动的视角展开社会流动研究。但事实上，代际流动的测量可以是多维度的，不但可以从职业流动视角，也可以从收入、教育等其他视角来研究代际流动状况。因此，本研究不仅仅采用简单的交叉分析描述代际视角下的教育流动状况，而是主要采用代际教育流动量表和代际教育流动弹性系数等新分析工具，定量描述分析本次调查样本的代际教育流动状况。

一 代际教育流动量表

流动量表以往主要作为研究代际职业流动的重要工具，同理，其实也可以作为研究代际教育流动的有力工具。在流动量表分析中，代际流动状况主要通过总流动率、结构流动率和循环流动率等加以体现。总流动率即实际观察到的全部代际职业流动，总流动率是两种力量共同作用的结果，一是社会结构自身的变迁作用，二是社会系统的开放性作用，前者由结构流动率表示，后者由循环流动率表示。总流动率、结构流动率、循环流动率是反映代际职业流动总体状况的三个主要统计测量指标，它们的计算公式分别如下：总流动率 = $(n - \sum f_{ij}) / n$（其中，i 代表横列；j 代表纵列；

f_{ij}表示表中位于对角线上的数据，代表父代与子代从事相同的职业），或者总流动率=1-总未流动率（其中，总未流动率由表格中对角线上的数据之和除以总样本数计算出来）；结构性流动等同于父子流动表中行与列的差异，结构流动率= $\sum |n_i - n_j| / 2n$；循环流动率=总流动率-结构流动率（许欣欣，2000：180~188、214~218）。

代际教育流动是指以父亲教育获得程度为参照指标来考察子代教育获得程度的变动状况。代际教育流动量表分析是基于父亲教育获得程度与子代教育获得程度的列联交叉分析。经 SPSS 软件列联交叉分析后得到表6-1，后续有关的代际教育流动率计算即基于本表格。

表 6-1　受访者父代教育获得程度 & 受访者本人教育获得程度 交叉表

单位：人

| | | 受访者本人教育获得程度 | | | | | | | | | | 合计 |
		没有受过任何教育	小学	初中	技校	职业高中	中专	普通高中	大学专科	大学本科	研究生	
受访者父代教育获得程度	没有受过任何教育	<u>516</u>	733	578	3	15	60	219	72	44	6	2246
	小学	89	<u>348</u>	588	14	32	75	214	133	63	14	1570
	初中	29	73	<u>287</u>	11	22	78	165	152	102	16	935
	技校	0	0	2	<u>0</u>	0	2	1	6	5	1	17
	职业高中	2	1	9	0	<u>0</u>	0	3	5	4	0	27
	中专	2	6	9	3	5	<u>12</u>	9	31	31	7	115
	普通高中	5	33	104	2	16	32	<u>65</u>	95	110	9	471
	大学专科	0	1	9	0	2	4	13	<u>31</u>	30	13	103
	大学本科	0	5	7	0	1	6	18	37	<u>38</u>	9	121
	研究生	1	0	0	0	0	0	0	0	3	<u>1</u>	8
合计		644	1200	1595	33	93	272	710	560	430	76	5613

根据上述流动量表的计算公式可知，总流动率=1-总未流动率，可以通过先计算总未流动率，然后再得出总流动率。

本次调查代际教育流动的总未流动率就是指列联表中对角线上加下划

线的数字之和除以总样本数，即：

$$总未流动率 = [（516+348+287+0+0+12+65+31+38+1）/5613] * 100\%$$
$$= 23.12\%$$

本次调查代际教育流动的总流动率即为：

$$（1-0.2312）* 100\% = 76.88\%。$$

结构性流动等同于父子流动表中行与列的差异，结构流动率 $= \sum | n_i - n_j | /2n$，那么本次调查代际教育流动结的结构性流动率为：

$$[（|2246-644|+|1570-1200|+|935-1595|+|17-33|+|27-93|+|115-272|+|471-710|+$$
$$|103-560|+|121-430|+|8-76|)/（5613*2）] * 100\%$$
$$= 3944/11226 = 35.13\%$$

继而，根据循环流动率 = 总流动率 - 结构流动率，那么本次调查样本代际教育流动的循环流动率则为 76.88% - 35.13% = 41.75%。

综上可见，本次调查代际教育总流动率达到 76.88%，数值可以说相当高，这说明我国社会成员代际教育流动数量规模巨大，积极效应非常可观。代际教育流动的结构性流动率为 35.13%，这主要是由于社会结构变迁带来的结构性流动。代际教育流动的循环流动率达到 41.75%，这主要是由于教育体系开放性程度提升带来的代际流动。应该说，从上述流动率数据来看，我国社会成员代际教育流动在绝对流动数量上得到了极大改善。

为从更微观的可比较角度来分析受访者父代不同教育获得程度与子代教育获得与教育流动状况，进一步引入流动比率（简称"流动比"，the mobility ratio）。"流动比率"概念最早由戈尔达梅（Goldhamer）提出，由罗格夫（Rogoff，1953）加以推广而流行。对于流动表中的任意一个单元格来说，流动比指的就是这个单元格的实际频数与完全流动模型假设下的期望频数之比（戴维·诺克等，2000：91）。流动比的计算规则如下：首先，计算流动表中从位置 E_j 出身进入位置 E_k 的人与位置 E_j 出身目前仍处在位置 E_j 的人的相对概率 $P（E_k/E_j）$；然后，除以所有进入阶层 E_k 的子代在总体中所占的比例 $P（E_k）$，从而得到流动比 M_{jk}（许欣欣，2000：181、231）。由此可知，流动比 M_{jk} 的计算过程和计算公式如下：

$$P(E_k / E_j) = \frac{父代出身于 E_j 教育获得程度现在进入 E_k 位置的子代数量}{所有父代出身于 E_j 教育获得程度的子代数量}$$

$$P(E_k) = \frac{所有进入 E_k 位置的子代数量}{子代的样本总体}$$

$$M_{jk} = \frac{P(E_k / E_j)}{P(E_k)}$$

流动比 M_{jk} 表示的是从位置 E_j 到位置 E_k 的相对流动量，反映社会上 E_k 位置的开放性。如果子代的地位分布是纯随机的，那么任何家庭的子女都可以进入社会上的各个阶层，而且任何一个子代职业的分布概率与父代相一致，那么，在这种情况下流动比 M_{jk} 的值为 1.0。在 M_{jk} 为 1.0 的理想社会里，不论父亲的社会地位如何分布，子代都应按照同样的比例分布于不同的社会地位。当流动比大于 1.0 时，表示出身于特定阶层的子女进入某一其他阶层的机会比按纯随机分布所预期的机会更大；反之，当流动比小于 1.0 时，表示出身于特定阶层的子女进入某一其他阶层的机会比按纯随机分布所预期的机会要小。也就是说，与流动比 1.0 的离差代表着与父亲地位相联系的其他各种因素的影响（许欣欣，2000：231）。本研究参照上述流动比的内涵，主要从教育获得地位流动比来考察代际教育获得与教育流动状况。根据上述规定和计算公式，可以计算出子代教育获得背离父代的代际教育流动比率数据，并汇总制作成表 6-2。

从表 6-2 的代际教育流动比率数值分布可以发现：其一，受访者父代教育获得程度为"没有接受过任何教育、小学"的，其子代获得大学专科以上高等教育的比率低于 1，也就是说，父代受教育程度最低的家庭，其子女往往没有足够的机会接受地位教育。其二，子代在接受普通高中教育方面，其父代的教育背景影响不大，大多数流动比率数值接近为 1，这反映普通高中教育这一层次的教育机会分布比较均衡。其三，从对角线上加粗字体的数值来看，对角线右下端的数值呈现明显增大趋势，且大数值的流动比率也大多分布在表格右下角，这说明，父代受教育程度最高的几类家庭，其子代接受高等教育的概率也往往越高。

借鉴代际职业流动量表有关分析技术，可以进一步考察代际教育流动的世袭率、同职率、流入率和流出率。按照以往的代际职业流动分析技术，世袭率是以父亲职业为基准看儿子从事同样职业的比率，它是流动表中位于对角线上各单元中的数据与所在行的边缘和之比，这一指标可以反映社会群体"子承父业"的程度。同职率是流动表中位于对角线上各单元中的数据与所在列的边缘和之比，这一指标可以反映社会群体在接受新成员时所具有的开放性。世袭率和流出率是从父代的角度看子代对父代社会位置的继承与背离状况，即从人们已知的出身来考虑生活机会或命运。同职率和流入率则是从子代角度出发，看一个人的家庭出身对其获取当前位置的影响，即从当前位置的占有者出发考察其早期背景。流入率和流出率是直接比较表格分布的两种测量。流入率反映现在从事于某职业者其父亲的职业状况，流入率与同职率之和为100%。流出率反映在给定职业位置上从父亲角度观察到的儿子的职业分布状况，流出率与世袭率之和为100%（许欣欣，2000：184～186）。

表6-2 本次调查代际教育流动比率

		受访者本人教育获得程度									
		没有受过任何教育	小学	初中	技校	职业高中	中专	普通高中	大学专科	大学本科	研究生
受访者父代教育获得程度	没有受过任何教育	**2.00**	1.53	0.91	0.23	0.40	0.55	0.77	0.32	0.26	0.20
	小学	0.49	**1.04**	1.32	1.52	1.23	0.99	1.08	0.85	0.52	0.66
	初中	0.27	0.37	**1.08**	2.00	1.42	1.72	1.40	1.63	1.42	1.26
	技校	0.00	0.00	0.41	**0.00**	0.00	2.43	0.47	3.54	3.84	4.34
	职业高中	0.65	0.17	1.17	0.00	**0.00**	2.29	1.46	1.11	1.93	0.00
	中专	0.15	0.24	0.28	4.44	2.62	**2.15**	0.62	2.70	3.52	4.50
	普通高中	0.09	0.33	0.78	0.72	2.05	1.40	**1.09**	2.02	3.05	1.41
	大学专科	0.00	0.05	0.31	0.00	1.17	0.80	1.00	**3.02**	3.80	9.32
	大学本科	0.00	0.19	0.20	0.00	0.50	1.02	1.18	3.06	**4.10**	5.49
	研究生	1.09	0.00	0.88	0.00	0.00	0.00	0.99	0.00	4.90	**9.23**

借鉴上述有关世袭率、同职率、流出率与流入率的内涵和计算方法，以父代的教育获得程度为参照，可分别计算出本次调查代际教育获得的世

袭率、同职率、流出率与流入率，并将计算结果制作成表6-3。从中可以发现，代际教育流动的世袭率普遍很低，流出率普遍很高，这说明我国社会成员的教育获得状况发生了普遍性、广泛性的流动变化；同职率大部分都比较低，只有"没有受过任何教育"的同职率偏高，这说明子代教育获得中绝大部分教育层次类型是比较开放的，另外，父代的教育程度最低或偏低的家庭，其子代中出现"未接受过任何教育"或较低层次教育的可能性比较高。

表6-3 本次调查代际教育流动率一览表

单位：%

教育获得程度	父代视角		子代视角	
	世袭率	流出率	同职率	流入率
没有受过任何教育	23	77	80	20
小学	22	78	29	71
初中	31	69	18	82
技校	0	100	0	100
职业高中	0	100	0	100
中专	10	90	4	96
普通高中	14	86	9	91
大学专科	30	70	6	94
大学本科	31	69	9	91
研究生	13	87	1	99

最后，再考察一下代际教育流动率的方向分布，即向上流动率和向下流动率。一般而言，代际流动根据流动方向划分为平行流动、向上流动与向下流动。其中，平行流动是指社会位置未发生变动的社会流动状况，而向上流动指升入比原来位置高的社会位置，向下流动指降到比原来位置低的社会位置。流动表中父代与子代的职业通常均按照由高到低的顺序依次排列，向上和向下流动可以按下述方式进行测量：将流动表中对角线下面的所有数据相加，除以总样本数，就会产生一个向上流动的指数，即向上流动率；将对角线上面所有的数据相加之后，除以总样本数，则会产生一个向下流动的指数，即向下流动率（许欣欣，2000：

180~188、214~218）。水平流动率就是前述的总未流动率，即由表格中
对角线上的数据之和除以总样本数计算出来。而总流动率事实上即是向
上流动率与向下流动率之和。本研究借鉴上述规定来计算代际教育流动
的向上流动率和向下流动率，但不同的是将教育获得程度按低到高排序，
因此，将流动表中对角线下面的所有数据相加，除以总样本数，得出向
下流动的指数，将流动表中对角线上面的所有数据相加，除以总样本数，
得出向上流动的指数。计算的最终结果如表 6-4 所示，从中可以发现总
流动率主要是由向上流动率贡献，但也有数值较低的向下流动率，总体
上看代际教育向上流动率占绝对优势，也就是说，本次调查代际教育流
动主要呈现向上流动趋势。

表 6-4　本次调查向上流动率、向下流动率总表

单位：%

调查样本	总流动率	向上流动率	向下流动率	向上流动率-向下流动率
本次调查代际教育流动率	76.88	67.40	9.48	57.92

二　代际教育流动弹性

代际教育流动弹性是借鉴代际收入流动弹性而形成的、反映父代教
育年限对子代教育年限决定影响的重要指标，代际教育流动弹性系数可
以反映代际教育流动性的程度。代际收入流动弹性研究最早可以追溯到
20 世纪 60 年代，但直到 90 年代才有了突破性进展，其中以美国经济学
家 Solon（1992）的研究成果为代表。Solon 通过重新审视早期的代际相
关性方面的研究成果，考虑了生命周期的影响，引入了年龄变量，改进
完善了估计方法，最终确立了代际收入流动弹性的基准测量模型，随后
很多国家的学者采用或修正了该基准测量模型，对本国的代际收入流动
弹性进行了实证研究。至今，代际收入流动弹性仍然是研究代际收入流
动及其不平等状况的关键指标，我国一些学者或者借鉴 Solon 模型，或者
做进一步的修正后，对我国不同年代城乡居民的代际收入流动弹性做了

测量。代际收入流动弹性的研究思路和估计方法给了本研究重要启示，即当将教育获得程度转换成教育年限之后，也可以作为与收入一样的定距变量来对待，因此，就可以借鉴 Solon 模型展开代际教育流动弹性计算，下面就介绍代际收入流动弹性的估计模型以及本研究对这一模型的改造设想。

代际收入流动弹性是衡量父代收入对子代收入的影响程度，是测量代际收入流动性的重要指标，也是反映一个社会不平等程度的重要观察角度。一般来说，代际收入流动弹性越大，子代受到父代的收入影响就越大，说明代际收入流动性就越低；反之，代际收入流动弹性越小，子代受到父代的收入影响越弱，说明代际收入流动性越高。代际收入流动弹性的估计方法以 Solon 在 *Intergenerational Income Mobility in the United States* 一文提出的经典模型为基准，即：

$$y_{sit} = \beta_0 + \rho y_{fit} + \beta_{s1} \exp_{sit} + \beta_2 \exp_{sit}^2 + \beta_{f1} \exp_{fit} + \beta_{f2} \exp_{fit}^2 + \varepsilon$$

其中，y_{sit} 表示子女收入的对数，y_{fit} 表示父亲收入的对数，$\exp_{sit}$ 表示子女的工作年数，$\exp_{sit}^2$ 表示子女工作年数的平方，$\exp_{fit}$ 表示父亲的工作年数，$\exp_{fit}^2$ 表示父亲工作年数的平方，ρ 则为收入代际弹性系数（郭丛斌、闵维方，2007）。ρ 值介于 $0 \sim 1$ 之间，ρ 值越大，说明父亲收入对子女收入的影响程度就越大，ρ 值越小，说明父亲收入对子女收入的影响程度就越小。借鉴上述估计方法，并加以适当改造，笔者尝试提出代际教育流动弹性的估计模型。其中，y_{sit} 表示子代教育获得年限的自然对数，y_{fit} 表示父代教育获得年限的自然对数，$\exp_{sit}$ 表示子代的年龄，$\exp_{sit}^2$ 表示子代年龄的平方，$\exp_{fit}$ 表示父代的年龄，$\exp_{fit}^2$ 表示父代年龄的平方，ρ 则为代际教育流动弹性系数。

代际教育流动弹性反映了父代教育获得状况对于子代教育获得状况的决定影响，是反映代际教育流动不平等性的重要参照指标。本研究借鉴代际收入流动弹性的估计方法，借鉴地构造了代际教育流动弹性系数的计算方法，虽然教育年限数据为离散型数据，但作为定距变量与收入等变量具有类似效应，可以将父代教育年限和子代教育年限先行做自然对数处理，然后，以受访者本人教育年限自然对数值为因变量，以受访者父亲教育年限自然对数为自变量，以受访者本人年龄、受访者年龄平方、受访者父亲年龄、受访者父亲年龄平方为控制变量，经 SPSS 多元线性回归得到代际教育流动弹性结果。要说明的是，本次调查只是记录受访者父亲的出生时间，但父代中有的可能已经过世，考虑到以父代年龄主要作为主要控制变量，因此，本研究就不再追究父代中过世样本造成的影响。此外，父代与子代都有存在教育获得年限为 0 的情况，该种情况下无法作对数处理，只能作为缺失值处理，因此，不可避免地造成引入回归方程的样本数明显减少。

1. 样本总体的代际教育流动弹性系数

根据上述改造后的估计方法，对父代与子代教育获得年限作自然对数处理，然后，将有关变量引入回归方程，经 SPSS 软件 Enter 法回归分析得到以下回归系数结果（见表 6-5）。从表 6-5 可知，引入该回归方程的样本数量为 3273 个，调整后的拟合度 R^2 为 0.151，方差检验显著性为 0.000，回归方程可以成立。在控制年龄影响之后，可以发现：父代教育获得年限自然对数对于子代教育获得年限自然对数的决定系数为 0.425，且具有统计显著性。也就是说，总体样本中父代教育获得年限对于子代教育获得年限的代际教育流动弹性为 0.425，父代教育获得状况对子代教育获得最终结果具有重要的影响。

表 6-5　代际教育流动弹性总体模型 OLS 回归系数

	模型
（常量）	1.484
父亲教育年限自然对数	0.425*
受访者本人年龄	-0.014*
受访者年龄平方	0.00009392***
受访者父亲年龄	0.006*
父亲年龄平方	-0.00002148***
AD R^2	0.151
F-test	117.097***
DF	4
N	3273

注：因变量为受访者教育年限自然对数值，表中回归系数为未标准化系数，* $P<0.05$，** $P<0.01$，*** $P<0.001$。

2. 父代不同同期群的代际教育流动弹性系数

从父代不同同期群视角来考察代际教育流动弹性，可以很好地反映不同年代的父代对子代教育获得的决定作用。下面根据上述改造后的估计方法，从父代不同同期群来探究代际教育流动弹性，经 SPSS 软件 Enter 法回归分析得到父代不同同期群视角下的代际教育流动回归系数，并将五个父代同期群的代际教育流动弹性模型 OLS 回归系数合并在表 6-6 中。

上述模型中父代教育年限自然对数的多元线性回归系数就是父代不同同期群视角下代际教育流动弹性（见表 6-6），将上述代际教育流动弹性通过 Excel 制作成下图。从图 6-1 可知，父亲出生在 1949 年前的子代代际教育流动弹性呈现上升趋势，但父亲出生在 1950~1959 年的子代代际教育流动弹性突然又出现下降，这其中一定与突发的重大历史事件有关，事实上也就是与"文化大革命"对教育事业的破坏性干扰有关，随后父亲出生在 1960 年后的子代代际教育流动弹性又快速恢复上升趋势。

表 6-6 父代不同同期群代际教育流动弹性模型 OLS 回归系数

	父亲出生在 1929 年前（含 1929 年）	父亲出生在 1930~1939 年	父亲出生在 1940~1949 年	父亲出生在 1950~1959 年	父亲出生在 1960 年后（含 1960 年）
（常量）	0.063	-5.705	-4.275	10.457	-1.963
父亲教育年限自然对数	0.177***	0.438***	0.565***	0.494***	0.609***
受访者本人年龄	0.022	0.027	0.027	0.050*	0.079
受访者年龄平方	0.000	0.000	0.000	-0.001	-0.002
受访者父亲年龄	0.027	0.159	0.148	-0.335	0.076
父亲年龄平方	0.000	-0.001	-0.001	0.003	-0.001
ADR^2	0.029	0.122	0.185	0.155	0.174
F-test	4.622***	18.606***	31.064***	28.039***	27.543***
DF	5	5	5	5	5
N	608	633	665	738	629

注：因变量为受访者教育年限自然对数值，表中回归系数为未标准化系数，* $P<0.05$，** $P<0.01$，*** $P<0.001$。

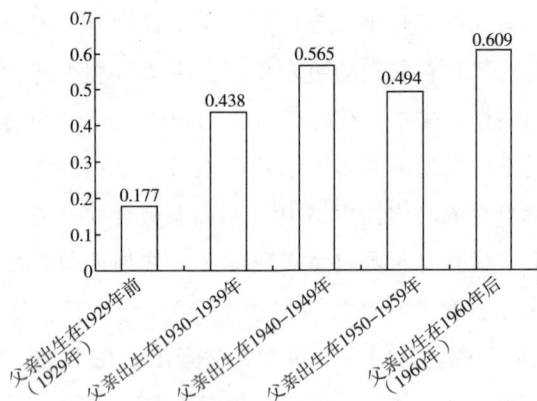

图 6-1　父代不同同期群视角下的代际教育流动弹性变动图

3. 子代不同同期群的代际教育流动弹性系数

从子代不同同期群视角来考察代际教育流动弹性，可以很好地反映不同年代出生子代教育获得受到父代教育获得的决定作用。下面根据上述改造后的估计方法，从子代不同同期群来探究代际教育流动弹性，经 SPSS 软件回归分析得到子代不同同期群视角下的代际教育流动回归系数，并将四个同期群的代际教育流动弹性模型 OLS 回归系数合并在表 6-7 中。从中可知，四个同期群的代际教育流动回归系数均具有极强的显著性，表明父亲教育年限自然对数对于子代教育年限自然对数具有显著影响，也就是说，父代教育获得状况在子代不同同期群均具有显著的决定性影响。

表 6-7　子代不同同期群代际教育流动弹性模型 OLS 回归系数

	受访者出生在 1959 年前（含 1959 年）	受访者出生在 1960~1969 年	受访者出生在 1970~1979 年	受访者出生在 1980 年后（含 1980 年）
（常量）	8.619***	4.135	1.330	-0.753
父亲教育年限自然对数	0.225***	0.389***	0.503***	0.561***
受访者本人年龄	-0.290***	-0.194	-0.034	0.040
受访者年龄平方	0.002***	0.002	0.000	-0.001
受访者父亲年龄	0.049	0.038	0.018	0.046
父亲年龄平方	0.000	0.000	0.000	0.000

续表

	受访者出生在 1959 年前（含 1959 年）	受访者出生在 1960~1969 年	受访者出生在 1970~1979 年	受访者出生在 1980 年后（含 1980 年）
ADR^2	0.078	0.101	0.125	0.157
F-test	10.816***	15.375***	24.750***	46.350***
DF	5	5	5	5
N	578	642	836	1217

注：* $P<0.05$，** $P<0.01$，*** $P<0.001$。

上述模型中父代教育年限自然对数的多元线性回归系数就是子代不同同期群视角下代际教育流动弹性，将上述代际教育流动弹性通过 Excel 制作成图 6-2。从图中可知，从子代出生同期群视角来看，随着年代更替、时代变迁，代际教育流动弹性呈现不断上升趋势，也就是说，近几十年来，在我国教育改革事业不断发展的同时，子代教育获得受到父代教育获得的影响越明显，相应地表示代际教育流动性就越低，这种变动情况需要引起注意和深思。

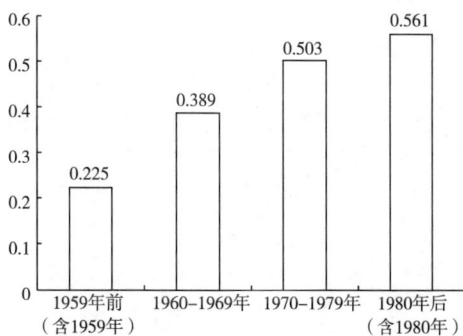

图 6-2　子代不同同期群视角的代际教育流动弹性变动图

代际教育流动弹性主要是从教育获得年限视角探讨代际教育流动性，因其将研究对象的教育获得程度简化转换为教育年限，而没有顾及教育获得程度的不同质性差异，比如重点大学与普通大学、重点高中与普通高中等方面的质性差异，因此，代际教育流动弹性不能反映教育获得质量上的差异性和不平等变动状况。此外，代际教育流动弹性系数是借鉴 Solon 的代际收入流动弹性基准测量模型计算而来，按照 Solon 的看法，使用单一年份收入作为持久收入的替代变量来进行模型估计，代际收入弹性通常会被低估，同时本研究也忽略了研究对象在受访之后的教育获得变动情况，因此，也可能存在代际教育流动弹性被低估的问题。

第七章

教育流动解释分析

前一章对教育流动状况作了多角度的定量描述分析，有助于一般性地了解近几十年来我国代际教育流动的总体状况和不平等变动情况。但是，还不能够深入地理解父代因素即家庭背景对于代际教育流动的影响逻辑。一般来说，代际教育流动考察视角主要有流动距离、流动方向和继承性等视角。因此，以下拟通过构建教育流动距离模型、方向模型和对数线性模型展开进一步的解释分析。

一 教育流动距离模型

教育流动距离是指配对父子中，子代教育获得程度与父代教育获得程度相比较而生成的差距距离。前文中已经将子代教育获得程度与父代教育获得程度按照教育年限转换表换算成各自的教育年限数据，那么，教育流动距离就等于配对父子中子代教育获得年限减去父代教育获得年限得到的数值。流动距离模型就是参照前文教育年限模型，以教育流动距离为因变量，考察父代因素对代际教育流动距离的影响。下面将从教育流动距离状况、教育流动距离总体模型和教育流动距离同期群模型等方面加以深入剖析。

1. 教育流动距离状况

本研究通过 SPSS 软件计算出教育流动距离数据，经频次统计发现，本次调查教育流动距离存在负值、零值和正值等三类情况。现将三类情况作进一步的分组：拟以 5 年为时限参照划分成"教育流动距离为负值、距离为 0 年、距离为 0~5 年（不包括 0 年）、距离为 5~10 年（不包括 5 年）、距离为 10 年以上（不包括 10 年）"等 5 个组，并再次生成频次统计表格（见表 7-1）。从表中可知，教育流动距离为负值的情况不少，占比达到 23.1%；教育流动距离在 5~10 年（不包括 5 年）的占比最高，达到 26.7%；教育流动距离占比最低的是"10 年以上（不包括 10 年）"，仅为 5.7%。总体上看，教育流动距离在 0 年以上（不包括 0 年）的比例合计达到 51.5%，代际教育流动主要还是呈现正向流动的态势。

表 7-1　教育流动距离分组状况

		频数	百分比	有效百分比	累积百分比
有效	距离为负值	1294	23.1	23.1	23.1
	距离为 0 年	1426	25.4	25.4	48.5
	距离为 0~5 年（不包括 0 年）	1071	19.1	19.1	67.6
	距离为 5~10 年（不包括 5 年）	1501	26.7	26.7	94.3
	距离为 10 年以上（不包括 10 年）	321	5.7	5.7	100.0
	合计	5613	100.0	100.0	

下面进一步通过均值分析了解样本总体的教育流动距离平均值状况。样本总体的教育流动平均距离的计算应当考虑相对流动与绝对流动两种情况。一是，在相对流动情况下，就不考虑负值对教育流动距离平均值的影响，可以直接将所有样本的教育流动距离数值作总和与均值计算；二是，在绝对流动情况下，就应考虑负值对教育流动距离平均值的影响，可以将负值经负向转换成正值，然后再计算所有样本的教育流动距离数值总和均值。两种情况的统计结果如表 7-2 所示，如果考虑负值对于教育流动距离平均值的影响，教育流动距离（相对）平均值为 2.279 年，标准差为 5.135；如果不考虑负值对于教育流动距离平均值的影响，教育流动距离（绝对）平均值为 4.182 年，标准差仅为 3.751。因此，无论从教育流动距离（相对）平均值、教育流动距离（绝对）平均值，还是二者的标准差来看，本次调查样本总体

的教育流动距离均属于短距离流动，这也可以在一定程度上反映整个
社会成员代际教育流动在总体上呈现较短距离流动的特征。

表7-2　教育流动距离相对值与绝对值

	N	极小值	极大值	和	均值	标准差
教育流动距离（相对）	5613	-13.00	19.00	12789.00	2.279	5.135
教育流动距离（绝对）	5613	0.00	19.00	23475.00	4.182	3.751
有效的 N（列表状态）	5613					

再从受访者父亲职业阶层视角来计算子代的代际教育流动距离（相
对）的均值结果（见表7-3）。从均值检验结果来看（F = 17.230，P <
0.000），受访者父代不同职业阶层视角下的子代代际教育流动距离平均值
存在显著差异。从均值数值来看，大多数职业阶层背景的子代代际教育流
动距离增值分布在 2~3 年之间，父代为机关企事业单位一般工作人员、机
关企事业单位中层人员职业阶层的子代代际教育流动距离均值小于 1 年。
因此，从父代职业阶层视角来看，各阶层子代的代际教育流动距离也以短
距离流动为主要特征。

表7-3　父代阶层视角下的子代代际教育流动距离（相对）

受访者父亲职业阶层	均值	N	极小值	极大值	标准差
农民	2.477	3107	-13.00	19.00	5.263
工人	2.747	901	-12.00	19.00	4.981
商业服务业人员	2.379	331	-13.00	16.00	4.813
机关企事业单位一般工作人员	0.606	447	-13.00	16.00	4.652
机关企事业单位中层人员	0.825	308	-13.00	15.00	4.398
机关企事业单位负责人	2.261	90	-7.00	15.00	4.608
总计	2.254	5184	-13.00	19.00	5.117

2. 教育流动距离总体模型

教育流动距离总体模型意在探究父代因素对子代代际教育流动距离的
总体影响逻辑，是指因变量为代际教育流动距离、自变量为父代因素的多
元线性回归模型，因此，基本上也是参照教育年限模型建构思路而设计形

成。根据研究设计中的总体假设和已有研究成果的理论观点，一般来说，父代因素即家庭背景越优越的子代，其可能的教育流动距离也越大，据此提出如下具体研究假设：

假设 7.1a：受访者父亲的职业阶层即父代经济社会资本因素对子代教育流动距离具有显著影响。

假设 7.1b：受访者父亲的政治面貌即父代政治资本因素对子代教育流动距离具有显著影响。

假设 7.1c：受访者父亲的教育年限即父代文化资本因素对子代教育流动距离具有显著影响。

教育流动距离总体模型中的因变量就是上述配对父子中子代教育获得年限减去父代教育获得年限得到的数值型变量。本研究拟综合考察相对流动距离状况，所有样本的教育流动距离作为定距变量全部纳入分析模型，教育流动距离为负值的样本也包括在内。自变量和控制变量的设置同前文其他模型，在此就不再重复介绍。将上述因变量、自变量和控制变量等纳入多元线性回归的教育流动距离模型，经 SPSS 软件回归分析得到表 7-4 的回归系数。总体上看，本次回归分析纳入的样本量规模较大，且通过共线性检验没有排除任何纳入的变量，回归方程通过方差检验可以成立，调整后的拟合度 R^2 数值达到 0.507，可以说，本次建构的教育流动距离模型也具有较为理想的解释力。

表 7-4　教育流动距离总体模型 OLS 回归系数

	相对流动距离模型
（常量）	6.744***
父代职业阶层 （参照组：农民）	
机关企事业单位负责人	1.979***
机关企事业单位中层人员	1.953***
机关企事业单位一般工作人员	1.362***
商业服务业人员	1.436***

续表

	相对流动距离模型
工人	1.022***
受访者父亲政治面貌（中共党员＝1）	0.468*
受访者父亲教育年限	-0.788***
受访者性别（男＝1）	1.316***
受访者14岁时城乡类型（农村＝1）	-2.385***
受访者同期群 ［参照组：1959年前（含1959年）］	
受访者1960～1969年同期群	1.191***
受访者1970～1979年同期群	1.709***
受访者1980年后（含1980年）同期群	3.108***
AD R²	0.507
F-test	439.083***
DF	9
N	5118

注：因变量为受访者教育流动距离（相对），表中回归系数为未标准化系数，* P<0.05，** P<0.01，*** P<0.001。

从表7-4教育流动距离总体模型 OLS 回归系数及其显著性检验可以发现：

假设 7.1a 得到有力验证，父代的职业阶层即经济社会资本因素对于子代教育流动距离总体上具有显著影响。父代不是农民的其他各职业阶层，与农民阶层相比较都对子代教育流动距离具有显著影响，而且，职业阶层在现实社会中的位序越高，其子代教育流动距离与农民阶层子代相比也就越大。

假设 7.1b 得到有力验证，父代的政治面貌即政治资本因素也对子代教育流动距离具有显著影响。从回归系数来看，父代政治面貌为"中共党员"的子代教育流动距离平均较"非中共党员"的子代要多出 0.468 年。

假设 7.1c 得到有力验证，父代的教育年限即文化资本因素也对子代教育流动距离具有显著影响，但呈现负向作用。从回归系数来看，父代教育年限每增加 1 年，其子代教育流动距离平均要减少 0.788 年。这一点其实与前述代际教育流动描述分析中得出的短距离流动结论互相印证。一般来说，父代的教育年限越高，其子代获得更高教育年限的可能性不断下降，最高教育获得程度的父代并不意味着其子代也能获得最高程度的教育地位，更多地可能是其子代获得与父代相似或相差不大的教育地位。

此外，受访者不同同期群对子代教育地位获得具有显著影响。从回归系数来看，出生在 1960 年之后的受访者教育流动距离较参照组［1959 年前（含 1959 年）出生的受访者］都有显著提升，且随着同期群年代更替而不断增强。这也说明，我国社会成员教育流动性随着受访者同期群的年代更替而不断增强。

受访者的性别与城乡归属对于其自身的教育流动距离具有显著影响。从回归系数来看，受访者为男性的教育流动距离平均比女性多出 1.316 年；受访者 14 岁时在农村的教育年限平均比不在农村的少了 2.385 年。从总体上看，我国社会成员教育流动距离在性别和城乡上还存在一定差异，特别是城乡之间存在特别显著的差异。

3. 教育流动距离同期群模型

教育流动距离的同期群模型是从上述教育流动距离总体模型转化过来的，教育流动距离总体模型是针对所有受访者样本，而这里将根据受访者出生年龄同期群制作不同年代的教育流动距离总体模型，从而比较不同年代受访者教育流动距离父代影响因素的历时性变化。教育流动距离的同期群模型与上述教育流动距离总体模型的不同之处就在于对受访者样本按照同期群进行剥离后分别分析，那么控制变量中的受访者同期群就不再纳入模型，其他方面与上述教育流动距离总体模型大致相似。根据研究设计中的总体假设和已有研究成果的理论观点，随着年代更替、时代变迁，即使在教育规模扩展背景下，父代因素即家庭背景因素对子代教育流动距离的影响往往日益明显，据此提出如下具体研究假设：

假设 7.2a：受访者父亲的职业阶层即父代经济社会资本因素对子代教育流动距离的影响随着年代更替而不断增强。

假设 7.2b：受访者父亲的政治面貌即父代政治资本因素对子代教育流动距离的影响随着年代更替而不断增强。

假设 7.2c：受访者父亲的教育年限即父代文化资本因素对子代教育流动距离的影响随着年代更替而不断增强。

　　教育流动距离的同期群模型中的因变量、自变量与控制变量等设置情况与上述教育流动距离总体模型一样，在此就不再重复介绍。本研究将子代不同同期群样本剥离开来，再将上述因变量、自变量和控制变量纳入多元线性回归方程，经 SPSS 软件回归分析得到下述四个同期群模型的多元线性回归分析结果。从总体上看，四个同期群模型引入的分析样本数量大致相当，且各个模型的解释力总体上比较均衡。

表 7-5 　教育流动距离的同期群模型 OLS 回归系数

	同期群			
	1959 年前 （含 1959 年）	1960~1969 年	1970~1979 年	1980 年后 （含 1980 年）
（常量）	6.771***	8.291***	8.589***	8.974***
父代职业阶层 （参照组：农民）				
机关企事业单位负责人	2.241*	1.769*	1.392	2.121*
机关企事业单位中层人员	2.202***	1.988***	1.117	2.023***
机关企事业单位一般工作人员	1.568**	1.005*	0.495	1.934***
商业服务业人员	1.149*	0.593	0.448	1.845***
工人	1.090*	0.950*	0.669	0.796***
受访者父亲政治面貌（中共党员=1）	0.474	0.672	0.294	0.454*
受访者父亲教育年限	−0.849***	−0.848***	−0.711***	−0.705***
受访者性别（男=1）	2.294***	1.707***	1.046***	0.133
受访者 14 岁时城乡类型（农村=1）	−2.820***	−2.636***	−2.860***	−1.628***
AD R^2	0.522	0.617	0.442	0.391
F-test	179.328***	209.504***	104.109***	94.331***
DF	9	9	9	9
N	1472	1168	1171	1307

　　注：因变量为受访者教育流动距离（相对），表中回归系数为未标准化系数，* $P<0.05$，** $P<0.01$，*** $P<0.001$。

　　由表 7-5 教育流动距离的同期群模型 OLS 回归系数及显著性检验可以

发现：

假设 7.2a 并未得到完全验证，父代职业阶层即经济社会资本因素对于子代教育流动距离的影响随着子代同期群的更替也出现"U"形变化。其中，1960 年前出生的、1960~1969 年出生的和 1980 后出生的子代受到父代职业阶层的影响较显著，而 1970~1979 年出生的子代受到父代职业阶层的影响并不具有显著性。1980 年后（含 1980 年）出生的子代同期群的教育流动距离重新又受到父代职业阶层的显著影响，这也是值得注意的现象。事实上，1980 年出生的受访者适逢我国改革开放之后的教育规模扩展时期，特别是 1999 年我国高校大扩招带动了全社会教育规模大扩展，在这一时期，受访者的教育流动距离重新受到父代职业阶层背景的显著影响。

假设 7.2b 并未得到充分验证，父代政治面貌即政治资本因素对子代教育流动距离的影响总体上显著性不强，且呈现随年代更替无规律变动特点。父代政治面貌仅对 1960~1969 年、1980 年后（含 1980 年）出生子代同期群的教育流动距离具有一定的明显影响，对其他年代出生的子代教育流动距离不具有显著影响。

假设 7.2c 得到全面的验证，父代教育年限即文化资本因素对子代教育流动距离始终存在显著影响。受访者父亲教育年限对于子代教育流动距离的影响随子代同期群更替而日益增强，也就是说，近几十年来，父代文化资本因素对子代教育流动距离始终存在显著影响且呈现增强趋势。

此外，受访者的性别与城乡归属对于其自身的教育流动距离也具有重要影响。其中，受访者性别类型对于自身教育流动距离的影响随同期群更替而日益减少，特别对于 1980（含 1980 年）后出生的受访者同期群而言，性别已不具有显著影响，反过来说，社会成员教育获得的性别不平等在近 30 年来得到显著改善；受访者的城乡归属对自身教育流动距离的影响随同期群更替而始终存在显著影响，总体上看回归系数呈现下降趋势，这就说明受访者的教育流动距离始终受到出生地城乡属性的深刻影响，但影响随着工业化、城市化等社会转型进程深化而呈现下降趋势。

二 教育流动方向模型

教育流动方向是指在配对父子样本中，子代教育获得程度与父代教育获得程度相比较而生成的流动方向形态。在配对父子样本中，如果子代教育获得程度高于父代教育获得程度，那么，教育流动方向为"正向流动"，否则，就归为"非正向流动"。为了比较教育流动方向，根据我国教育学制规定，本研究对教育获得类型作了进一步合理处理，主要是将不适合比较的"技术、职业高中、中专"等职业教育类型作缺失处理，形成7类可以明确比较的教育获得类型：没有受过任何教育、小学、初中、普通高中、大学专科、大学本科、研究生，依序分别赋值为1~7。这7类教育获得类型具有良好的对比性，可以通过配对父子这7类教育获得类型序列数值的比较而获得教育流动方向判断。以下将通过教育流动方向状况、教育流动方向总体模型和教育流动方向同期群模型深入分析父代因素对子代教育流动方向的影响逻辑。

1. 教育流动方向状况

经频次统计结果发现，从教育流动方向来看（见表7-6），本次调查中教育流动方向为正向流动的样本占总样本的比例为60%，非正向流动的占总样本的比例为30.6%。需要说明的是，这里根据7个教育获得类型计算出来的正向流动率，与流动量表根据10个教育获得类型计算出来的向上流动率有细微偏差，应该说，正向流动率数值更为精准。从受访者同期群视角来看（见表7-7），各个同期群的教育流动方向的分布比例并没有显著差异。从受访者父代职业阶层视角来看（见表7-8），各个职业阶层父代视角下的子代教育流动方向的比例分布也没有显著差异。那么，父代因素对于子代教育流动方向究竟有没有影响？下面将通过构建教育流动方向总体模型和教育流动方向同期群模型来加以深入剖析。

表7-6 教育流动方向总体状况

		频数	百分比	有效百分比	累积百分比
有效	非正向流动	1716	30.6	33.8	33.8
	正向流动	3365	60.0	66.2	100.0
	合计	5081	90.5	100.0	
缺失	系统	532	9.5		
合计		5613	100.0		

表 7-7 受访者同期群 * 教育流动方向交叉表

| | | | 教育流动方向 | | 合计 |
			非正向流动	正向流动	
受访者同期群	1959 年前（含 1959 年）	计数	575	1017	1592
		占受访者同期群中的	36.1%	63.9%	100.0%
	1960~1969 年	计数	376	836	1212
		占受访者同期群中的	31.0%	69.0%	100.0%
	1970~1979 年	计数	376	699	1075
		占受访者同期群中的	35.0%	65.0%	100.0%
	1980 年后（含 1980 年）	计数	389	813	1202
		占受访者同期群中的	32.4%	67.6%	100.0%
合计		计数	1716	3365	5081
		占受访者同期群中的	33.8%	66.2%	100.0%

表 7-8 受访者父代职业阶层 * 教育流动方向交叉表

| | | | 教育流动方向 | | 合计 |
			非正向流动	正向流动	
受访者父亲职业阶层	农民	计数	1084	1877	2961
		占受访者父亲职业阶层中的	36.6%	63.4%	100.0%
	工人	计数	177	608	785
		占受访者父亲职业阶层中的	22.5%	77.5%	100.0%
	商业服务业人员	计数	70	212	282
		占受访者父亲职业阶层中的	24.8%	75.2%	100.0%
	机关企事业单位一般工作人员	计数	138	215	353
		占受访者父亲职业阶层中的	39.1%	60.9%	100.0%
	机关企事业单位中层人员	计数	99	142	241
		占受访者父亲职业阶层中的	41.1%	58.9%	100.0%
	机关企事业单位负责人	计数	18	53	71
		占受访者父亲职业阶层中的	25.4%	74.6%	100.0%
合计		计数	1586	3107	4693
		占受访者父亲职业阶层中的	33.8%	66.2%	100.0%

2. 教育流动方向总体模型

教育流动方向总体模型意在探究所有调查样本中父代因素对子代教育流动方向的总体影响逻辑。教育流动方向总体模型的构建思路与教育流动距离总体模型相类似，不同之处在于教育流动方向总体模型采用 Logistic 回归分析方法，因变量为"是否为正向流动"，其中，"正向流动"赋值为"1"，"非正向流动"赋值为"0"，作为二分变量纳入 Logistic 回归分析。根据研究设计中的总体假设和已有研究成果的理论观点，我国社会成员的教育流动方向往往也会受到家庭背景的深刻影响，据此提出如下具体研究假设：

假设 7.3a：受访者父亲的职业阶层即父代经济社会资本因素对子代教育流动方向具有显著影响。

假设 7.3b：受访者父亲的政治面貌即父代政治资本因素对子代教育流动方向具有显著影响。

假设 7.3c：受访者父亲的教育年限即父代文化资本因素对子代教育流动方向具有显著影响。

教育流动方向总体模型中的自变量和控制变量的设置同前文其他模型相同，在此就不再重复介绍。本研究将上述因变量、自变量和控制变量纳入模型，经 SPSS 软件 Logistic 回归分析后得到下述非标准化 Logistic 回归系数和发生比。

表 7-9　教育流动方向模型 Logistic 回归系数和发生比

	非标准化回归系数（B）	发生比 Exp（B）
（常量）	1.477***	4.381
父代职业阶层（参照组：农民）		
机关企事业单位负责人	0.919*	2.507
机关企事业单位中层人员	0.289	1.335
机关企事业单位一般工作人员	0.351*	1.420

续表

	非标准化回归系数 （B）	发生比 Exp（B）
商业服务业人员	0.673***	1.960
工人	0.646***	1.907
受访者父亲政治面貌（中共党员=1）	0.064	1.066
受访者父亲教育年限	-0.172***	0.842
受访者性别（男=1）	0.697***	2.007
受访者14岁时城乡类型（农村=1）	-0.938***	0.392
受访者同期群 [参照组：1959年前（含1959年）]		
受访者1960~1969年同期群	0.597***	1.816
受访者1970~1979年同期群	0.752***	2.122
受访者1980年后（含1980年）同期群	1.212***	3.360
Pseudo R^2	0.193	
-2Log Likelihood	5233.162	
X^2	695.074***	
DF	12	
N	4629	

注：因变量为受访者是否为正向流动（是=1，否=0），表中回归系数为未标准化系数，* P<0.05，** P<0.01，*** P<0.001。

从表7-9教育流动方向模型 Logistic 回归系数分析结果可以发现：

假设7.3a部分得到验证，受访者父亲的职业阶层即父代经济社会资本因素对子代教育流动方向部分具有显著影响。从回归系数来看，仅有父代职业阶层为机关企事业单位负责人、机关企事业单位一般工作人员、商业服务业人员、工人的子代教育流动方向为正向的概率都显著高于父代为农民职业阶层的子代。从发生比数据来看，父亲为机关企事业单位负责人职业阶层的子代教育流动方向为正向的概率为农民职业阶层子代的2.507倍，父亲为机关企事业单位一般工作人员职业阶层的子代教育流动方向为正向的概率为农民职业阶层子代的1.420倍，父亲为商业服务业人员职业阶层的子代教育流动方向为正向的概率为农民职业阶层子代的1.960倍，父亲为工人职业阶层的子代教育流动方向为正向的概率为农民职业阶层子代的1.907倍。由此可见，父亲为农民职业阶层的子代教育流动方向为正向的概率最低，其他职业阶层的子代教育流动方向为正向的概率都显著高于农民职业阶层的子代。

假设7.3b没有得到验证，受访者父亲的政治面貌即父代政治资本因素对子代教育流动方向不具有显著影响。从回归系数及其显著性检验来看，受访者父亲的政治面貌回归系数没有通过显著性检验。这也就是说，受访者父亲的政治面貌总体上不影响子代教育流动方向。

假设7.3c也得到验证，受访者父亲的教育年限即父代文化资本因素对子代教育流动方向具有显著影响。从回归系数及其显著性检验来看，显著度始终处于极高水平。从发生比数据来看，父代教育年限每增加1年，其子代教育流动方向为正向的概率仅为0.842倍。也就是说，父代教育年限越高，其子代教育流动方向更不容易为正向流动，反而更容易呈现非正向流动，这也是符合常识的正常现象。

此外，受访者自身所处同期群不同对于本人教育流动方向具有显著影响。从回归系数及其显著性检验来看，与参照组同期群相比较，其他三个同期群出生的受访者在教育获得质性方面存在显著差异。从发生比来看，受访者1960~1969年同期群教育流动方向为正向的概率是参照组的1.816倍，受访者1970~1979年同期群教育流动方向为正向的概率是参照组的2.122倍，受访者1980年后同期群教育流动方向为正向的概率是参照组的3.360倍。可见，随着受访者同期群的年代更替、时代变迁，社会成员教育流动方向为正向的概率呈现明显增长趋势。

受访者的性别和城乡归属对本人教育流动方向也具有显著影响。其中，性别为男性的受访者教育流动方向为正向的概率是女性的2.007倍，也就是说，社会成员教育流动方向为正向的概率上存在一定的性别差异；城乡归属为农村的受访者教育流动方向为正向的概率是城镇的0.392倍，反过来，就是说城镇的受访者教育流动方向为正向的概率是农村的2.551倍，可见，社会成员的城乡归属分异对于教育流动方向为正向的概率具有显著差异。

3. 教育流动方向同期群模型

教育流动方向同期群模型关注的是父代因素对不同同期群子代教育流

动方向的变动影响。教育流动方向同期群模型的建构思路与教育流动方向总体模型相同，不同之处在于将不同同期群子代的样本剥离出来进行 Logistic 回归分析，受访者同期群不再作为控制变量引入模型。因变量为受访者教育流动方向是否为正向流动，其中，"1"为"是"，"0"为"否"，作为二分变量引入 Logistic 回归分析。根据研究设计中的总体假设和已有研究成果的理论观点，随着年代更替、时代变迁，即使在教育规模扩展背景下，父代因素即家庭背景因素对子代教育流动方向往往具有日益明显的影响，据此提出如下具体研究假设：

假设 7.4a：受访者父亲的职业阶层即父代经济社会资本因素对子代教育流动方向的影响随着年代更替而不断增强。

假设 7.4b：受访者父亲的政治面貌即父代政治资本因素对子代教育流动方向的影响随着年代更替而不断增强。

假设 7.4c：受访者父亲的教育年限即父代文化资本因素对子代教育流动方向的影响随着年代更替而不断增强。

教育流动方向同期群模型中的自变量与控制变量等设置情况与上述教育流动方向总体模型一样，在此就不再重复介绍。本研究将上述因变量、自变量和控制变量纳入模型，经 SPSS 软件 Logistic 回归分析后得到下述非标准化 Logistic 回归系数和发生比数据。

表 7-10　教育流动方向同期群模型 Logistic 回归系数

	同期群						
	1959 年前（含 1959 年）		1960~1969 年		1970~1979 年		1980 年后（含 1980 年）	
	非标准化回归系数（B）	发生比 Exp（B）	非标准化回归系数（B）	发生比 Exp（B）	非标准化回归系数（B）	发生比 Exp（B）	非标准化回归系数（B）	发生比 Exp（B）
（常量）	1.389***	4.012	2.185***	8.891	2.333***	10.304	3.105***	22.308
父代职业阶层（参照组：农民）								

续表

	同期群						
	1959 年前（含 1959 年）		1960～1969 年		1970～1979 年		1980 年后（含 1980 年）	
	非标准化回归系数（B）	发生比 Exp（B）	非标准化回归系数（B）	发生比 Exp（B）	非标准化回归系数（B）	发生比 Exp（B）	非标准化回归系数（B）	发生比 Exp（B）
机关企事业单位负责人	1.068	2.910	0.668	1.950	0.529	1.696	1.319	3.741
机关企事业单位中层人员	0.347	1.415	0.449	1.567	-0.483	0.617	0.612	1.845
机关企事业单位一般工作人员	0.422	1.525	0.227	1.255	-0.361	0.697	0.850*	2.340
商业服务业人员	0.352	1.422	0.205	1.227	0.109	1.115	1.051***	2.860
工人	0.666*	1.946	1.067**	2.906	0.424	1.529	0.493	1.637
受访者父亲政治面貌（中共党员=1）	0.174	1.190	0.332	1.394	0.108	1.114	-0.215	0.807
受访者父亲教育年限	-0.179***	0.836	-0.212***	0.809	-0.130***	0.878	-0.205***	0.815
受访者性别（男=1）	1.397***	4.043	0.935***	2.546	0.465**	1.592	-0.072	0.931
受访者 14 岁时城乡类型（农村=1）	-1.217***	0.296	-0.976**	0.377	-1.202***	0.301	-0.580*	0.560
Pseudo R^2	0.264		0.298		0.153		0.140	
-2Log Likelihood	1516.695		1110.727		1191.831		1303.232	
X^2	296.410***		263.768***		119.080***		119.155***	
DF	9		9		9		9	
N	1388		1104		1010		1127	

注：因变量为受访者是否为正向流动（是＝1，否＝0），表中回归系数为未标准化系数，* P<0.05，** P<0.01，*** P<0.001。

由表 7-10 教育流动方向同期群模型 logistic 回归系数分析结果可以发现：

假设 7.4a 得到部分验证，受访者父亲的职业阶层即父代经济社会资本因素对子代教育流动方向随着年代更替并呈现曲折变化，特别是自 1999 年高校大扩招之后，受访者父亲的职业阶层即父代经济、社会资本因素对子代教育流动方向的影响有所增强。1959 年前（含 1959 年）、1960~1969 年和 1970~1979 年出生的三个同期群教育流动方向受到父代职业阶层的影响不大，而 1980 年后（含 1980 年）出生的同期群教育流动方向重新受到父代职业阶层的明显影响。也就是说，对于改革开放之后出生的受访者而言，在教育规模不断扩展的时代背景下，受访者父亲的职业阶层即父代经济社会资本因素对子代教育流动方向重新产生显著影响。

假设 7.4b 未得到验证，受访者父亲的政治面貌即父代政治资本因素对子代教育流动方向的影响随着年代更替总体变动不显著。

假设 7.4c 得到验证，受访者父亲的教育年限即父代文化资本因素对子代教育流动方向始终存在显著影响。从回归系数及其显著性检验来看，不同受访者同期群的显著度始终处于极高水平。从回归系数来看，随着同期群的年代更替，父代的文化资本对子代教育流动方向存在持续而稳定的显著影响。

此外，受访者的性别和城乡归属对本人教育流动方向的影响呈下降趋势。其中，受访者的性别对本人教育流动方向的影响随着年代更替呈现从显著到不显著的趋势；受访者城乡归属对本人教育流动方向随着年代更替始终存在显著影响，但影响的显著性有所下降。

三 代际教育流动对数线性模型

对数线性模型是用于离散型数据或整理成列联表格式计数的定类资料的有效统计分析工具，它可以把方差分析和线性模型的一些分析方法应用到交叉列联表的分析中，从而对定类变量间的关系做更进一步的描述和分析。如果说以列联表交叉分析为主要特征的流动量表是社会流动研究的第一代分析工具，那么，对数线性模型是继第二代地位获得模型之后的第三代社会流动研究分析工具。"列联表分析无法系统地评价变量间的联系，也无法估计变量间交互作用的大小，而对数线性模型则是处理这些问题的最佳方法（何晓群，2004：244~252）。"虽然前文在教育流动描述分析中已经作了流动量表分析，但为了进一步推进研究深度，本研究拟采用对数线性模型深入分析代际教育流动状况，以期获得更具深度的结论。

原拟将前一章教育流动交叉列联表数据直接进行对数线性模型分析，但经过初步的探索性分析发现，教育获得程度类型过多就会造成有的教育获得类型样本数量过少，不利于作进一步的分析，故而在这里对教育获得程度作进一步的合并处理，主要把"技校、职业高中和中专"三类进行合并，其他教育获得程度类型不变，总共形成8类教育获得程度类型。合并后的父代与子代教育获得程度交叉分布情况如表7-11所示，具体就不再详细介绍。

表 7-11 父代教育获得程度 * 受访者教育获得程度 交叉表

单位：人

		受访者教育获得程度								合计
		没有受过任何教育	小学	初中	技校/职高/中专	普通高中	大学专科	大学本科	研究生	
父代教育获得程度	没有受过任何教育	516	733	578	78	219	72	44	6	2246
	小学	89	348	588	121	214	133	63	14	1570
	初中	29	73	287	111	165	152	102	16	935
	技校/职高/中专	4	7	20	25	15	40	40	8	159
	普通高中	5	33	104	50	65	95	110	9	471
	大学专科	0	1	9	6	13	31	30	13	103
	大学本科	0	5	7	7	18	37	38	9	121
	研究生	1	0	2	0	1	0	3	1	8
合计		644	1200	1595	398	710	560	430	76	5613

对数线性模型一般有饱和模型和非饱和模型之分，其中，饱和模型是指模型中包含了所有可能的效应。若模型中缺少某一项或某几项效应，则被称为非饱和模型。非饱和模型最常见的主要有独立模型和准独立模型，其中，在独立模型中，行变量与列变量独立时，类别频数只取决于行合计

与列合计的分布；在准独立模型中，只假定除了主对角线以外的行变量和列变量是独立的，将对角线上变量的影响剥离出去。Loglinear 模型是非线性模型，参数估计的最好方法是极大似然估计法。对数线性模型的统计检验包括模型的整体检验和单个参数估计的检验（孙凤，2006），我们可以从模型的整体检验和单个参数估计结果来解读行变量与列变量之间可能存在特殊关系（本研究主要指继承性关系）。

本研究重点关注父代教育获得程度对子代教育获得程度的影响，本次对数线性分析模型的研究假设为：父代教育获得程度与子代教育获得程度之间存在强继承性，且随着父代教育获得程度的提高，继承性水平也越高。为此，本研究以表 7-11 为基础，针对受访者教育获得程度与受访者 14 岁时父亲教育获得程度的交互列联分布结果建立 Loglinear 独立模型和准独立模型，编写对数线性模型分析的 stata 程序（do 文件），然后，将相应的变量和频次数据录入新的 dta 文件，进而运行 do 文件展开批量处理，最终得到 Loglinear 模型的参数估计（见表 7-12）和拟合优度检验结果（见表 7-13）。

表 7-12　Loglinear 模型参数估计表

	独立模型		准独立模型	
	系数	标准误	系数	标准误
截距	5.552***	0.0427	4.232***	0.0939
父亲教育获得程度				
小学	−0.358***	0.0329	−0.111***	0.0389
初中	−0.876***	0.0389	−0.648***	0.0476
技校/职高/中专	−2.648***	0.0821	−2.520***	0.0898
普通高中	−1.562***	0.0507	−1.340***	0.0556
大学专科	−3.082***	0.101	−3.108***	0.120
大学本科	−2.921***	0.0933	−2.995***	0.113
研究生	−5.637***	0.354	−5.534***	0.379
子代教育获得程度				
小学	0.622***	0.0488	1.841***	0.0967
初中	0.907***	0.0467	2.096***	0.0940
技校/职高/中专	−0.481***	0.0638	0.668***	0.103

续表

	独立模型		准独立模型	
	系数	标准误	系数	标准误
普通高中	0.0976*	0.0544	1.283***	0.0976
大学专科	-0.140**	0.0578	1.004***	0.0992
大学本科	-0.404***	0.0623	0.706***	0.102
研究生	-2.137***	0.121	-0.964***	0.146
子代继承父代教育获得程度				
没有受过任何教育			2.014***	0.104
小学			-0.110	0.0731
初中			-0.0201	0.0790
技校/职高/中专			0.839***	0.225
普通高中			-0.000364	0.140
大学专科			1.306***	0.220
大学本科			1.695***	0.203
研究生			2.266**	1.075

注：父亲教育获得程度、子代教育获得程度的参照类均为：没有受过任何教育；

显著性水平为 *** p<0.01，** p<0.05，* p<0.1。

表 7-13　总体模型拟合优度检验

名称	对数似然比	自由度	BIC
独立模型	1923.951	49	2295.518
准独立模型	1333.091	41	1737.929

从上述对数线性模型检验结果来看，准独立模型的总体拟合优度检验相对弱于独立模型，也就是说考虑到代际教育获得之间继承性的对角线影响之后，准独立模型的总体拟合优度有所下降，但两个模型都可以成立（见表 7-13）。从上述两类情况对数线性模型参数估计结果来看，主要有如下发现：

对数线性独立模型的各个参数检验结果均呈现显著性，这说明父子两代间的教育获得程度分布具有独立性，即各个教育获得程度间的代际流动性总体较强。

对数线性准独立模型显示，"没有受过任何教育"、"技校/职高/中专"、"大学专科"、"大学本科"和"研究生"的配对父子代际教育获得存在显著的继承性，其参数检验结果具有显著性。其中，"研究生"的配对父子代际教育获得继承性发生比最高，达到2.266倍；"没有受过任何教育"的配对父子代际教育获得继承性发生比次高，达到2.014倍；"大学本科"的配对父子代际教育获得继承性发生比也高于1，达到1.695倍；"大学专科"的配对父子代际教育获得继承性发生比同样高于1，达到1.306倍；"技校/职高/中专"的配对父子代际教育获得继承性发生比较低，仅为0.839倍。

"小学""初中""普通高中"这3类配对父子代际教育获得继承性并不明显，也就是说，配对父子教育获得程度水平为普通高中及之前的教育阶段，父代的教育获得程度水平对子代的影响并不显著，这主要得益于9年义务教育及其溢出效应（延续到高中阶段）。

综上对数线性模型分析可知，独立模型表明本次调查代际教育流动性总体较强，但准独立模型进一步反映"没有受过任何教育""技校/职高/中专""大学专科""大学本科""研究生"的配对父子代际教育获得存在显著的继承性，而"小学""初中""普通高中"这3类配对父子代际教育获得继承性并不明显。如果按照教育获得程度水平顺序画出曲线，随着教育获得程度水平的提高，配对父子之间的代际教育获得继承性呈现出"U"形变动，代际教育获得继承性主要体现在最低教育获得程度的父代与子代、高等教育获得程度的父代与子代之间，两端呈现局部强继承性特征。其中，特别是"大学专科""大学本科""研究生"这3类配对父子代际教育获得的继承性呈现逐渐增强趋势，可以说部分验证了前文所提出的研究假设，也进一步反映代际教育流动不平等的变动状况。

第八章

教育获得与教育流动宏观分析

前面几章关于教育获得与教育流动的定量研究，主要以社会学个体主义方法论为指导，通过描述分析掌握代际视角下社会成员的教育获得与教育流动状况，并通过解释分析深入探究父代因素对子代教育获得与教育流动的影响逻辑。毫无疑问，个体主义方法论是社会学定量研究得以操作化的根本途径，对于剖析变量间的微观、数量和方向等关系具有显著优势。但是，也应该注意的是，个体主义方法论指导下的定量研究中，限于数据收集的缺失或制约，自变量的有限选择往往难以解释影响因变量的全部因素，有时分析模型的解释力不足。这也从反面提醒研究者，可能还有其他重要的因素，特别是宏观的结构性、制度性因素，这些宏观性影响因素往往难以透过定量分析模型得到充分体现，但它们事实上却对因变量产生根本性、结构性影响。为此，为弥补个体主义方法论的不足，本研究将综合社会学整体主义方法论研究视角，结合上述有关定量分析结论，同时参考其他有关宏观统计数据，从宏观视角进一步分析我国社会成员教育获得的结构性变迁情况，结合现实剖析代际教育流动的主要传递机制，进而结合国内已有研究成果探讨教育获得与教育流动中存在的不平等性问题。

一　教育获得结构性变迁分析

所谓结构性变迁分析，在本研究中主要指从重大的、宏观的制度性或结构性变迁视角出发而展开的历时性分析。如前关于受访者父亲与其本人年龄分布描述分析可知，他们的年龄跨度近百年，而这百年来正是中国融入世界现代化潮流的"数千年未有之大变局"时期。据此，本研究关于教育获得的结构性变迁分析就是从宏观角度历时考察近百年来特别是新中国成立以来对社会成员教育获得产生显著影响的教育制度与政策的重大变革，以及社会结构层面的重大变迁，进而探讨结构性变迁对教育获得的影响逻辑。

1. 近百年来我国教育制度重大变革回顾

毫无疑问，教育制度的重大变革对于代际教育获得与教育流动状况具有根本性的影响。在一个没有建立现代教育制度的国家，根本就谈不上现代意义上的教育获得。传统中国社会虽然有闻名世界的科举制度，但因其教学内容和学制形式只属于封建社会，根本不具有现代意义上的教育品性。事实上，现代意义上的教育在中国的诞生即使追溯到科举制废除、京师大学堂设立也不过百年，但更多的学者认为，中国现代教育制度真正在民国期间才逐步建立起来，尤其以 1922 年新学制的建立和推行为主要标志。

1927 年，民国政府通过对 1922 年学制的进一步修改和调整，学制和学校教育系统才开始较为完整地建立。直到 20 世纪 30 年代，中国的现代教育制度才得以基本建立起来，与德国、日本等西方先行现代化国家差距相当巨大。德国前身普鲁士王国早在 16 世纪后半期就颁布了强迫教育法令，严格要求 5~12 岁的儿童必须到学校接受教育。而日本早在 1872 年明治政府时期就颁布了《学制布告》，提出要在全国做到"邑无不学之户，家无不学之人"。1886 年，明治政府宣布在全国实施义务教育，大约经过30 年的努力，至 20 世纪初在全国范围内普及了初等教育。而中国直到1935 年，国民政府才批准颁行《实行义务教育暂行办法大纲》，当时计划分 3 期、花 10 年时间在全国推行四年制义务教育。但是，后来由于抗日战争、解放战争等重大时局变动，新中国成立之前的义务教育状况没有得到根本性的改善，高等教育事业也遭受更严重的破坏。卢沟桥事变后，日本帝国主义全面发动侵华战争，华北及沿海许多大城市的高校纷纷内迁，其中，最著名的是北京大学、清华大学、南开大学于 1938 年 4 月从长沙西迁至昆明，改称为国立西南联合大学，1946 年西南联大解散。西南联大在滇存续长达 8 年时间，虽说其在极其艰难的办学条件下也取得一些重要研究成果，但远不能与正常时局情况下相比，严重影响了民国时期高等教育事业发展和当时处于学龄阶段社会成员的最终教育获得状况。

受访者父亲出生年龄同期群和受访者父代教育获得程度的交叉列表分析结果也印证了上述情况，从表 8-1 中可以看到，1929 年前（含 1929 年）出生的受访者父亲绝大部分没有接受过任何教育，占同期群比例高达 66.5%，接受过小学的仅为 20.9%，接受过其他更高层次教育的比例微乎其微。1930~1939 年受访者父亲的教育获得状况有了较大改善，没有接受过任何教育的占同期群比例为 44.7%，也就是说同期群中超过一半的能够接受一定的学校教育。1940~1949 年，受访者父亲的受教育状况进一步改善，其中"小学"和"初中"的合计占到 55.4%，超过同期群的一半。1950~1959 年，受访者父亲的受教育状况中没有受过任何教育的比例下降到 15.9%，普通高中的同期群占比上升到 17%。1960 年后（含 1960 年），受访者父亲的受教育状况中没有受过任何教育的比例下降到 5.2%，普通高中的同期群占比进一步上升到 19.6%。同理，子代的教育获得与教育流动同样与所处时代的教育制度变革、教育发展状况息息相关，在此就不再作细化介绍。

新中国成立初期，我国仿照苏联模式强力推进计划经济体制，通过社会主义大改造推行赶超型重工业道路，整个教育制度也就围绕着当时整个国家的中心任务而发生深刻变革。1949 年 12 月，中华人民共和国成立之初召开的第一次全国教育工作会议，提出了当时教育改革的方针："以老解放区教育经验为基础，吸收旧教育有用经验，借助苏联经验，建设新民主主义教育。"[①] 但是，新民主主义的教育方针随后就被社会主义的教育方针所取代，不但全面否定"旧教育"体系，并且形成了向苏联学习的"一边倒"局面，进而按照苏联模式构建了新中国成立初期的教育制度体系。1952 年，教育部决定全国私立中小学全部由政府接办，改为公立，民间办学、民间教育从此几乎不复存在。1952 年 6 月至 9 月，国家大规模调整了全国高等学校的院系设置，许多高等学校被调整分拆，国家大力发展工科院校和工科专业，相继新设钢铁、地质、航空、政法、电力、矿业、财

---

① 参见中华人民共和国教育部办公厅《教育文献法令汇编（1949~1952）》，1958，第 14 页。

表 8-1 受访者父亲出生年龄同期群 * 受访者本人教育获得程度交叉表

受访者父亲出生年龄同期群			受访者本人教育获得等级										合计
			没有受过任何教育	小学	初中	技校	职业高中	中专	普通高中	大学专科	大学本科	研究生	
1929年前（含1929年）	计数		993	312	94	1	4	13	42	11	24	0	1494
	占受访者父亲出生年龄同期群中的		66.5%	20.9%	6.3%	0.1%	0.3%	0.9%	2.8%	0.7%	1.6%	0.0%	100.0%
1930~1939年	计数		502	364	119	2	4	33	48	20	30	1	1123
	占受访者父亲出生年龄同期群中的		44.7%	32.4%	10.6%	0.2%	0.4%	2.9%	4.3%	1.8%	2.7%	0.1%	100.0%
1940~1949年	计数		250	327	189	6	2	34	78	22	22	2	932
	占受访者父亲出生年龄同期群中的		26.8%	35.1%	20.3%	0.6%	0.2%	3.6%	8.4%	2.4%	2.4%	0.2%	100.0%
1950~1959年	计数		140	272	240	5	6	19	150	23	23	3	881
	占受访者父亲出生年龄同期群中的		15.9%	30.9%	27.2%	0.6%	0.7%	2.2%	17.0%	2.6%	2.6%	0.3%	100.0%
1960年后（含1960年）	计数		35	183	255	3	8	13	132	24	19	1	673
	占受访者父亲出生年龄同期群中的		5.2%	27.2%	37.9%	0.4%	1.2%	1.9%	19.6%	3.6%	2.8%	0.1%	100.0%
合计	计数		1920	1458	897	17	24	112	450	100	118	7	5103
	占受访者父亲出生年龄同期群中的		37.6%	28.6%	17.6%	0.3%	0.5%	2.2%	8.8%	2.0%	2.3%	0.1%	100.0%

经、水利等专门学院和专业，社会学、政治学等人文社科类专业被停止和取消。且自 1952 年起，全国建立起了高度集中统一的高等教育管理体制，建立了严格的高校统一招生考试制度，并形成高等学校毕业生统一分配工作制度。[①] 从制度变迁理论来看，新中国成立之初仿照苏联模式强力建立起来的适应计划经济体制需要的教育体制机制，就是一个强制性制度变迁，它完全打破了旧制度、旧传统的约束，构建了中国历史上从未有过的现代教育体系，这种剧烈的制度变迁过程，毫无疑问也会深刻影响到全体社会成员的教育获得状况甚至整个生命历程。

1958 年 9 月发布的《中共中央、国务院关于教育工作的指示》提出"党的教育工作方针，是教育为无产阶级的政治服务，教育与生产劳动相结合。为实现这个方针，教育工作必须由党来领导"，"党的教育工作方针同资产阶级教育工作方针之间的斗争，按其性质来说，是社会主义道路和资本主义道路两条道路之间的斗争"。教育部在《关于高等学校一九五八年招考新生的规定》中指出，本年改变全国统一招生制度，实行学校单独招生或联合招生。可以说，1958 年教育方针重大变革是新中国教育史上一个重要的转折点，为后续"政治标准"招生政策的出台埋下了伏笔。

20 世纪 60 年代初，国家在教育文化领域开始大力推行"党的阶级路线"，主要根据家庭成分选拔招生。1965 年的高校招生办法提出，"在每一分数段里，首先要挑选政治条件好的学生。对政治思想好的应届高中毕业生中的工农和烈士子女及学生干部……在他们的考试成绩与其他考生相近时，优先录取"（中央教育科学研究所，1984：380）。随着阶级路线在教育领域的深化贯彻，高等学校招收的新生中，工农家庭出身的比例不断上升，1953 年为 27.9%，1958 年上升为 55.28%，1965 年上升为 71.2%（中央教育科学研究所，1984：338）。1966 年"文化大革命"开始，高等学校停止按计划招生长达 6 年时间，几乎整整一代人失去了通过正常高考进入大学的深造机会。在此期间一些高校开始实行免试招收"工农兵学员"制度，以政治出身为标准，家庭出身不符合标准的学生难以被推荐上大学。政治标准的强制引入，看似直接有效地降低了不同家庭间的教育不平等，

---

① 参见杨东平《中国教育制度和教育政策的变迁》，http://www.usc.cuhk.edu.hk/Paper-Collection/Details.aspx？id=4118。

但是单纯以家庭出身为标准的招生政策实际上侵犯了来自其他家庭子女的教育权利，从而又造成了新的不平等。而且，免试推荐入学办法在现实运作中逐步扭曲、异化，上大学逐渐成为权力和关系的恶劣竞争，后期可以说几乎丧失公平性、公正性和合理性而难以为继。

"文化大革命"结束以后，我国教育事业才逐步重新走上理性化发展道路。1977年，邓小平在全国科教工作座谈会上提出：今年就要下决心，恢复从高中毕业生中直接招考学生，不要再搞群众推荐。随即中央决定废除了"文革"实行的推荐招生办法，实行统一高考招生制度，1977年当年就有573万人报考，录取21.7万人。1978年有610万人报考，录取40.02万人。1979年，录取人数又下降为27万人，其中应届高中毕业生占60%以上。1978年研究生教育也开始恢复，全国210所高等学校、162所研究机构当年共招收研究生10708人（杨东平，2006：48）。随着恢复高考制度、恢复重点学校制度、恢复人文社会科学等，我国教育体系逐渐恢复和重建，开始重新走上正常、理性的发展道路。同时，1986年实施的《义务教育法》明确了农村义务教育的责任以县、乡（镇）政府为主，农村基础教育的经费主要由县、乡两级政府筹措。基础教育的管理权限由此下放给地方，从此，全国各地的义务教育普及工作得到了快速发展。

1992年邓小平同志南方谈话以后，社会主义市场经济得到了充分肯定和进一步的快速发展。伴随着市场化、工业化进程的推进，我国教育事业又一次走上跨越发展的道路。20世纪90年代，我国高等教育事业迎来快速发展时期，国家相继推出了"211工程"和"985工程"。1998年国家进而通过《高等教育法》，进一步明确了高等教育改革发展的目标、原则和体制，从此我国在立法上保障了高等教育的规范发展。这些有力的教育改革措施也从宏观结构层面上影响到高等教育机会供给数量和质量的变动状况，保障了我国高等教育事业的稳定发展。

面对经济社会发展的新形势、新要求，1999年，国务院决定实施全国高等学校大规模扩招工作，并提出"高等教育大众化"的教育改革发展目标。1998年，全国普通高校共招收本专科学生108.36万人，研究生7.25万人。从1999年起，连续3年全国高等学校实施大规模扩招政策，招生总数年增幅平均达30%左右。我国1990年高等教育毛入学率仅为3.4%，1998年上升为9.8%，2000年达到11%，原定在2010年达到的15%的高等教育毛入学率指标，已于 2002 年提前实现，从而开始步入"高等教育大众化"的发展阶段。伴随着高等教育大众化进程的推进，教育产业化、市场化的理论主张与现实要求逐渐占据上风，某种程度上成为提高教育消费、扩大国内内需的理性选择。客观上，高校大扩张也带来了办学场所、师资和资金等各方面的紧张，在国家投入增幅有限的情况下，也迫切需要通过提高学费等方式增加办学资金。1994 年 9 月，国家教委、国家计委联合发文批准了 37 所高校进行招生收费制度改革试点。1997 年全国高校开始实施全面并轨收费制度。1999 年国务院决定推动高等教育大扩展。2000 年全国高考平均录取率达到 55% 左右，北京、上海的录取率则达到 70%。此后几年间全国各地高校的"合并潮"纷纷上演，大学城新校区建设此起彼伏，同时，大量的"二级学院"、"独立学院"如雨后春笋般出现，我国高等教育事业呈现高速发展态势。高等学校大扩招也同步推进基础教育、中等教育的高速扩展，激发了全社会教育投资的积极性，我国教育事业总体上可以说进入了跨越式发展阶段。

然而，高等学校大扩招、高等教育大发展"大跃进"带来积极效应的同时，也给低收入阶层家庭的子女上学深造带来了严峻挑战。2014 年，绝大多数院校大部分专业收费每年在 5000 元以上，艺术类专业在 1 万元左右。硕士研究生教育前几年已经在许多高校试行收费制度，2014 年，绝大多数院校全面实行研究生学费缴费制度，包括博士生在内全部都要先行缴纳学费，学校再以研究生国家助学金及学业奖学金等形式回馈资助学生。高等教育缴费制度的全面实施，打破了人们以往免费上大学的传统观念，给全社会尤其是低收入阶层家庭带来客观现实的巨大压力。据估计，一个大学生每年的学费，再加上其余的各种费用和生活费，大约相当于一个城市职工一年的收入或两个农村劳动力一年的收入。这样的入学门槛对于许多中低收入阶层家庭而言可谓压力不小，少数家庭的子女可能就会因此而主动或被动放弃入学。虽然国家对于高校缴费制度的变革设置有其合理考量，但无形之中会产生很多社会问题，特别是低收入家庭的子女可能从小接受教育的预期性和积极性容易受到打击，从而影响后期继续接受高等教育的可能性，这也就有违教育公平、社会公平的本意。

综上所述，每一个社会成员在其一生中都会被深深地刻上时代的烙印，每一个社会成员的教育获得都将受到所处时代的深刻影响。上述参考了学者杨东平的有关研究成果，同时结合本研究统计数据，系统梳理了近百年来我国教育制度的重大变革，这些重大的教育制度变革是研究代际教育获得状况必不可少的宏观结构视角。

2. 新中国成立特别是改革开放以来我国社会结构重大变迁

现代教育作为现代化的产物，与西方社会工业化、现代化进程息息相关，二者之间存在紧密的互动关系。一方面工业化进程对教育发展不断提出新要求，另一方面教育发展又进一步促进工业化转型升级。

改革开放使中国开始走上现代化的理性发展道路，随着社会主义市场经济体制的建立和完善，市场作为资源配置的主要方式开始发挥有效作用，整个社会的生产效率迅速提高，社会活力得到明显释放。同时，随着市场化进程的深化，我国又进一步开启了工业化和城市化两翼齐飞的发展新局面。1992 年邓小平南方谈话之后，市场经济发展更是进入了新局面，股票市场、期货市场相继建立，金融体系日臻健全。1998 年 6 月起实施的取消福利分房政策进一步刺激了国内房地产业发展，房地产业开始逐渐成为全国各地的支柱产业，带动了周边上下游产业的快速发展，揭开了繁荣长达十来年的房地产发展黄金机遇期，同时也极大地推进了我国城市化发展进程。20 世纪之初加入 WTO，更是为中国赢得了十多年快速发展的"世贸红利期""黄金机遇期"。面对竞争日益激烈的国内外市场环境，中国制造也开始走上品牌创新、资本运作之路，产品质量、竞争能力等得到显著提升。可以说，改革开放以来，我国走出了一条市场化、工业化与城市化三大进程相辅相成的快速现代化道路，彻底改变了传统中国贫穷落后的社会面貌，深刻改变了整个社会的阶层结构、城乡结构、利益结构等，深刻地影响到每一个社会成员的教育获得与地位获得状况，毫无疑问，也从根本上改变了我国社会成员代际教育获得与教育流动局面。下面主要结合改革开放以来我国工业化、城市化变动数据对此加以深入分析。

工业化一般是指传统农业及其就业人口比例不断下降，工业及其就业人口比例不断上升，整个社会经济从农业社会向现代工业社会发展的过程，是评判一个国家和地区社会经济发展总体水平是否上升到一个较高层次、是否进入现代化的重要标志。中国社会科学院工业经济研究所学者黄群慧参照钱纳里等的划分方法（钱纳里等，1989），将工业化过程大体分为工业化前期、中期和后期，再结合相关理论研究和国际经验估计确定了工业化不同阶段的标准值（见表 8-2）。基于上述指标体系和各个工业化阶段的标准值，运用加权合成法来计算反映一国或者地区工业化水平和进程的综合指数（权重用层次分析法确定）。根据工业化水平和进程的综合指数可以划分相应的工业化阶段：工业化水平综合指数为 0 对应的是前工业化阶段，1~16 为工业化前期前半阶段，17~33 为工业化前期后半阶段；34~50 为工业化中期的前半阶段，51~66 为工业化中期的后半阶段；67~83 为工业化后期的前半阶段，84~99 为工业化后期的后半阶段；100 及以上为后工业化时期。从学者黄群慧计算出来的我国工业化水平综合指数来看，1995 年中国工业化水平综合指数仅为 12，表明中国当时处于工业化前期的前半阶段；经过"九五"时期，到 2000 年中国工业化水平综合指数提高到 18，表明中国进入工业化前期的后半阶段。经过"十五"时期，到 2005 年工业化水平综合指数提高到 41，意味着中国工业化水平处于工业化中期的前半阶段（陈佳贵、黄群慧、吕铁、李晓华等，2012）。经过"十一五"时期，到 2010 年，中国的工业化水平综合指数为 66，表明中国工业化水平处于工业化中期的后半阶段（黄群慧，2013）。据此，综合以上数据可以认为，2005 年之前，我国处于工业化前期；2005 年之后，我国进入工业化中期，目前正处于工业化中期后半阶段，并逐步迈入工业化后期发展阶段（见图 8-1）。

表 8-2　中国工业化阶段划分

基本指标	前工业化阶段（1）	工业化前期（2）	工业化中期（3）	工业化后期（4）	后工业化阶段（5）
1. 人均 GDP（2010 美元）（经济发展水平）	827~1654	1654~3308	3308~6615	6615~12398	12398 以上
2. 三次产业增加值结构（产业结构，其中 A 代表一次产业、I 代表二次产业、S 代表三次产业）	A>I	A>20%，且 A<I	A<20%，且 I>S	A<10%，且 I>S	A<10%，且 I<S
3. 制造业增加值占总商品增加值比重（工业结构）	20% 以下	20%~40%	40%~50%	50%~60%	60% 以上

续表

基本指标	前工业化阶段（1）	工业化前期（2）	工业化中期（3）	工业化后期（4）	后工业化阶段（5）
4. 人口城市化率（空间结构）	30%以下	30%~50%	50%~60%	60%~75%	75%以上
5. 第一产业就业人员占比（就业结构）	60%以上	45%~60%	30%~45%	10%~30%	10%以下

资料来源：陈佳贵、黄群慧、钟宏武：《中国地区工业化进程的综合评价和特征分析》，《经济研究》2006年第6期。

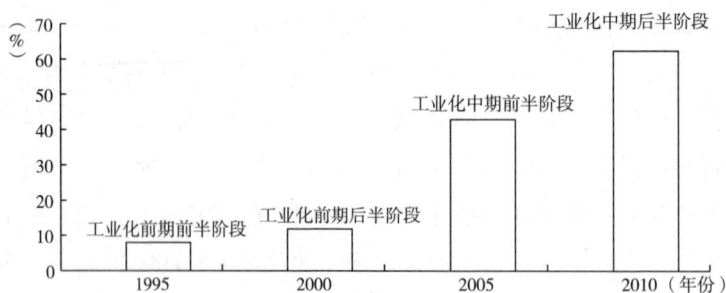

图 8-1 中国工业化阶段的历时性变动

与工业化进程相伴而言的是城市化进程，但二者发展速度并非同步。从改革开放以来工业化和城市化的发展进度来看，城市化进程相对滞后于工业化进程。城市化水平往往采用城市化率指标来测量，城市化率（也叫城镇化率）一般采用人口统计学指标，即城镇人口占总人口（包括农业与非农业）的比重。笔者根据有关部门公开发布的1978~2016年我国历年城市化率数据加以汇总并通过 Excel 软件制作成动态图（见图8-2）。1978年改革开放之初，我国城市化率仅17.92%，绝大部分人口生活在农村。2011年，我国城市化率达到51.27%，意味着我国城镇人口首次超过农村人口，城市化进入快速发展阶段。2016年我国城市化率达到57.35%，随着新型城镇化战略的大力推进，农业转移人口市民化进程加速，可以预见的是，我国城市化率在相当长时期内仍将稳步提升，从而释放出强大的内需空间和发展动力。

市场化、工业化、城市化进程的联合互动、快速推进，推动了社会结

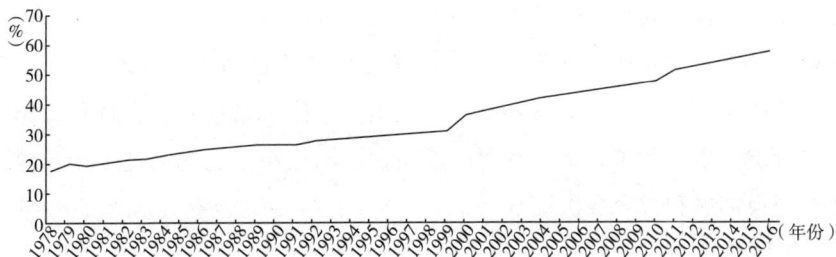

图 8-2 1978~2016 年我国历年城市化率变动情况

构层面的急剧变动，阶层关系、城乡关系、区域关系也随之发生剧烈变化，思想观念、价值理念更加多元化，生活方式、品位追求更加多样化，互联网技术深刻嵌入日常工作和生活，新媒体彻底改变人们的交往方式和舆论传播方式，基于云计算、物联网、人工智能等新兴技术而曙光初现的大数据时代正在来临。这一切社会结构层面的巨大变迁，就像另外一只"看不见的手"，深刻改变着每一个社会成员的人生机遇、教育获得与地位成就，同时对社会成员的素质能力要求也越来越高，即对社会成员的受教育水平要求越来越高，而社会成员素质能力的提高又反过来为全社会提供"人才红利"，从而更好更快地推进工业化、城市化进程。

3. 结构性变迁对教育获得的影响逻辑

前文梳理了近百年来我国教育制度和改革开放以来社会结构层面等的结构性变迁，可以说，这两大方面的结构性变迁从根本上决定了教育获得和教育流动的总体状况。其中，近百年来我国教育制度的重大变革直接影响到社会成员教育机会的总体获得状况；改革开放以来社会结构层面的重大变迁通过职业、阶层、城乡、区域等变动而进一步影响到社会成员教育获得状况，进而深刻影响到社会成员代际教育获得变动状况。这些都是我们研究教育获得和教育流动问题必须要加以考量的宏观结构性因素。

改革开放以来，我国融入世界现代化潮流之中，不断实现从计划经济到市场经济的转轨、农业社会到工业社会的转型。在这个社会大转型过程中，市场化、工业化、城市化高速推进，社会结构发生深刻变革，全社会的职业、阶层、城乡和区域等结构性因素均发生明显变化。这些社会结构性因素的变迁，一方面，对教育事业改革发展产生了巨大推动力，迫切要求教育发展规模扩展化、层次水平升级化，从而通过推动教育事业改革发展在总量上扩大教育机会供给、在质量上提高教育层次水平；另一方面，职业、阶层、城乡和区域等结构性因素变化日益趋同于先行现代化国家，人们的职业类型多样化，收入水平日益提高，阶层结构日益合理化，中等收入阶层规模不断扩大，城乡和区域差别逐渐缩小，这些又进一步支撑了教育规模扩展和教育层次提升。

二 教育流动传递机制分析

前面几章的定量分析，深入剖析了父代因素对子代教育获得与教育流动的影响。应该说，定量分析有助于我们掌握变量之间影响的方向和数量水平，但无疑仍不能再现真实世界中代际教育流动的生动场景。为此，以下将进一步阐述代际教育流动中存在的主要传递机制，以期对真实世界中父代因素对子代教育流动状况的影响有更清晰的认识。在以往的社会流动研究中，传递机制按照其结果论一般可以分为再生产机制和循环生产机制，其中，再生产机制意指高继承性、强复制性、相对固化的流动机制；而循环生产机制意指低继承性、弱复制性、相对开放的流动机制。在代际教育流动中，从结果论来看，也存在再生产机制和循环生产机制，二者在现实社会中随着社会变迁而此消彼长。李煜在《制度变迁与教育不平等的产生机制》提出教育不平等的三种分析模型：文化再生产模式、资源转化模式和政策干预模式（李煜，2006），其中政策干预模式往往是一种特别时期、特殊主义的非常态模式，在此就不作考察。结合李煜的观点，本研究把教育再生产机制根据其在现实社会中的传递方式进一步划分为直接传递机制和间接传递机制，其中，直接传递机制类似于资源转化模式，间接传递机制类似于文化再生产模式。下面拟对上述两种传递机制加以具体分析。

1. 直接传递机制分析

所谓直接传递机制并不是父代直接将自身获得的教育程度直接传递到子代，而是指父代通过各种有形或显性的方式、手段直接改善子代的教育获得机会质量或硬件条件，特别是通过政治资本、经济资本和社会资本（即关系网络资本）等层面施加直接影响。正如前文所述，一个人的教育获得不可能像经济资本、物质财富一样从父代手里直接继承，即使家庭条件再好，也需要通过自身的学习和努力付出、经历教育竞争与分流才能达到一定的教育获得程度。但是，父代却可以通过权力影响、经济运作、关系网络等各种手段直接为子代创造更好的教育机会或硬件环境。当然，能够对子代教育获得状况进行直接干预的往往是社会优势地位阶层，他们往往拥有较高的权力等级，或者拥有丰厚的经济资本，或者拥有广泛而有力的强关系，确实能够较为直接地干预或影响子代的教育获得状况，从而维持或增强子代教育获得的优势地位。

在当代现实社会中，每一个社会成员的教育获得其实从小就处于激烈的竞争和分化之中，优质教育机会的竞争可谓"从娃娃抓起"，父代、家庭背景对子代一生中教育机会的竞争都具有举足轻重的影响，而其影响过程又是极其复杂，甚至是灰色和隐蔽的。首先，在幼儿园阶段，各地普遍存在公立幼儿园和私立幼儿园的竞争，即使在公立幼儿园中也还存在重点与非重点的教育机会区别。由于全国各地公立幼儿园数量有限、招生规模也比较小，因此造成公立幼儿园学位非常稀缺，这必然引起全社会的激烈竞争。同时，又由于幼儿园教育不同于义务教育，没有全面实施任何类似电脑派位等可能更加公平的机会配置机制，这就必然导致公立幼儿园教育机会的不公平竞争，父代为争取有限的公立幼儿园机会就会想尽办法，可谓"八仙过海、各显神通"，即通过政治资本、经济资本和关系资本等运作来达到优质教育机会的获得，这种状况就会把缺乏足够资本家庭的子女排斥在正规的公立幼儿园之外。其次，在义务教育阶段，一般来说，某个"小学"与某个"中学"是捆绑在一起的，虽然有时存在变动，但总体上是一种比较稳定的制度安排。由于中国长期以来实施精英教育的理念，全国各地的中小学都有重点与非重点之分、市属与区县属等之分，不同的学校对应着不同的师资力量、硬件条件，重点学校往往"集万千宠爱于一身"而受到高度重视和超额投入，到重点学校上学往往也意味着未来的学业高成就、高升学率，因此，全社会又一次投入优质义务教育机会的激烈竞争之中。虽然义务教育按国家规定实行就近入学，但各地具体实施的制度不尽相同，学区的划分往往充斥着激烈的博弈，优势阶层总是试图影响决策者作出对自己子代入学更加有利的制度安排。而即使在学区已然划定的情况下，现实社会仍然演绎着一幕又一幕"悲壮"的激烈竞争，在原先学区制度执行不太严格的情况下，一些家长通过权力关系运作将子代转到不符合规定的优质学校；同时，在一度倡导教育市场化的时期中，高价择校成为一些家境良好家庭的理性选择，天价择校费现象司空见惯。当前，在中小学学区制度日趋严格执行的环境下，优势阶层依然有办法为子代争取优质教育机会，其中，一些经济条件优裕的家庭就可以通过购买高昂的"学区房"为子代赢得优质教育机会，从而又一次战胜了现有制度的约束而直接干预子代的教育获得状况。最后，在高中教育阶段，父代依然能够直接影响到子代对于高等教育机会的获得。其一，有的通过形式上合法的手段给子女在高考中加分，从而参与竞争更好的高校，而实际上许多"加分"手法看似合理实则违规，不少也是通过权力干预、关系运作等方式而获得的。其二，有的通过钻制度空子的灰色手段为子代争取优质高等教育机会，最明显的就是通过"高考移民"等隐蔽方式。这些年全国各地曝光了不少这种现象，虽然说这种现象有高考招生制度安排的区域不公平的原因，但对于迁出地的学生而言就存在机会不公平问题，对于迁入地的学生而言也存在教育机会被抢夺的教育不公平问题。其三，通过违法违规的方式取得高等教育机会、抢占优质教育资源。近几年，多个高校被曝光了招生中的腐败现象，其中，以中国人民大学招生就业处原处长蔡荣生案为代表，蔡荣生将高校自主招生权力转换成寻租工具，大肆收受请托者巨额钱款，让有钱、有权、有关系者的子女轻松上名牌大学，其违法违规招生问题涉案金额据估计达数亿元，足可见高校自主招生违规违法规模之大。事实上，不仅名校，其他地方的高校也或多或少、不同程度地存在类似问题，从而导致某些高校成为权钱交易的"拼爹"场，严重恶化了高等教育机会获得的不平等性。

综上可见，教育流动中的直接传递机制是一种显性的刚性运作机制，对于代际教育公平具有暴力破坏的影响后果，较为容易为社会感知和批判。毫无疑问，直接传递机制破坏了现代工业社会倡导的自致成就精神，有违教育公平理念和社会公平正义，因此，必须通过法律法规和政策制度的完善加以强力制约。

2. 间接传递机制分析

所谓间接传递机制主要是指父代通过为子代创造优越的学习环境、培养浓厚的文化氛围、树立较高的教育期望等方式帮助子代获得更好的教育机会和质量的隐性传递机制。按照李煜的观点，间接传递机制类似于文化再生产模式。而关于文化资本对于教育再生产的作用机制研究典范当属布迪厄。布迪厄认为，文化资本主要包含三个层面的内容：第一层面以精神和身体的持久"性情"的形式而存在,例如内化于个人身上的学识和修养;第二层面以客观化的状态存在,即图片、书籍、工具等;第三层面以体制化的形式存在,他提出"文化专断"概念,认为精英阶层用制度化的方式将其优势固定下来(Bourdieu,1974)。换言之,布迪厄所说的"文化资本"大致可以归为无形文化氛围、有形学习条件和制度化文化等三类内容。结合我国的现实语境,这三类内容大致可以进一步具体化为家庭文化氛围、子代受教育的物质条件,以及适应制度化文化要求的见识、视野和教育期望等方面。下面将结合布迪厄等学者的有关重要论述和现实社会的具体现象,探讨文化资本及相关因素对子代教育获得与教育流动的间接影响。

首先,家庭的文化氛围可以内生地影响到子代的学习习惯、学习动力等。每个人从一出生就长期生活在家庭之中,深受家庭各个成员的影响,首先就是受到父母文化水平、生活习惯等多方面潜移默化的内在影响,正所谓"言传身教"是最好的家教。一般来说,父母受教育水平直接决定了家庭文化氛围,父母受教育水平越高的家庭,在家庭文化投资上也就更多,包括有一定数量的藏书或订阅书刊、较好的现代化办公设备等,有的甚至还有相当大的艺术投资。按照马斯洛的需要层次论解释,只有当生存不再成为问题的时候才会考虑更高层次的需要,也唯有当家庭衣食无忧之时才能更多地考虑家庭文化氛围建设。试想当一个农民工家庭居无定所之时,随其流动而来的子代谈何家庭文化氛围。因此,一般来说,只有经济社会地位较高的家庭才可能更多地投资家庭文化氛围建设,而经济社会地位较低的家庭根本无暇顾及家庭文化氛围建设。那么,这就自然产生了不同阶层家庭的文化氛围差距,家庭文化氛围浓厚的子代往往能够接受良好的家庭文化熏陶,形成良好的学习习惯、学习动力,甚至父母可以辅导子代学习,从而更好地提高子代的学业成就;反之,子代则缺乏足够的家庭文化熏陶,父母也无暇顾及子代教育情况,有的甚至放任自流,从而更加容易导致子代的学业失败。

其次,家庭的物质条件明显影响到子代的学习环境、学习条件等。这里讲的物质条件仅限于对子代受教育产生间接影响的诸因素,而不是指直接改变子代受教育机会和质量的经济条件。事实上,对于绝大多数家庭来说,家庭物质条件主要是通过为子代创造更好的学习环境、学习条件而对子代学业成就产生间接影响。一方面,具有良好物质条件的家庭往往能够为子代提供良好的学习环境，比如给子代提供独立的书房，配备先进的学习设备，购置充足的学习书籍等。另一方面，具有良好物质条件的家庭在子代受教育过程中可以通过额外的教育投资来提升学业成绩，比如通过请家教、上补习班、参加加分项目培训等方式帮助子代获得更好的学业成就。相反，物质条件阙如的家庭整日里忙于温饱之事，有的居住条件差，子代根本就不可能拥有单独的学习空间，更不可能请家教、上补习班，也与加分项目培训无缘，那么自然就容易处于教育分流竞争中的弱势地位。

最后，家庭的社会阶层背景显著影响到子代的见识、视野和教育期望。家庭的社会阶层背景是家庭经济社会地位的综合体现，优势的职业阶层往往处于整个社会的中上层次，他们的阶层文化与统治阶级的文化较为对接，这就有利于他们子代的教育获得。布迪厄认为，学校文化更多地体现为统治阶级的制度化文化倾向，精英能够根据其对于高雅文化的认知和熟练运用而证明自身的优越地位，而社会下层则不仅在经济上受制于人，而且在对统治阶级的文化符号的了解上也处于劣势（Bourdieu，1974）。家庭的社会阶层背景无时不内蕴着阶层文化和生活方式的隐性影响，一般来说，优势阶层背景的家庭，其子代在成长过程中有更多更早的机会接触到各种新事物，增长见识，扩大视野，从而形成更高的教育期望。比如，优势阶层背景的家庭可以经常带子代出外旅游甚至出国旅游，经常参观科技场馆、博物馆、图书馆等，经常参加高雅音乐会或其他文化活动，支持子代参加各种课外兴趣活动和文艺素养训练活动，无形之中扩大了子代的见识、视野和自我期望值，也更好地帮助子代适应学校教育的制度化文化要求，从而有助于子代更好地提升学业成就。反之，弱势阶层背景的家庭，其子代难有机会扩大见识和视野、提升教育预期，有的甚至形成自我放弃的心理预期，从而容易导致学业失败和教育生涯提前终结。

综上可知，教育流动的间接传递机制是一种无形的柔性运作机制，对于代际教育公平的负面影响往往不容易受到社会的感知和批判。从总体上看，教育流动中的间接传递机制主要是透过父代家庭文化资本而无形影响到子代的教育获得状况，全社会对于教育流动中的间接传递机制还是较为容忍，但是，在既定的结构性因素约束下，在直接传递机制受到制约的情况下，间接传递机制就可能会成为影响代际教育不平等的重要影响机制，这是今后需要特别警觉和恰当规制的问题。

一个真正的绩效社会的流动形态是，家庭背景对子代的教育和职业地位均没有直接显著作用。不同阶层的子女，以自己的才智和勤奋努力，获得教育升学的机会，最终毕业之后，凭借所获得的教育资质进入劳动力市场，获得相应的职业地位（李煜，2009）。因此，在日益现代化的转型中国社会，如何有效控制家庭背景因素对子代教育获得与教育流动的过度干扰与不良影响，确实是一个事关教育平等、社会公平的深层次问题。

三 教育获得与教育流动不平等变动分析

教育获得与教育流动不平等是全社会及学术界关注的热点问题，也是本研究的关注要点和目标指向。在本研究中，教育获得与教育流动不平等主要包括两个层面的内容：一是教育获得的不平等变动问题，主要结合国内已有关于教育年限基尼系数的研究成果来加以探讨；二是教育流动的不平等变动问题，主要从不同年代父代和子代的代际教育流动弹性视角加以剖析。此外，还将探讨当代中国特别是1999年高校大扩招以来教育获得与教育流动不平等变动问题。

1. 教育获得不平等变动分析

教育获得不平等主要是从静态视角来考察代际教育获得的不平等状况，注重从比较视角来探讨教育获得不平等状况的动态变化。事实上，从前述宏观分析中可知，现代教育引入中国的时间大致百年，其间屡经波折动荡，直至改革开放以后才逐渐进入正常、稳定的理性化发展阶段。因此，不同时代出生的社会成员难免要受到所处时代的社会结构变迁和教育制度变革等结构性因素的重大影响，代际教育获得的不平等状况也受制于这些结构性因素。

试想在一个非正常、非理性化的社会中，社会或者动荡不安，学校或者受到破坏，那么，所处其中的学龄人群就难以获得应有的教育机会，可能仅有极少数的学龄儿童能够避免影响，因此，所处该时代的同期群学龄人群的教育获得状况就不可避免地出现极端的不平等现象，而这正是新中国成立之前的社会成员在教育获得上面临的时代困境。然而，即使新中国成立之后、改革开放之前，我国社会发展依然困难重重、波折不断，特别是"文化大革命"期间，知识分子受到沉痛打击，教育体系受到严重破坏，高校招生标准由原来的统一招考转变成"政治挂帅"，家庭出身、政治面貌等成为高等教育机会获得的根本标准，一些所谓"黑五类"家庭出身的子代就几乎没有机会能够上大学，特别是其中的"右派分子"原来大多是属于家庭文化背景较优越的知识分子家庭，但是他们的子女很多就因为不符合政治标准而丧失升学深造机会。可以说，这一特殊时期教育机会分配方式完全消解了原来家庭条件较好子代获得更好教育机会的可能性，看似形式上平等，但其实质却是另一种的社会不平等。

直到改革开放以后，我国整个社会转型日益正常化、理性化、现代化，教育体系也顺应市场化、工业化、城市化趋势发生相应的变革，特别是1986年通过《义务教育法》强力推进基础教育事业发展，1998年通过《高等教育法》大力推进高等教育事业发展，这些标志着我国教育事业进入规范化发展的法律轨道。《高等教育法》实施之后，我国开始大规模下放、调整和合并高校，并在原有"211"工程的基础上进一步推出"985"工程，紧接着1999年开始推行高校大扩招政策，与此相伴，"二级学院""独立学院"等具有民办性质的院校大量出现，我国高等教育事业迎来了大规模扩展的跨越式发展时期。应该说，在一个正常稳定发展的理性化工业社会中，高等教育机会的大规模扩展至少会带来数量上的平等化变动。

新中国成立以来特别是改革开放以来，我国基础教育和高等教育扩展确实显著扩大了基础教育和高等教育机会的供给总量，迅速改善了全社会教育获得的不平等状况，可以说，每一代社会成员的教育获得不平等状况较上一代而言都得到更大改善。近年来，国内也有一些学者通过对教育基尼系数的估算来测量我国教育不平等的变动状况，他们的研究成果也大致印证了我国教育不平等日趋下降的总体判断。如姚继军基于1949年以来历次全国人口普查数据，补充推算了1949~1963年、1964~1981年、1982~1989年、1990~1994年等缺失年份的数据，同时结合其他各类统计数据，还原了1949~2006年全国各组学历人口存量数据，进而按照世界银行的教育基尼系数估计方法计算出了1949~2006年全国历年教育基尼系数（见表8-3）（姚继军，2009）。再如张长征、李怀祖等以《中国人口统计年鉴（1983）》、《中国人口统计年鉴（1991）》及《中国人口统计年鉴（2001）》等有关数据为基础，推算出其他年份的各学历人口存量数据，据此计算出1978~2004年全国历年教育基尼系数（见表8-4）（张长征、李怀祖，2005）。此外，还有些学者计算了我国各省份或地区之间的教育基尼系数，如杨俊、李雪松运用教育基尼系数测量了我国 1996~2004 年 31 个省份的教育不平等程度，发现中国的教育发展不仅使各地区内部教育不平等程度改善，而且地区间的教育不平等程度也在缩小（杨俊、李雪松，2007）。聂江基于有限年份的相关数据估算了 1982 年、1987 年、1990 年、1995~2002 年中国各地区的教育基尼系数，并计算了各地区教育基尼系数的平均值，发现我国各地区的教育不平等程度是逐年降低的（聂江，2006）。综上，姚继军和张长征关于我国历年教育基尼系数的估计结果总体上相差不大，从教育基尼系数动态变动情况来看（见图 8-3、图 8-4），新中国成立以来特别是改革开放以来，我国社会成员教育获得年限的分布不平等状况呈逐年下降趋势。同时，杨俊、李雪松和聂江对于我国各地区或省份教育基尼系数的计算结果也表明，不同地区或省份的教育不平等程度总体上是逐步下降的。要说明的是，由于教育基尼系数主要基于社会成员教育获得年限计算出来的，并没有考虑教育获得的质性差别，因此，社会成员教育获得在质量上的不平等并不能得到有效反映。

表 8-3　1949~2006 年全国历年教育基尼系数

年份	教育基尼系数	年份	教育基尼系数	年份	教育基尼系数	年份	教育基尼系数	年份	教育基尼系数
1949	0.9016	1961	0.6418	1973	0.5156	1985	0.3737	1997	0.2740
1950	0.8877	1962	0.6244	1974	0.4976	1986	0.3615	1998	0.2701
1951	0.8736	1963	0.6091	1975	0.4814	1987	0.3523	1999	0.2675
1952	0.8516	1964	0.5939	1976	0.4671	1988	0.3443	2000	0.2477
1953	0.9306	1965	0.5671	1977	0.4585	1989	0.3368	2001	0.2462
1954	0.8154	1966	0.5622	1978	0.4503	1990	0.3069	2002	0.2457
1955	0.7970	1967	0.5420	1979	0.4408	1991	0.3007	2003	0.2436
1956	0.7767	1968	0.5408	1980	0.4316	1992	0.2950	2004	0.2384
1957	0.7510	1969	0.5378	1981	0.4232	1993	0.2889	2005	0.2379
1958	0.7320	1970	0.5344	1982	0.4154	1994	0.2812	2006	0.2374
1959	0.6918	1971	0.5308	1983	0.4003	1995	0.2737		
1960	0.6685	1972	0.5358	1984	0.3858	1996	0.2829		

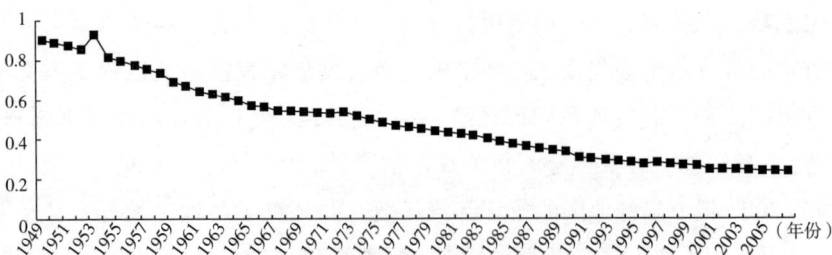

图 8-3　1949～2006 年全国历年教育基尼系数变动情况

表 8-4　1978～2004 年全国历年教育基尼系数

年份	教育基尼系数	年份	教育基尼系数	年份	教育基尼系数	年份	教育基尼系数	年份	教育基尼系数
1978	0.56790	1984	0.43684	1990	0.35746	1996	0.30779	2002	0.26982
1979	0.54144	1985	0.42279	1991	0.34932	1997	0.30065	2003	0.26704
1980	0.51800	1986	0.40925	1992	0.34259	1998	0.29197	2004	0.25999
1981	0.49470	1987	0.39502	1993	0.33713	1999	0.27928		
1982	0.47796	1988	0.38106	1994	0.33487	2000	0.26947		
1983	0.45174	1989	0.37019	1995	0.31789	2001	0.27153		

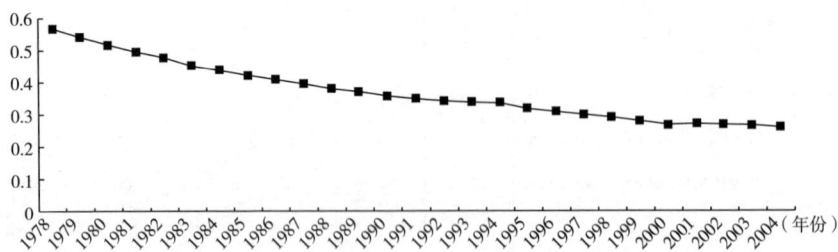

图 8-4　1978～2004 年全国历年教育基尼系数变动情况

　　虽然上述研究结果表明，我国社会成员教育获得年限分布上的不平等有所缩小，但本研究中教育获得解释分析有关模型分析结果显示，父代因素即家庭背景对子代的教育获得仍然具有重要影响。在教育年限模型、教育转换模型中都发现，父代职业阶层、政治面貌、文化资本等因素对子代教育获得都具有显著影响，同时父代的城乡归属和子代的同期群、性别因素也具有显著影响。另外，在教育分流模型中发现，父代职业阶层、政治面貌等其他方面因素也对子代教育获得质性差异具有显著影响。这些都说明，当前我国社会成员教育获得不平等问题客观存在，依然不容忽视。

　　2. 教育流动不平等变动分析

　　教育流动不平等主要考察社会中配对父代与子代教育获得变动的不平等状况，注重考察父代因素对子代教育获得的变动影响。本研究在前文中主要运用代际教育流动量表、代际教育流动弹性等工具对代际教育流动不平等状况进行定量分析，进而运用距离模型、方向模型和对数线性模型对父代因素的影响展开定量分析。

　　本次调查经代际教育流动量表分析表明，代际教育总流动率达到76.88%，向上流动率为67.40%，向下流动率为9.48%，可见，我国社会成员代际教育流动率总体较高，这也就是说，我国代际教育流动的总体开放性程度较高。但是，总体状况往往容易掩盖各类群体的不平等差异，通过流动比率分析发现，不同教育获得程度父代的子代教育获得流动比率存在显著差异，其中，接受过大学专科及以上高等教育的父代，其子代具有较高的流动比率接受大学专科及以上高等教育；而仅接受过初中及以下教育的父代，其子代只具有很低的流动比率接受大学专科及以上高等教育，因此，从流动比率来看，我国社会成员代际教育流动仍然存在较大的机会不平等现象。

　　本研究进一步通过计算父代不同同期群和子代不同同期群的代际教育流动弹性来反映代际教育流动不平等水平。基于教育年限估计而来的代际教育流动弹性是可以反映代际教育流动性水平的重要指标，虽然教育年限是离散型数据，可能造成估计结果上的低估效应，但作为动态比较研究仍然具有重要参考价值。本研究根据计算出来的父代不同同期群和子代不同同期群的代际教育流动弹性制作出动态变动图表。从父代同期群视角下的代际教育流动弹性变动图（见图8-5）来看，总体趋势向上，但父代出生在1950~1959年样本的代际教育流动弹性突然下降，如前所述，这估计与"文化大革命"对父代教育获得的影响有关。从子代同期群视角下的代际教育流动弹性变动图（见图8-6）来看，受访者出生年龄同期群随着年代更替而呈现稳定增长趋势，不同年代代际教育流动弹性日趋增长说明代际教育流动性随着年代更替而日趋下降，子代教育获得水平越来越受到父代教育获得水平的决定性影响。一旦这种决定性影响程度过高，势必造成代际教育流动的不平等性增强，这是今后需要警惕的发展态势。

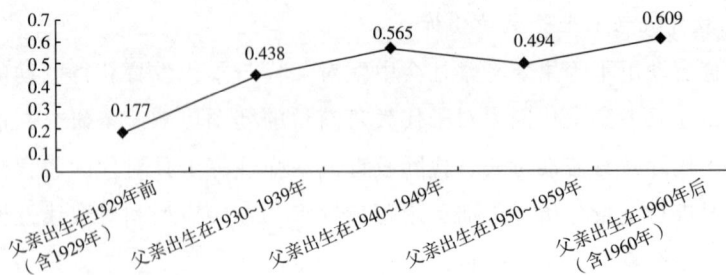

图 8-5　父代同期群视角下的代际教育流动弹性变动图

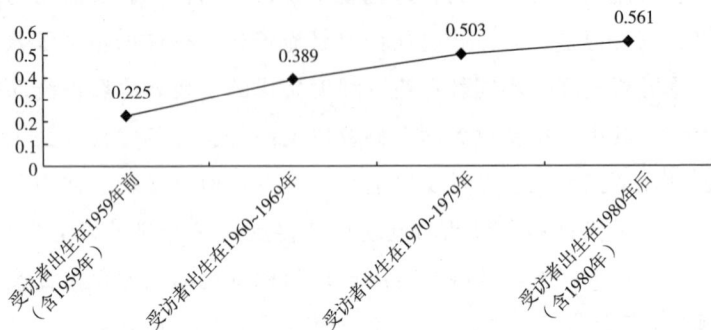

图 8-6　子代同期群视角下的代际教育流动弹性变动图

教育流动不平等不仅体现在父代教育获得程度对于子代教育获得程度的决定性影响上，而且还体现在父代职业阶层、政治面貌等其他因素的深刻影响上。教育流动距离模型和方向模型表明，职业阶层、政治面貌不同的父代，其子代的教育流动距离、教育流动方向都存在显著差异，这种显著差异自然就体现为不同职业阶层家庭出身的子代间存在显著的教育机会和代际教育流动上的不平等。

3. 扩招以来教育不平等问题的探讨

教育扩展（或教育扩张）是社会现代化的内在要求和必然趋势，是一个国家市场化、工业化、城市化进程向前推进的客观需要。改革开放以来，我国社会经历了正常化、理性化、现代化的转型进程，相应地，教育改革发展事业也经历了规模扩展和转型升级的变动过程。1986 年通过《义务教育法》强力普及九年制义务教育，迅速实现了基础教育扩展；1998 年通过《高等教育法》规范高等教育事业发展，并通过 1999 年高校大扩招推进高等教育大众化，也快速实现了高等教育扩展。可以说，1999 年以来，基础教育扩展与高等教育扩展二者互相促进，迅速扩大了我国教育机会的供给总量，全社会的教育机会竞争程度按理应当下降，然而，反观现实却是另一番景象，社会成员从小就面临着更加激烈的教育机会竞争和挑战，这是不得不引起关注和研究的现实问题。在全世界工业化国家中，教育扩展特别是高等教育大扩展究竟带来怎样的平等化效应？这个问题引起了西方先行工业化国家的学者的深切关注，近些年也引起了国内有关学者的关切，形成了一系列本土化认识的研究成果。

　　西方学者在研究教育扩展与教育不平等的关系中提出了类似于收入不平等变动的教育"库兹涅茨曲线"假设，即教育扩展与教育不平等也存在倒 U 形的变动规律。在一个国家中，初始的教育不平等随着平均受教育水平的增长而提升，当达到某个临界值后，教育不平等将随着平均受教育水平的增加而降低。美国学者 Knight、Sabot 研究指出，从全世界的平均水平来看，教育"库兹涅茨曲线"的倒 U 形转折点在教育年限为 7 年之时，这要根据各国人力资本存量和经济发展特征与阶段的不同而有所变化（Knight & Sabot，1983：1132~1136）。学者刘精明在对我国 26 个省级行政区调查数据深入分析后发现，中国教育扩展历程中的不平等变动大体也符合"库兹涅茨曲线"倒 U 形假设，但要将城市和农村分开讨论。城市在研究初期（大约 1941 年）处在"倒 U"的下降部分，而农村同期则处在"倒 U"的上升部分，拐点出现在平均受教育年限为 5~6 年的时候（刘精明，2000）。当前，我国 6 岁以上人口的人均受教育年限已经从 1982 年的5.2 年提高到 2012 年 8.94 年，30 年间人均受教育年限增加了 3.74 年，我国人均受教育年限在 1999 年时已经超过 7 年。按 Knight、Sabot 的看法，1999 年之前我国人均受教育年限低于 7 年，1999 年之后人均受教育年限达到 7 年，那么教育不平等就会形成 1999 年为最高点的倒"U"形变动形态。但从前文中关于我国历年教育基尼系数变动的估计结果来看，基于教育年限计算出来的教育基尼系数始终并未出现"倒 U 形曲线"变动形态，而是几乎呈现单边下降趋势。事实上，教育年限虽然形式上与收入有一定的相似性，但实质上很不相同，因为社会成员一生中的收入是处于不断的变动之中，而教育年限的变动却相当有限，这也会影响到教育"库兹涅茨曲线"的估计准确性。

不过，要指出的是，教育不平等确实与收入不平等存在复杂交互的关系，一方面，全社会收入不平等程度的提升会从宏观结构层面推动教育不平等水平的攀升，当然，这种影响并不是即时有效的，而是长期积累的，也就是说当前的教育不平等是受到数十年来全社会收入不平等长期影响的累积性结果；另一方面，教育不平等又会进一步激发、扩大收入不平等，教育获得作为现代工业化社会地位获得的重要影响变量，它本身的不平等就会带来后续地位获得上的不平等包括收入上的不平等。改革开放以来，随着市场机制的引入，"效率优先、兼顾公平"的非均衡发展策略有效激发了社会活力，全社会的生产效率得到极大提高，物质财富也出现前所未有的膨胀，但同时也不可避免地带来收入差距扩大、贫富两极分化现象。国家统计局近年才开始正视我国居民收入不平等问题，公布了2003年以来的收入基尼系数数据，图8-7就是根据国家统计局公开数据制作的2003～2014年中国居民收入基尼系数变动图。从图中可以直接地看出，我国居民收入基尼系数自2003年以来始终保持在高位运行态势，即使自2008年以后看似有所下降，但基尼系数值仍保持在0.4～0.5。按照基尼系数内涵规定性，这表明我国居民收入不平等仍处于较高程度，贫富分化比较悬殊。居民收入不平等最终将会传递到教育不平等，居民收入基尼系数长期高位运行也可能在未来最终抬高教育基尼系数，这也是需要警惕的问题。

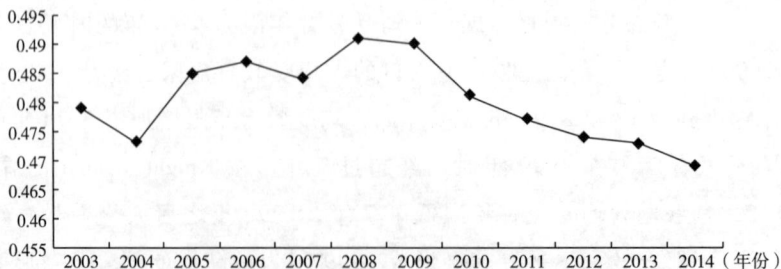

图8-7　2003～2014年中国居民收入基尼系数变动情况

应该说，国民人均受教育年限的快速增长，确实会从数量上迅速降低教育不平等，这也是 MMI 假设中"饱和定律"的基本看法之一。MMI 假设中的"饱和定律"认为，当某一层次的教育达到或基本达到饱和之时，也就是说这一层次教育的入学率大致超过 90% 时，该层次的教育不平等开始下降。反之，当某一层次的教育没有达到饱和之时，该层次的教育不平等仍然维持。据此可以说，当基础教育入学率接近 90% 时，基础教育的不平等就会下降；而高等教育入学率长期无法接近 90% 时，高等教育的不平等也仍将长期维持。然而，以此看法对照当代中国教育领域，我们却发现，基础教育领域依然存在城乡、区域、校际等方面的不平等，基础教育领域的优质受教育机会仍然存在激烈竞争。事实上，教育扩展产生的数量上不平等的下降并不意味着质量不平等的同步下降。相反，教育在数量规模上的扩展，反而会激化人们对于教育质量的竞争，因为人们考虑的不再是有没有机会接受更高程度的教育，而是有没有从小接受更好质量、更高程度的教育，以确保子代在优质教育机会连续性竞争上的持续优势。因此，只要更高层次的优质教育机会存在稀缺性，基础教育优质机会的竞争就会长期存在，教育不平等并不会因为基础教育扩展而下降，也不会因为高等教育有限扩展而下降，教育不平等将会始终贯穿于每个社会成员一生的教育历程之中，事实上，这也就是 EMI 假设对于 MMI 假设的重大修正。EMI 假设认为，教育不平等并不会因为某一层次教育达到饱和而下降，教育不平等存在数量上和质量上不平等的分野，在数量上的教育不平等下降的同时，人们转而更多地关注教育获得质量的竞争，因此，阶层背景对于社会成员教育获得质量不平等的影响将始终有效维持。

1999 年高校扩招以来，高等教育机会特别是重点大学优质高等教育机会的城乡分布呈现明显的非正常状况，这比阶层分布的不平等更容易为人们察觉到，因此，也更容易引起全社会的关注。2009 年 1 月 5 日，时任国务院总理的温家宝在《人民日报》发表的署名文章中提到："有个现象值得我们注意，过去我们上大学的时候，班里农村的孩子几乎占到 80%，甚至还要高，现在不同了，农村学生的比重下降了。这是我常想的一件事情。本来经济社会发展了，农民收入逐步提高了，农村孩子上学的机会多了，但是他们上高职、上大学的比重却下降了。"① 事实上，高等教育不平等的现实变动情况还要复杂得多、严重得多，不仅表现在城乡间、区域间的高等教育机会获得差异上，还表现在不同层次高校、专业门类等区别上。如导论中所述，自我国高校大扩招以来，重点或名牌大学中农村学生比例呈现明显下降趋势。同时，随着高校大扩招，专业门类的阶层分化也日益清晰化。学者刘宏元在 1995 年对武汉大学新生的调查显示，在该校"热门学科"专业中，农民、工人子女的比例进一步低于其在总体中的比例，而在"基础学科"专业中则相反。党政、企事业单位干部和专业技术人员子女更多地进入计算机科学、国际贸易、国际金融等热门专业，几乎形成垄断局面（刘宏元，1996）。其他的"985""211"高校也大体如此。城乡间、区域间优质高等教育机会分布不均衡与高校管理体制改革密切相关。20 世纪末期，许多重点高校下放到地方，并且启动中央与地方共同资助办学模式，且地方的资助力度不断加大，为回报地方投资，高校在招生方面势必出现本地化倾向，从而导致许多重点高校在本地同等专业的招生分数远低于外地省份，产生高等教育机会区域分配不公平问题。而在专业门类高等教育机会分布上，一方面，高等教育成本分担政策区分了冷、热门专业的学费门槛，一般来说热门专业的学费较高，而冷门专业学费相对较低，热门专业的高学费标准无形中就对低收入阶层子女的高等教育机会选择产生经济排斥效应，从而造成热门专业中的低收入阶层子女比例偏低的教育机会分配结果。另一方面，受到了素质教育选拔取向的隐形排斥，低收入阶层子女与中上收入阶层子女自小在生活条件、见识、视野和教育期望等方面存在显著差异，素质教育选拔取向对低收入阶层子女制造了无形的屏蔽门，特别是高校自主招生政策以素质教育为名选拔学生的做法产生了更多选择性的不平等，甚至出现自主招生腐败现象严重侵蚀教育公平，等等。

事实上，自1999 年高校扩招以来，无论是城乡间、区域间教育机会分配不公平，还是专业门类教育机会分布不均衡，最终还是体现为阶层背景、家庭背景对社会成员教育获得水平和质量的深刻影响。可以说，每一个社会成员的教育获得至今仍然不可避免地深受父代因素、家庭背景的重

---

① 温家宝：《百年大计，教育为本》，《人民日报》2009 年 1 月 5 日。

大影响。一是父代的城乡归属、地区差异就先天地决定子代接受教育的可能机会。一般而言，父代居住生活在城市的子代教育机会总量、教育质量层次要比农村的子代高出很多。二是父代的阶层属性、单位区别、职业类型等等也决定了不同社会成员在受教育过程中可能得到的经济支撑，经济条件好的家庭对于高学费等问题不具有敏感性，而经济条件阙如的家庭就会对增加的学费或生活费十分敏感。三是父代的权力等级、资本实力和关系网络的有无与强弱，也对子代的教育获得产生显著影响，现实社会中强势的父代权力等级、资本实力和关系网络等因素，不仅可以直接干预子代的教育生涯，甚至可以直接影响子代的生命历程。本研究的多个定量模型分析结果也表明，父代因素对子代教育获得与教育流动总体上具有持续的影响，其中，父代职业阶层的影响随着年代更替而呈现 U 形变化。特别对于 1980 年后（含 1980 年）出生的受访者同期群而言，1999 年高校大扩招并没有降低父代因素的影响，相反，高中升入大学教育转换同期群模型、地位教育分流同期群模型等分析结果清晰显示，父代因素即家庭背景因素的影响在我国高校大扩招之后甚至突然显著起来，这也就在一定程度上印证了 EMI 假设在当代中国的现实适用性。

第九章

结论与讨论

    教育获得是现代社会中个体社会成员生存发展的基础条件，是影响个体社会成员最终社会地位获得的核心变量，教育获得的公平状况事关社会公平保障体系中的起点公平，因而是全社会长期关注的焦点、热点问题。教育获得又是进一步考察教育流动的重要基础，教育获得与教育流动的研究具有良好的可操作性，二者都是考察一个社会教育机会分布公平状况的重要视角，都是研究教育不平等问题的重要切入口。本研究基于代际视角，创新构建了一个系统集成的研究思路，通过多角度的描述性分析、多模型的解释性分析和多维度的宏观分析，较为系统、深入地探讨了我国社会成员教育获得与教育流动的总体状况、不平等变动和深层影响逻辑，揭示了父代因素即家庭背景对子代教育获得与教育流动的影响，进一步拓展了教育不平等问题研究的视野和深度。本研究注重应用新的分析工具，开拓新的研究理路，获得新的本土化理性认识，当然，研究中也不可避免地存在不足与局限。

一　主要结论

    本研究在研究设计中提出的总体假设（父代因素即家庭背景因素对我国教育获得与教育流动具有重要影响，教育规模扩展并不能带来教育不平等的降低）经过定量分析与宏观分析基本上得到了有效验证，教育获得年限数量上的不平等随着教育规模扩展确实有所下降，但教育获得质量上的不平等始终有效维持。总体假设的检验需要各个研究模型具体假设检验的支撑，本研究在教育获得与教育流动解释性分析中总共构建了十多个分析模型，并根据各个模型的构建思路提出了具体研究假设，并逐一对各个模型的具体假设进行检验。以下将结合各个模型的具体假设检验结果、描述性分析结果和宏观分析结果对本研究作系统总结，并尝试与已有研究成果特别是 MMI 假设、EMI 假设、理性选择理论等重要理论观点进行对话，进而努力形成本土化的理性认识。

1. 教育作为现代工业社会的地位生产机制具有二重性，既要看到它在现代工业社会中具有地位循环生产的主流积极作用，也要看到它在现代工业社会中可能具有地位再生产的隐蔽消极效应

现代意义上的教育是社会现代性的产物，但同时也是推动现代性发展的动力。现代工业化社会内生地要求更多的社会成员能够接受现代教育，也内生地要求从基础教育升级到高等教育。自改革开放以来，我国社会也进入市场化、工业化、城市化同步推进的正常发展轨道，整个社会的理性化、现代化程度越来越高。按照现代化理论的核心主张，随着工业化社会转型，自致性因素应逐渐替代先赋性因素成为现代工业化社会地位获得的决定性因素。而现代教育就是以自致性因素的面貌出现在近现代社会，教育对社会的贡献不仅体现为它对经济增长的促进作用，同时它还有更深层次的作用，即作为一种重要的代际流动机制，承载着促进社会流动、保证社会公平和维系社会稳定的功能（郭丛斌、闵维方，2009）。教育无疑是现代工业化社会推进社会阶层结构合理化的重要动力，是壮大中间阶层、促进社会和谐的重要途径。因此，在功能论的教育观看来，现代教育主要体现了现代工业社会最根本的自致性属性，不仅对于个体社会成员的地位成就具有重要积极作用，而且对于整个工业化社会的稳定持续发展也具有积极功能。

应该说，现代教育对于社会进步发展所具有的积极功能是主流的，否则就不会出现每个国家在工业化进程中高度重视和大力推进教育事业快速发展的客观事实。但是，在工业化社会中的教育扩展究竟能否带来教育不平等的下降，始终受到国内外有关学者的关注和质疑。西方先行工业化国家学者的有关实证研究表明，教育扩展并不能自然而然地降低教育不平等程度。其中，拉夫特瑞和霍特的实证研究结果表明，在现代工业社会中，

伴随教育规模的急剧扩展，社会阶层背景对教育机会的影响虽然整体在减弱，但是阶层之间的屏障仍然没有消失，并据此提出了 MMI 假设。"饱和定律"是 MMI 假设关于教育扩展与教育不平等的核心观点，该核心观点认为，如果较高阶层在某一教育层次上的教育机会达到饱和状态，即它的升学率接近或者达到了 90%，那么进一步的教育扩张将缩小阶层间的教育不平等。在过往的经验研究中一般认为，当较高阶层子女在某一教育层次上的升学率达到或超过 90%，该教育层次上的机会分配不平等将会随着进一步的教育扩展而下降。但是在后续的检验研究中，卢卡斯并不认同 MMI 假设的这一核心观点，而是更激进地指出，对于任何普及的教育，始终存在着围绕教育类型和质量的竞争，这种竞争仍然受到阶层背景持续而有效的显著影响，并据此提出了 EMI 假设。理性选择理论的主要创始者、美国社会学家科尔曼也在多项关于教育公平问题的实证研究中发现，影响儿童学业成就的根本因素并不是学校类型的质性差异，而是背后的家庭背景因素。上述国外经验研究形成的重要理论观点在许多工业化国家得到了验证，也得到布迪厄等学者从定性研究视角得出的结论的支撑，其确实能够反映教育获得在现代工业化社会仍然不可避免地受到家庭背景的深刻影响，并在此基础上形成了冲突论的教育观。在冲突论的教育观看来，教育获得的分层与流动状况受到既有社会结构、阶层背景的深刻制约，教育是维持现有社会不平等的隐蔽性中介机制，在现代工业社会中扮演地位再生产的重要角色。

综上可见，在现代工业化社会中，教育作为现代工业社会的地位生产机制具有二重性，对此应有客观、辩证和全面的认识。从总体上看，教育在现代工业化社会主要体现为自致性因素，发挥着促进社会成员代际地位循环生产的积极作用。但是，潜藏在自致性因素背后的教育获得无疑也受到家庭背景的深刻影响，从而也不可避免地呈现先赋性因素的隐蔽特质，教育扩展中的教育政策偏误、社会既有不平等的加剧等都会进一步强化教育在社会地位再生产中的隐蔽效应，对此全社会应有足够的客观认识。

2. 我国社会成员教育获得在阶层、城乡和同期群上的分布存在显著差异，教育获得年限、地位教育分流等总体上受到父代因素即家庭背景的显著影响，同时也受到受访者自身城乡归属、性别等先天因素的深刻影响

本研究主要是从父代角度来考察子代的教育获得状况，本次调查样本

的父代年龄跨度近百年，而近百年来现代教育传入中国并生根发芽也经历了数次大波折，只有到改革开放之后，我国教育事业才真正步入正常的跨越式发展轨道。从样本总体角度的描述分析表明，父代的阶层、城乡和同期群视角下社会成员教育获得的比例分布、平均教育年限、地位教育分布等方面都存在显著差异，同时，父代的阶层、城乡和同期群与子代教育获得等级之间存在显著关系。总的来说，描述分析结果初步反映社会成员教育获得与其父代的家庭背景因素息息相关。

本研究进一步通过教育获得年限模型、教育转换模型、地位教育分流模型等深入剖析父代因素即家庭背景对子代教育获得的影响逻辑。教育获得年限总体模型研究结果表明，子代教育获得受到父代职业阶层、政治面貌、教育获得水平等家庭背景因素的显著影响；教育获得年限同期群模型表明，父代职业阶层背景对于子代教育年限的影响随着年代更替出现 U 形变化，特别是对于 1980 年后（含 1980 年）出生的受访者同期群突然产生影响显著，同时父代的教育获得水平始终对子代教育获得具有显著影响，但父代政治面貌的影响并没有明显增强。地位教育分流总体模型表明，父代的职业阶层、政治面貌和教育获得水平均对子代地位教育分流具有显著影响；地位教育分流同期群模型表明，父代职业阶层背景随着年代更替而对子代地位教育分流的影响呈现曲折变化，不过对于 1980 年后同期群的地位教育分流突然产生显著影响，同时，父代的教育获得水平随年代更替始终呈现持续而稳定的显著影响。综上可见，父代因素即家庭背景因素总体上对于子代教育获得的数量和质量水平都具有显著影响，同时，在改革开放以来教育规模不断扩展的时代背景下，父代因素的影响事实上重新显著起来。

此外，所有模型都大致表明，受访者的城乡归属、性别等先赋性因素对于自身教育获得也具有重要影响。其中，受访者城乡归属对于自身教育获得的影响始终具有持续而稳定的显著性，这表明我国城乡二元社会结构长期以来都持续深刻影响到社会成员的教育获得水平，是影响教育不平等的深层结构性因素。而受访者性别对于自身教育获得的影响呈现较为明显的下降趋势，特别在教育年限同期群模型和地位教育分流同期群模型中反映出，随着年代更替，受访者性别的影响的显著性呈现从强到弱到无的变化趋势，这表明我国社会成员教育获得的性别不平等状况得到有效改善。

3. 我国社会成员教育获得的教育转换率随着年代更替而不断提升，在教育转换率达到或接近饱和状态时，父代因素即家庭背景对子代教育转换的影响有所下降，有限验证了 MMI 假设中的部分观点

教育转换率是考察社会成员教育获得的连续性、累积性变化的重要指标，它可以结合同期群、阶层背景等视角来描述分析中各个同期群、各阶层背景社会成员教育获得的累积性变动状况，可以较好地反映出不同同期群、不同阶层背景社会成员升学转换的可能性或概率。本研究结合调查数据计算出了升入小学、小学升入初中、初中升入高中和高中升入大学的教育转换率，从同期群视角来看，1960~1969 年出生的受访者升入小学的教育转换率达到 90.3%，按评定标准（教育转换率>90%）达到饱和状态；小学升入初中的教育转换率在 1980 后（含 1980 年）出生的同期群中也达到饱和状态；但是初中升入高中和高中升入大学的教育转换率从同期群视角来看始终没有达到饱和状态。从父代阶层背景来看，父代职业阶层为机关企事业单位负责人、中层人员和一般工作人员的子代，其升入小学、小学升入初中的教育转换率已经达到饱和状态；所有不同阶层背景的子代在初中升入高中、高中升入大学的教育转换率均没有达到饱和状态；父代职业阶层为农民的子代所有的连续性教育转换率均没有达到饱和状态，且处于所有阶层背景子代教育转换率的最低水平。不过，结合时间轴来考察不同职业阶层背景子代的教育转换率可以发现，所有不同阶层背景的子代在各自连续性的教育转换率上都呈现增长趋势，这也可以反映我国教育规模扩展带来的积极效应。

基础教育具有生存教育的质性特征，属于正外部性效应的公共物品范畴，世界各国都高度重视和大力普及基础教育。我国也通过立法强制实施九年制义务教育制度，应该说至今取得了显著成效，集中表现在升入小学、小学升入初中教育转换率率先达到饱和状态。本研究中小学升入初中教育转换同期群模型显示，随着年代更替，父代因素中的职业阶层背景的影响确实没有显著性，且优势阶层背景的影响显著性有所下降。这可以说在某种程度上有限验证了 MMI 假设中的部分观点，不过这种情况目前主要发生在义务教育阶段。但是要说明的是，MMI 假设没有考虑到基础义务教育阶段存在的学校质性差异，因此仅能反映教

育机会数量上的不平等有所下降，并不能体现教育质量上的不平等变
动情况。

事实上是国家力量的强制干预直接导致基础教育阶段的教育机会数量
不平等的下降，而初中之后社会成员就面临不再升学、职业教育和高中教
育的大分流，其中，高中教育随着高校大扩招带来的扩展逐渐成为初中后
教育分流的主渠道。然而，高中教育不再是义务教育，不可能再受到国家
力量的强力干预和免费扶持，更多地转而依靠家庭支持和自身的学业成
就，因此，高中教育阶段的教育不平等问题就骤然凸显，直至影响到大学
教育阶段的教育不平等，可以说，高中教育已经成为我国教育不平等变动
的转折点、分水岭。当前，我国有些经济实力较强的地市已经意识到高中
教育对于教育平等的制约，率先实施了包括高中在内的 12 年免费教育，国
家"十三五"规划进而提出"普及高中阶段教育，率先从建档立卡的家庭
经济困难学生实施普通高中免除学杂费"，这些政策调整对于缓解高中阶
段的教育不平等将具有积极意义。

4. 我国社会成员教育获得在数量上的不平等逐步下降，但在质量上的
不平等却始终有效维持，教育扩展特别是高校大扩招并没有降低父代因素
即家庭背景的影响，教育获得分流模型基本验证了 EMI 假设在中国的适
用性

教育不平等存在数量和质量上的不平等。其中，教育的数量不平等可
以通过教育基尼系数来加以测量。教育基尼系数不考虑社会成员教育获得
的质性差别，只通过全社会个体成员的教育获得年限来加以计算。近些年
我国社会成员教育获得在年限数量上的不平等水平确实在逐步下降，国内
有关学者计算出来的历年教育基尼系数变动情况也印证了这一判断，应该
说，随着社会发展和教育扩展的深化，我国社会成员教育获得年限总体分
布的不平等状况得到了有效改善。

社会成员教育获得在数量上的不平等逐步下降，但并不代表教育质量
上的不平等也下降。形象地说，教育扩展等于把教育机会的"蛋糕"做大
了，更多的人有机会吃到蛋糕，但是蛋糕并非完全一体同质的，而是存在
少数部位更精致更好吃、大部分部位一般同质的分布特点，那么，经济、
社会条件优越的优势家庭自然就会想着"蛋糕"上的哪一部位最好吃，于
是乎想尽办法不惜一切去优先抢到最好吃的那一部位，这实际上也是优势

家庭在争夺优质教育机会中的必然理性选择。如果教育政策等有关制度安排不能有效制约甚至事实上有助于这种理性选择行动，那么，教育不平等体现在质量上的不平等就会长期持续存在。按照卢卡斯的看法，在数量上不平等下降的同时，人们转而更加关注质量上的不平等，更加投入优质教育机会的激烈竞争中，人们对于优质教育机会的竞争并不会因数量上的饱和而下降，因此，家庭背景对子代教育获得特别是优质教育机会获得的影响始终有效维持，这也就是 EMI 假设的核心观点。本研究地位教育分流总体模型显示，父代所有职业阶层、政治面貌和教育年限等家庭背景因素均对子代的地位教育分流具有显著影响；地位教育分流同期群模型甚至反映高校扩招以后，父代因素即家庭背景因素的影响快速上升，这些研究结果可以说也验证了 EMI 假设在当代中国的适用性。

教育获得具有累积性效应，或者路径依赖效应，也就是说社会成员最终的学业成就与最初的学习成就存在密切依赖关系。一个个体社会成员在最初的基础教育阶段就能够进入重点学校接受优质教育，那么，他就有更大的机会考入重点高中，而进入重点高中意味着有更多的机会考入名牌大学。本研究中地位教育分流的总体模型和同期群模型均显示，是否读过重点高中对于地位教育分流具有显著的影响。教育获得的延续性和累积性迫使优质教育机会竞争迅速下移，只要更高层次的教育转换率在优势阶层中没有达到饱和，这种激烈的竞争就不可能消除。当前我国初中升入高中、高中升入大学的教育转换率仍然未达到饱和状态，即使今后到达高等教育普及化阶段，人们对于优质高等教育机会的竞争依然会前移到从小就开始的所有教育阶段。因此，无论教育规模如何扩展，优势阶层对于优质教育机会的激烈竞争仍将始终从"娃娃"开始，直至地位教育阶段，教育再生产机制呈现出隐蔽维持不平等（Hiddenly Maintained Inequality，HMI）的持续效应。

5. 我国教育总体流动率较高，但代际教育流动弹性水平却不断攀升，这说明在代际教育流动总体水平较高的社会环境下，父代教育获得水平对于子代教育获得水平的决定作用不断增强

本研究借鉴传统的代际职业流动表分析技术，将之转换运用于代际教育流动分析，通过代际教育流动量表分析计算出了本次调查样本代际教育流动率有关数据。本次调查样本代际教育总流动率达到 76.88%，其中，

由社会结构变迁带来的结构性流动为 35.13%，由教育体系开放性带来的循环流动率为 41.75%。另外，向上流动率为 76.88%，向下流动率为 9.48%。这一系列数据表明，我国社会成员教育流动数量规模相当巨大，且主要呈现向上流动，充分反映我国教育事业发展的显著成效，全社会人力资源存量也得到显著提升。

但是，基于父代教育背景计算出来的代际教育流动比率（即流动比）也反映不同阶层家庭出身的子代代际教育流动比率背离理想的完全流动模式。其中，父代为低教育程度的子代只有较低的流动比率能够获得大学专科及以上的地位教育；而父代为高教育程度的子代往往具有更高的流动比率能够获得大学专科及以上的地位教育。同时，通过代际教育流动弹性的计算结果也表明，无论是从父代同期群视角，还是从子代同期群视角，随着年代更替，代际教育流动弹性总体上呈现向上攀升趋势，特别是从子代不同同期群视角来看，1980 年后（含 1980 年）出生的受访者教育获得年限受到父代教育年限影响的代际教育流动弹性达到 0.561，较 1959 年前（含 1959 年）出生的受访者同期群代际教育流动弹性 0.225，几乎翻了一番多，这说明代际教育获得水平的流动性趋于下降，子代教育获得水平越来越多地受到父代教育获得水平的决定性影响。

由此可见，我国代际的教育流动存在总体流动增强与代际教育流动弹性攀升共存的"悖论"现象。事实上，这也是可以得到合理解释的，代际教育总流动率反映的是全社会的教育流动总体规模，更多地受到社会现代化转型与教育扩展政策等宏观结构性变迁因素的影响；而在大规模的教育流动潮流中其实蕴藏着复杂的流动逻辑，其中，代际教育流动弹性攀升就是其中的一种重要流动逻辑，父代在教育获得上取得较高成就往往希望并帮助子代在教育获得上也获得更高成就，而且，父代教育获得水平越高也就越能够为子代创造更好的条件，帮助子代获得越高的教育获得程度，事实上，这也是社会发展的一种动力机制和激励机制，不可能也不应该完全消除，而是需要得到合理的疏导和规制。

6. 我国社会成员教育流动总体上呈现短距离流动、正向流动特征，父代因素即家庭背景始终显著影响代际教育流动距离与方向，基本吻合了社会流动的 FJH 假设

流动距离与流动方向可以较好地反映事物流动的力度和向度，也是考

察代际教育流动状况的重要视角。流动距离是根据配对父子受教育年限数值比较而生成的距离数据；流动方向是根据配对父子教育获得程度等级比较而生成的方向数据。在教育流动距离和教育流动方向的描述分析中发现，教育流动距离无论是相对距离还是绝对距离，通过均值计算总体上呈现短距离流动特征；教育流动方向总体上呈现正向流动特征。因此，二者综合起来就可以反映近百年我国社会成员代际教育流动具有正向短距离流动的明显特征。

本研究进一步通过构建教育流动距离模型和方向模型深入剖析父代因素即家庭背景对于子代代际教育流动的影响逻辑。教育流动距离总体模型显示，父代因素即家庭背景对子代的代际教育流动距离均具有显著影响，特别是所有阶层背景出生的子代较参照组农民阶层背景子代呈现一致性的显著影响；教育流动距离同期群模型进一步显示，父代职业阶层背景的影响随着年代更替出现 U 形变化，特别对于 1980 年出生的受访者尤其具有显著影响。教育流动方向总体模型显示，部分父代职业阶层对子代代际教育流动方向具有显著影响，特别是父代为中低位序职业阶层的子代拥有更多的向上流动机会。教育流动方向同期群模型进一步显示，父代为中低位序职业阶层的影响随着年代更替确实呈现一定的增强趋势，特别对于 1980 年后（含 1980 年）出生同期群的代际教育正向流动产生显著影响，这进一步反映中低位序职业阶层家庭的子代随着教育扩展而发生更多可能的正向流动。

在现代工业化社会中，教育流动某种程度上可以说是代际社会流动的预演，本研究对于代际教育流动距离和继承性的研究结果基本吻合了西方工业化社会流动的"FJH 假设"。"FJH 假设"认为，工业化发达国家不一定保持相同的职业流动率，但是这些国家的职业流动都无一例外地受继承性逻辑的影响，代际传递模式存在一致性即体现为"继承与短距离流动"（Featherman, Jones, Hauser, 1975）。本研究的代际教育流动对数线性模型分析结果也表明，父代最低教育获得程度与子代最低教育获得程度、父代高等教育获得程度与子代高等教育获得程度之间存在局部的强继承性，部分验证了我国社会成员代际教育流动的继承性假设。可以说，本研究发现的代际教育流动特征基本吻合了"FJH 假设"，这也在一定程度上印证了教育流动是代际社会流动的预演。

7. 教育获得可以穿透时空而对子代的教育获得与教育流动产生持续而稳定的显著影响，本研究中所有模型都表明以父代教育年限为代表的家庭文化资本均对子代教育获得与教育流动产生持续显著影响

现代教育是社会成员自我赋能、提升素质、提高人力资本的主渠道，是现代工业化社会自致性因素的生产机制，也是助推社会现代性成长升级的重要保障，备受各国政府重视和社会大众认可而具有主流意义上的合法性。基于教育获得的合法性属性，教育获得的代际传递性本身也具有一定的合理性，正如前文所述，父代拥有良好的教育背景一定有助于子代更好的教育获得。事实上，教育获得的代际传递性总体上并不具有如物质资本、金钱资本等那样的直接传递效应，它阻隔了社会不平等在代际的直接复制，转而通过教育分流与竞争在很大程度上消解社会成员家庭背景的直接影响，从而可以起到促进社会流动与社会公平的积极作用。

教育是获取知识的基本途径，而知识一旦获得往往终身拥有，知识不同于其他的实体物质，并不会因消耗而消失，也不会因分享而减少，这就使得教育获得具有穿透时空、消解社会变迁和政策变动的动荡而对教育获得与教育流动产生持续而稳定影响的神奇力量。近百年来，我国社会经历了"前所未有之大变局"，从"救亡图存"到"抗日战争"，再到新中国的成立，此后又经历了计划经济体制的变迁、"文化大革命"的破坏，直至改革开放以来融入全球化的现代化大转型。同样，近百年来，我国教育体系、教育政策也经历了前所未有的波折动荡，从现代教育体系的引入建立，到抗日战争时期的高校大迁徙，再到新中国教育体系的苏联模式改造，此后又经历"文化大革命"的冲击，直到改革开放之后才逐渐步入正常发展轨道，并在20世纪末启动高校大扩招推动超常规的教育大扩展。时局的动荡、政策的变革、人生的无常无不对所处时代社会成员的教育获得产生重大影响，家庭背景诸因素的影响也因之发生明显变动，其中，唯有以父代教育获得水平为标志的家庭文化资本始终发挥着持续而稳定的显著影响。

本研究中所有模型都表明父代教育年限对子代教育获得与教育流动有持续而稳定的显著影响。这也深刻表明了以父代教育获得水平为标志的家庭文化资本对子代教育获得与教育流动具有长期而不可磨灭的深刻影响，它相较于经济资本、政治资本和社会资本而言更具合理性，也更易为人们

所接受。可以说，父代教育获得水平形成的社会排斥与以往的血缘排斥、权力排斥和财产排斥等不同，它不再是绝对的、刚性的、直接的排斥手段，而是带有一定开放性、竞争性和流动性的隐性间接排斥机制。不同于布迪厄文化再生产关于教育不平等的绝对性看法，笔者认为，只要这种隐性间接排斥维持在合理水平，且没有受到家庭背景等其他诸因素的干预而转向显性直接排斥，那么，文化再生产总归是比其他直接传递机制更易于接受的社会不平等现实。正因为文化再生产的不可消除性，在教育扩展推进中尤其需要大力扶助低教育获得水平父代家庭的子女尽可能地提高教育获得水平，避免陷入低教育获得水平家庭的代际内卷化困境。

8. 社会既有不平等增强、教育政策变革偏差是造成教育不平等的结构性、深层性影响因素，它们在很大程度上强化了家庭背景对教育获得与教育流动的影响。在既定社会结构条件下，更加公平合理的教育政策变革是今后改善我国教育不平等状况的更有效路径

社会既有不平等的增强无疑将会形成各种社会资源配置的不平等效应，或者直接对教育不平等造成结构性影响，或者通过家庭背景间接作用于社会成员教育获得而强化教育不平等。社会既有不平等从宏观上看主要有城乡、区域、性别、阶层以及居民收入等方面的不平等。长期以来，我国社会形成了城乡二元结构，时至今日依然是影响社会不平等的根本性因素；同时，区域之间也存在东部、中部和西部等地区发展水平的显著差异，性别之间在权利、待遇等方面也存在差别，阶层分化与差距也日益明显；此外，收入差距自改革开放以来快速拉大，国家统计局公布的居民收入基尼系数表明，贫富分化较为悬殊已经成为近期中国社会的常态。上述社会既有不平等无疑直接影响到社会成员的教育获得机会和质量，特别是收入不平等更是普遍地影响到不同收入群体的教育投资决策，甚至有些家庭基于理性选择考量，主动或被动放弃对子代可能获得教育的继续投资，这种现象一旦蔓延无疑将会进一步恶化教育不平等。

教育扩展中的教育政策变革偏差也是造成教育不平等的重要因素，教育扩展带来了教育机会总量的增加，但不当的教育政策变革又会强化家庭背景对子代教育获得与教育流动的影响而造成教育不平等程度的隐性提升。教育扩展尤其是高等教育大扩展对于全社会而言无疑是个重大利好政策，毕竟教育机会供给总量的"蛋糕"做大了，社会成员获得各个层次教

育的机会和概率也能够得到显著增加。但是，毫无疑问，不同家庭背景的社会成员在各类教育机会特别是优质教育机会竞争中处于不同的位置，即使在控制了既有社会不平等和教育政策变革因素的理想社会状态下，家庭背景因素对于子代教育获得与教育流动仍然不可避免地具有重要而深远的影响。因此，在现实客观社会不平等情况下，教育政策变革偏差无疑将进一步激化教育不平等状况。近些年来高等教育领域实施的教育成本分担政策、自主招生政策、重点高校地方资助政策等就造成了一些负面的社会效果，这里并不是完全否定上述政策的改革合理性，而是更关注上述政策在现实社会实际运行中可能出现的不良效应，以及相应配套补救政策及措施的缺失问题。有些教育政策重大变革是客观情势使然，但一定要预先估计到可能造成的不良社会效果，并及时采取相应的补救政策及措施，以降低其可能造成的教育不平等，同时还要降低因家庭背景因素而进一步造成的教育不平等。

现代工业化社会，教育仍然是自致性因素的主要生成机制，是今后我国社会现代化转型应当大力倡导和扶持的社会事业。当代中国的工业化、城市化进程仍然需要大量受到良好教育的人才的有力支撑，特别是社会结构转型带来的人口老龄化、"刘易斯拐点"更加呼唤"人口红利"向"人才红利"的人力资本升级，只有实现更高程度上的教育平等、教育公平，"人口红利"向"人才红利"的转型升级才能更加顺畅。然而，教育平等、教育公平的实现并非易事，它不仅受到既有社会不平等的结构性制约，也受到教育政策变革偏差的根本性影响，同时还受到社会成员家庭背景因素的深刻影响，可以说是一项系统性、复杂性、深层次的社会工程。相比较而言，既有社会不平等结构的调整和改善涉及面更多、难度更大、耗时更久，更多体现"看不见的手"的品性特征；而教育政策变革的公正合理转向却是政府相关部门可以且应当开展的分内工作，更多具有"看得见的手"的品性特征。最理想的方式就是通过"看不见的手"和"看得见的手"的协同合作，不仅降低各自可能造成的教育不平等，而且降低家庭背景因素对子代教育获得与教育流动的影响。不过，在既定社会结构条件下，更客观现实、直接有效的方式还是通过"看得见的手"的正确决策，推动公平合理的教育政策变革，有效制约家庭背景对社会成员教育获得与教育流动的负面影响，恰当公平地实施弱势阶层家庭子女的教育补偿政策，从而有效地提升当前我国教育平等水平，进而助推既有社会不平等状况的改善。近年国家已经有意识地通过实施免费师范生教育制度、强制要求提高重点高校招收农村生源比例、国家奖助学金制度等教育政策及措施来改善教育不平等状况，已有的这些努力还远远不够，还需要更多公平合理的教育政策的系统配套和有效实施。

二 主要局限

本研究作为定量研究不可避免地存在因调查数据制约而产生的固有局限，但除此之外也存在一些与主题相关以及自身研究能力不足的局限。

一是本研究重点关注教育获得与教育流动中的先赋性影响因素，相对忽视了受访者自身自致性影响因素。本研究的主题就在于探讨父代因素即家庭背景对子代教育获得与教育流动的影响逻辑，调查研究数据也支持这一研究主题的展开。事实上，受访者自身自致性因素也是教育获得与教育流动的重要影响因素。但是，囿于调查数据的变量制约，本研究无法考察受访者自身自致性因素对自身教育获得与教育流动的影响，更无法比较家庭背景等先赋性因素与自致性因素的作用大小。

二是本研究作为定量研究更多运用的是统计分析方法，分析过程体现出个体主义、结果导向的研究特征，相对忽略了具体、微观的影响过程分析，缺少定性资料的补充佐证，也没有展开具体的对策研究。一般来说，调查问卷获取的变量信息集中地体现为个体性、结果性的数据，它只能忽略个体社会成员在获得结果数据之前的努力和变动过程，比如说某个受访者进入重点高中读书这一结果，它背后可能就蕴藏着多种复杂因素，既有自身的学业成就，还有可能需要父代的关系运作，包括了自致性因素和先赋性因素的复杂影响，如此等等，而这些情况往往难以通过问卷得到充分体现。本研究虽然试图通过宏观分析中的阐述分析加以适当弥补，但还是不够充分。此外，文中虽然穿插着教育政策变革的零散思考，但对于今后改善教育获得与教育流动的系统性、针对性的对策建议还未能深入思考与充分阐述。

三是本研究虽然尽力整合多种研究视角、运用多种研究工具，但不可避免地还存在分析工具或视角上的缺失。在分析工具上，如教育阶层辈出率分析方法运用的缺失，主要原因在于缺乏固定时点上可以参照的社会总体阶层结构分布比例数据。在分析视角上，由于调查数据的制约或者样本数据量偏差等情况，在教育分流模型中未能对重点高中分流、职业教育分流和名牌大学分流等问题展开定量研究。此外，受数据制约，也缺失社会关系网络视角的分析。

四是调查样本的代表性不可避免地因为抽样误差而在一些变量信息上出现偏差，从而可能导致具体研究模型精准度有所下降或者定量分析结果出现一定偏差。如在同期群剥离后展开的各个同期群模型中，可能因同期群样本分布代表性不足而出现统计结果上的偏差。

以上存在的研究局限，有待在今后的学习研究中尽可能地克服或改进，通过学习和运用更加先进有效的统计分析工具，进一步提升定量研究的解释力和说服力。另外，还可以进一步深化这一领域的质性研究，以弥补定量研究视角的不足，形成更加生动丰富的研究成果。

参考文献

中文文献

包亚明：《布迪厄访谈录——文化资本与社会炼金术》，上海人民出版社，1997。

鲍尔斯、金蒂斯：《美国：经济生活与教育改革》，王佩雄等译，上海教育出版社，1990。

边燕杰：《市场转型与社会分层》，三联书店，2002。

边燕杰、吴晓刚、李路路：《社会分层与流动：国外学者对中国研究的新进展》，中国人民大学出版社，2008。

伯恩斯坦：《社会阶级、语言与社会化》，载张人杰主编《国外教育社会学基本文选》，华东师范大学出版社，1989。

布迪厄：《国家精英——名牌大学与群体精神》，杨亚平译，商务印书馆，2004。

布迪厄、J. C. 帕斯隆：《继承人——大学生与文化》，邢克超译，商务印书馆，2002。

布迪厄、J. C. 帕斯隆：《再生产——一种教育系统理论的要点》，邢克超译，商务印书馆，2002。

陈彬莉：《教育：地位生产机制，还是再生产机制——教育与社会分层关系的理论论述》，《社会科学辑刊》2007年第2期。

陈佳贵、黄群慧、吕铁、李晓华等：《中国工业化进程（1995－2010）》，社会科学文献出版社，2012。

陈佳贵、黄群慧、钟宏武、王延中等：《中国工业化进程报告：1995-2005 年中国省域工业化水平评价与研究》，中国社会科学出版社，2007。

陈曙红：《中国中间阶层：教育与成就动机》，中国大百科全书出版社，2007。

陈新忠：《高等教育与社会公平研究》，人民出版社，2014。

陈友华、方长春：《社会分层与教育分流》，《江苏社会科学》2007 年第 1 期。

陈卓：《教育与社会分层》，教育科学出版社，2012。

戴维·诺克等：《列表数据分析》，上海人民出版社，2000。

丁小浩：《规模扩大与高等教育入学机会均等化》，《北京大学教育评论》2006 年第 2 期。

丁小浩、梁彦：《中国高等教育入学机会均等化程度的变化》，《高等教育研究》2010 年第 2 期。

董云川、张建新：《高等教育机会与社会阶层》，科学出版社，2008。

杜瑞军：《高等教育入学机会分配中的政府角色研究》，北京师范大学出版社，2013。

方长春：《家庭背景与教育分流：教育分流过程中的非学业性因素分析》，《社会》2005 年第 4 期。

方长春、风笑天：《阶层差异与教育获得——一项关于教育分流的实证研究》，《清华大学教育研究》2005 年第 5 期。

风笑天、方长春：《教育分流——差异与影响因素》，《公共管理高层论坛》2006 年第 3 期。

高连克：《论科尔曼的理性选择理论》，《集美大学（哲学社会科学版）》2005 年第 3 期。

郭丛斌：《家庭经济和文化资本对子女教育机会获得的影响》，《高等教育研究》2006 年第 11 期。

郭丛斌：《教育与代际流动》，北京大学出版社，2009。

郭丛斌、闵维方：《家庭经济和文化资本对子女教育机会获得的影响》，《高等教育教育研究》2006 年第 11 期。

郭丛斌、闵维方：《教育：创设合理的代际流动机制》，《教育研究》2009 年第 10 期。

郭丛斌、闵维方：《中国城镇居民教育与收入代际流动的关系研究》，《教育研究》2007 年第 5 期。

哈罗德·R·克博：《社会分层与不平等——历史、比较、全球视角下的阶级冲突》，蒋超等译，上海人民出版社，2012。

郝大海：《流动的不平等》，中国人民大学出版社，2010。

郝大海：《中国城市教育分层研究（1949—2003）》，《中国社会科学》2007 年第 6 期。

何晓群：《多元统计分析》，中国人民大学出版社，2004。

胡祖光：《基尼系数理论最佳值及其简易计算公式研究》，《经济研究》2004 年第 9 期。

黄群慧：《中国的工业化进程：阶段、特征与前景（上）》，《经济与管理》2013 年第 7 期。

吉登斯：《社会学》（第 4 版），赵旭东等译，北京大学出版社，2003。

蒋逸民：《教育机会与家庭资本》，社会科学文献出版社，2008。

金铁宽主编《中华人民共和国教育大事记》（第 3 卷），山东教育出版社，1995。

柯林斯：《教育成层的功能理论和冲突理论》，载张人杰主编《国外教育社会学基本文选》，华东师范大学出版社，1989。

柯林斯：《文凭社会：教育与阶层化的历史社会学》，台湾桂冠图书公司，1998。

李春玲：《断裂与碎片：当代中国社会阶层分化实证分析》，社会科学文献出版社，2005。

李春玲：《高等教育扩张与教育机会不平等——高校扩招的平等化效应考查社会学研究》，《社会学研究》2010 年第 3 期。

李春玲：《教育不平等的年代变化趋势——对城乡教育机会不平等的再考察》，《社会学研究》2014 年第 2 期。

李春玲：《社会政治变迁与教育机会不平等——家庭背景及制度因素对教育获得的影响（1940—2001）》，《中国社会科学》2003 年第 3 期。

李路路：《再生产的延续——制度转型与城市社会分层结构》，中国人民大学出版社，2003。

李路路：《制度转型与分层结构的变迁》，《中国社会科学》2002 年第 6 期。

李路路、边燕杰：《制度转型与社会分层：基于 2003 年全国综合社会调查》，中国人民大学出版社，2008。

李路路：《再生产的延续——制度转型与城市社会分层结构》，中国人民大学出版社，2003。

李培林、李强、孙立平：《中国社会分层》，社会科学文献出版社，2004。

李文胜：《中国高等教育入学机会的公平性研究》，北京大学出版社，2008。

李友梅、孙立平、沈原：《当代中国社会分层：理论与实证》，社会科学文献出版社，2006。

李煜：《代际流动的模型：理论理想型与中国现实》，《社会》2009 年第 6 期。

李煜：《制度变迁与教育不平等的产生机制——中国城市子女的教育获得（1966—2003）》，《中国社会科学》2006 年第 4 期。

梁晨、李中清等：《无声的革命：北京大学与苏州大学学生社会来源研究（1952—2002）》，《中国社会科学》2012 年第 1 期。

林莞娟、张戈：《教育的代际流动——来自中国学制改革的证据》，《北京师范大学学报（社会科学版）》2015 年第 2 期。

刘宏元：《努力为青年人创造平等的受教育机会——武汉大学 1995 级新生状况调查》，《青年研究》1996 年第 4 期。

刘慧珍：《社会阶层分化与高等教育机会均等》，《北京师范大学学报（社会科学版）》2007 年第 1 期。

刘精明：《高等教育扩展与入学机会差异：1978—2003》，《社会》2006 年第 3 期。

刘精明：《国家、社会阶层与教育——教育获得的社会学研究》，中国人民大学出版社，2005。

刘精明：《教育不平等与教育扩张、现代化之关系初探》，《浙江学刊》2000 年第 4 期。

刘精明：《教育与社会分层结构的变迁》，《中国人民大学学报》2001年第 2 期。

刘精明：《能力与出身：高等教育入学机会分配的机制分析》，《中国社会科学》2014 年第 8 期。

刘精明：《中国基础教育领域中的机会不平等及其变化》，《中国社会科学》2008 年第 5 期。

刘精明：《转型时期社会社会教育》，辽宁教育出版社，2004。

刘志国、范亚静：《教育的代际流动性影响因素分析》，《教育科学》2013 年第 1 期。

陆学艺：《当代中国流动》，社会科学文献出版社，2004。

陆学艺：《当代中国社会阶层研究报告》，社会科学文献出版社，2002。

聂江：《以基尼系数衡量的教育不平等与中国的实证研究》，《市场与人口分析》2006 年第 4 期。

帕森斯：《作为一种社会体系的班级：它在美国社会中的某些功能》，载张人杰主编《国外教育社会学基本文选》，华东师范大学出版社，1989。

钱民辉：《教育社会学：现代性的思考与建构》，北京大学出版社，2004。

钱民辉：《教育真的有助于向上社会流动吗——关于教育与社会分层的关系分析》，《社会科学战线》2004 年第 4 期。

钱纳里等：《工业化和经济增长的比较研究》（中译本），上海三联书店、上海人民出版社，1989。

乔锦忠：《高等教育入学机会的城乡差距》，《教育学报》2008 年第 5 期。

萨缪尔·鲍尔斯：《不平等的教育和社会分工的再生产》，载张人杰主编《国外教育社会学基本文选》，华东师范大学出版社，1989。

孙凤：《职业代际流动的对数线性模型》，《统计研究》2006 年第 4 期。

孙远太：《文化资本与教育不平等》，知识产权出版社，2013。

唐俊超：《输在起跑线：再议中国社会的教育不平等（1978—2008）》，《社会学研究》2015 年第 3 期。

唐启明：《量化数据分析：通过社会研究检验想法》，任强译，社会科学文献出版社，2012。

特纳：《赞助性流动、竞争性流动和学校教育》，载张人杰主编《国外教育社会学基本文选》，华东师范大学出版社，1989。

涂尔干：《教育思想的演进》，李康译，上海人民出版社，2006。

涂尔干：《教育与社会学》，陈金光等译，上海人民出版社，2001。

王伟宜：《高等教育入学机会研究：社会阶层的视角》，广东高等教育出版社，2011。

王香丽：《我国高等教育入学机会差异研究》，世界图书出版公司，2011。

温家宝：《百年大计，教育为本》，《人民日报》2009年1月5日。

文东茅：《家庭背景对我国高等教育机会及毕业生就业的影响》，《北京大学教育评论》2005年第3期。

文东茅：《我国高校扩招对毕业生就业影响的实证分析》，《高等教育研究》2005年第4期。

吴晓刚：《1990-2000年中国的经济转型、学校扩招和教育不平等》，《社会》2009年第5期。

吴愈晓：《教育分流体制与中国的教育分层（1978—2008）》，《社会学研究》2013年第4期。

吴愈晓：《中国城乡居民的教育机会不平等及其演变（1978—2008）》，《中国社会科学》2013年3期。

吴愈晓：《中国城乡居民教育获得的性别差异研究》，《社会》2012年第4期。

谢维和：《教育活动的社会学分析：一种教育社会学的研究》，教育科学出版社，2000。

谢作栩：《高等教育大众化与缩小社会阶层高等教育差异的研究》，《大学：研究与评价》2008年第4期。

谢作栩、王伟宜：《高等教育大众化视野下我国社会各阶层子女高等教育入学机会差异的研究》，《教育学报》2006年第2期。

徐瑞、刘慧珍：《教育社会学》，北京师范大学出版社，2010。

徐晓军：《阶层分化与阶层封闭》，华中师范大学出版社，2013。

许嘉猷：《社会阶层化与社会流动》，三民书局，1986。

许欣欣：《当代中国社会结构变迁与流动》，社会科学文献出版社，2000。

杨东平：《从权利平等到机会均等：新中国教育公平的轨迹》，《北京大学教育评论》2006 年第 2 期。

杨东平：《高等教育入学机会：扩大之中的阶层差距》，《社会》2012 年第 4 期。

杨东平：《高中阶段的社会分层与教育获得》，《清华大学教育研究》2005 年第 6 期。

杨东平：《中国教育公平的理想与现实》，北京大学出版社，2006。

杨东平：《对我国教育公平问题的认识和思考》，《教育发展研究》2000 年第 9 期。

杨俊、李雪松：《教育不平等、人力资本积累与经济增长：基于中国的实证研究》，《数量经济技术经济研究》2007 年第 2 期。

姚继军：《中国教育平等状况的演变——基于教育基尼系数的估算（1949-2006）》，《教育科学》2009 年第 1 期。

应星、刘云杉：《无声的革命：被夸大的修辞——与梁晨、李中清等的商榷》，《社会》2015 年第 2 期。

余小波：《当前我国社会分层与高等教育机会探析》，《现代大学教育》2002 年第 2 期。

曾满超：《教育政策的经济分析》，人民教育出版社，2000。

詹姆斯·科尔曼：《社会理论的基础》，邓方译，社会科学文献出版社，1999。

张长征、李怀祖：《中国教育公平与经济增长质量关系实证研究：1978—2004》，《经济理论与经济管理》2005 年第 12 期。

张人杰主编《国外教育社会学基本文选》，华东师范大学出版社，1989。

张文宏：《中国城市的阶层结构与社会网络》，上海人民出版社，2006。

张文喜：《超越个体主义与整体主义的对立》，《安徽师范大学学报（哲学社会科学版）》1998 年第 1 期。

张玉林、刘保军：《中国的职业阶层与高等教育机会》，《北京师范大学学报（社会科学版）》2005 年第 3 期。

赵叶珠：《家庭背景对高等教育入学机会的影响》，《青年研究》2000年第 3 期。

郑杭生：《中国社会结构变化趋势研究》，中国人民大学出版社，2004。

郑杭生、李路路：《当代中国城市社会结构：现状与趋势》，中国人民大学出版社，2004。

朱伟珏：《一种揭示教育不平等的社会学分析框架》，《社会科学》2006 年第 5 期。

中央教育科学研究所编《中华人民共和国教育大事记（1949—1982）》，教育科学出版社，1984。

英文文献

Ballarino, G. F. Bernardi, M. Requena & H. Schadee, "Persistent Inequalities? Expansion of Education and Class Inequality in Italy and Spain", *European Sociological Review*, 2008, Vol. 25.

Blau, Duncan, *The American Occupational Structure*, New York: Wiley, 1967.

Boudon. Education, *Opportunity and Social Inequality: Changing Prospects in Western Ssociety*, New York: Wiley, 1974.

Breen, R., J. O. Jonsson, "Inequality of Opportunity in Comparative Perspective: Recent Research on Educational Attainment and Social Mobility", *Annual Review of Sociology*, 2005, Vol. 31.

Breen. R. & J. Goldthorpe, "Explaining Educational Differentials: Towards a Formal Rational Action Theory", *Rationality and Society*, 1997, Vol. 9.

Buchmann, Claudia and Emily Hannum., "Education and Stratification in Developing Countries: A Review of Theories and Research", *Annual Review of Sociology*, 2001, Vol. 27: 77-102.

Bourdieu, *The School as a Conservative Force: Scholastic and Cultural Inequali-*

ties. In Eggleston （ed.）, *Cotemporary Research in the Sociology of Education* , London: Methuen, 1974.

Claudia Buchmann and Emily Hannum, "Education and Stratification in Developing Countries: A Review of Theories and Research", *Annual Review of Sociology*, 2001, Vol. 27, pp. 77–102.

Coleman, "Social capital in the creation of human capital", *American Journal of Sociology*, 1988, 94 (1): 95–120.

Collins. R, "Functional and Conflict Theories of Educational Stratification", *American Sociological Review*, 1971, Vol. 36, no. 6, pp. 1002–1019.

D. J. Treiman and K. B. Yip, *Educational and Occupational Attainment in 21 Countries. in Kohn. M. L.* （ed.）, *Cross-National Research in Sociology*, Newbury Park CA: Sage, 1989.

De Graaf, N. D., P. M. de Graaf & G. Kraaykamp, "Parental Cultural Capital and Educational Attainment in the Netherlands: A Refinement of the Cultural Capital Perspective", *Sociology of Education*, 2000, Vol. 73.

Durkheim, Emile, *Education and Sociology. Trans. by Sherwood D. Fox*, Glencoe, Free Press, 1922.

Durkheim, Emile, *Moral Education: A Study in the Theory and Application of the Sociology of Education. Trans. by Everett K. Wilson and Herman Schnurer*, Glencoe: Free Press, 1925.

Durkheim, Emile, *The Evolution of Educational Thought. Trans. by Peter Collins*, London: Routledge & Kegan Paul, 1977.

Erikson. R, Jonsson. J. （eds.）, *Can Education be Equalized? The Swedish Case in Comparative Perspective*, Boulder: Westview, 1996.

Erikson, Robert, Goldthorpe, "Commonality and Variation in Social Fluidity in Industrial Nations", *European Sociological Review*, 1987, Vol. 3.

Fabian T. Pfeffer, "Persistent Inequality in Educational Attainment and Its Institutional Context", *European Sociological Review*, 2008, Vol. 24, No. 5, pp. 543–565.

Featherman, David L., Robert M. Hauser, "Prestige or Socioeconomic Scales in the Study of Occupational Achievement", *Sociological Methods and Re-*

search, 1976, Vol. 4, pp: 402-22.

Featherman, David L. , Robert Mason Hauser, William Hamilton Sewell, *Schooling and Achievement in American Society*, New York, NY: Academic Press, 1976.

Featherman, Jones, Hauser, "Assumptions of Social Mobility Research in the United States : The Case of Occupational Status ", *Social Science Research*, 1975, Vol. 4.

Gabriele Ballarino, Fabrizio Bernardi, Miguel Requena and Hans Schadee , "Persistent Inequalities? Expansion of Education and Class Inequality in Italy and Spain", *European Sociological Review*, 2009, Vol. 25, No. 1, pp. 123-138.

Ganzeboom, Harry B. G. , Luijkx, Ruud; Treiman, Donald J. , "Intergenerational Class Mobility in Comparative Perspective", *Research in Social Stratification and Mobility*, 1989, Vol. (8), pp. 3-79.

Grusky, D. B. & Hauser R. M , "Comparative Social Mobility Revisited: Models of Convergence and Divergence in 16 Countries", *American Sociological Review*, 1984, Vol. 49. No. 1, pp. 19-38.

Guillermo Montt, "Cross-national Differences in Educational Achievement Inequality", *Sociology of Education*, 2011, Vol. 84 (1) .

Hauser, Robert M. & David L. Featherman, "Equality of Schooling: Trends and Prospects", *Sociology of Education*, 1976, Vol. 49.

Herbert L. Smith and Paul P. L. Cheung, "Trends in the Effects of Family Background on Educational Attainment in the Philippines", *American Journal of Sociology*, 1986, Vol. 91, No. 6, pp. 1387-1408.

Henry M. Levin, "Educational Opportunity and Social Inequality in Western Europe", *Social Problems*, 1976, Vol. 24, No. 2, pp. 229-242.

Jan O. Jonsson and Colin Mills, "Social Class and Educational Attainment in Historical Perspective: A Swedish-English Comparison (Part I) ", *The British Journal of Sociology*, 1993, Vol. 44, No. 2, pp. 213-247.

Jan O. Jonsson and Colin Mills, "Social Class and Educational Attainment in Historical Perspective: A Swedish-English Comparison (Part II) ", *The British Journal of Sociology*, 1993, Vol. 44, No. 3, pp. 403-428.

Jay D. Teachman, "Family Background, Educational Resources, and Educational Attainment", *American Sociological Review*, 1987, Vol. 52, No. 4, pp. 548-557.

Knight. J. B & Sabot. R. H., "Educational Expansion and the Kuznets Effect", *The American Economic Review*, 1983, Vol. 73 (5), 1132-1136.

Levin, Henry M., "Educational Opportunity and Social Inequality in Western Europe", *Social Problems*, 1976, Vol. 24 (2), 148-172.

Lindsay Paterson and CristinaIannelli, "Social Class and Educational Attainment: A Comparative Study of England, Wales, and Scotland", *Sociology of Education*, 2007, Vol. 80, No. 4, pp. 330-358.

Lucas S, *Tracking Inequality: Stratification and Mobility in American High School*, New York: Teachers College Press, 2003.

Lucas. S. R., "Effectively Maintained Inequality: Education Transitions, Track Mobility, and Social Background Effects", *American Journal of Sociology*, 2001, Vol. 106, no. 6, pp. 1642-1690.

Mare, R. D., "Change and Stability in Education Stratification", *American Sociological Review*, 1981, 45 (1): 72-87.

Mare, R. D., "Social Background and School Continuation Decisions", *Journal of the American Statistical Association*, 1980 (75), pp. 295-305.

Matthijs Kalmijn and Gerbert Kraaykamp, "Race, Cultural Capital, and Schooling: An Analysis of Trends in the United State", *Sociology of Education*, 1996, Vol. 69, No. 1, pp. 22-34.

Montgomery Broaded and Chongshun Liu, "Family Background, Gender and Educational Attainment in Urban China", *The China Quarterly*, 1996 (4), No. 145, pp. 53-86.

Parsons, *The Social System*. New York: Free Press, 1951.

Raftery, Hout, "Maximally Maintained Inequality: Expansion, Reform, and Opportunity in Irish Education 1921-1975", *Sociology of Education*, 1993 (1), pp. 56-57.

Richard Breen and JanO. Jonsson, "Explaining Change in Social Fluidity: Educational Equalization and Educational Expansion in Twentieth-Century Sweden", *American Journal of Sociology*, 2007, Vol. 112, No. 6, pp. 1775-1810.

Robert D. Mare and VidaMaralani, "The Intergenerational Effects of Changes in Women's Educational Attainment", *American Sociological Review*, 2006, Vol. 71, No. 4, pp. 542-564.

Rolf Becker, "Educational Expansion and Persistent Inequalities of Education: Utilizing Subjective Expected Utility Theory to Explain Increasing Participation Rates in Upper Secondary School in the Federal Republic of Germany", *European Sociological Review*, Vol. 19, No. 1, pp. 1-24.

Selina McCoy, Emer Smyth, "Higher education expansion and differentiation in the Republic of Ireland", *Higher Education*, 2011. Vol. 61, No. 3, pp. 243-260.

Shavit, Blossfeld, *Persistent Inequality: Changing Educational Attainment in Thirteen Cournties*, Boulder: Westview Press, 1993.

Shavit, "Educational Reforms and Inequalities in Israel: The MMI Hypothesis Revisited", *Sociology of Education*, 2004 (77) . No. 2, pp. 103-120.

Shavit, "K. Westerbeek. Educational Stratification in Italy: Reforms, Expansion and Equality of Opportunity", *European Sociological Review*, 1998, Vol. 14. (1): 33-47.

Shavit, Yossi & Hans-Peter Blossfeld, *Persistent Inequality: Changing Educational Attainment in Thirteen Countries*, Boulder, 1993.

Sigal Alon, "The Evolution of Class Inequality in Higher Education: Competition, Exclusion, and Adaptation", *American Sociological Review*, 2009, Vol. 74, No. 5, pp. 731-755.

Solon G, "Intergenerational income mobility in the United States", *The American Economic Review*, 1992 (3): 393-408.

Teachman J. D, "Family background educational resources and educational attainment", *American Sociological Review*, 1987, Vol. 52.

Vande & Werfhorst, Herman and Johnathan Mijis, "Achievement Inequality and the Institutional Structure of Educational Systems: A Comparative Perspective", *Annual Review of Sociology*, 2010, Vol. 36: 407-28.

Vikki Boliver, "Expansion, differentiation, and the persistence of social class inequalities in British higher education", *Higher Education*, 2011, Vol. 61, No. 3.

Vinod Thomas, YanWang, and Xibo Fan, "Measuring Education Inequality: Gini Coefficients of Education ", The World Bank Paper, December 15, 2000.

Volker Stocké, "Explaining Educational Decision and Effects of Families' Social Class Position: An Empirical Test of the Breen-Goldthorpe Model of Educational Attainment", *European Sociological Review*, 2007, Vol. 23, No. 4, pp. 505-519.

Wei Zhao and ZhouXueguang, "Institutional Transformation and Returns to Education in Urban China: An Empirical Assessment", *Research in Social stratification and Mobility*, 2002, Vol. 9.

Xueguang Zhou, "Phyllis Moen & N. B. Tuma, Educational Stratification in Urban China: 1949-1994", *Sociology of Education*, 1998, Vol. 71.

Y. Shavit, and H. P Blossfeld, *Persistent Inequality: Changing Educational Stratification in Thirteen Countries. Boulder*, Colo. : Westview Press, 1993.

Yuxiao Wu, "Cultural Capital, the State and Educational Inequality in China: 1949-1996", *Sociological Perspectives*, 2008, 51 (1) .

后　记

　　2012年夏我来到上海大学社会学院读博之际，恰逢学院独立建院不久，导师张文宏老师也刚刚走马上任学院院长，世间万物始创之初总是任务繁重，然又充满生机和活力。那时候，学院里高层次学术讲座不断举办，国内外大师名家频频来访，初来乍到的我顿时开阔了眼界，如饥似渴地汲取着学术营养。在校学习期间，导师张文宏老师正在大刀阔斧地推进他担任首席专家的2011年国家社科基金重大招标项目"社会分层流动的和谐互动研究"，我也有幸参与了课题调查数据的后期分析工作。正是在写分析报告的进程中，我的博士论文选题思路逐渐产生。我尝试将研究的关注点集中到代际流动领域，在后续研读文献的过程中，我又日益聚焦到教育获得与教育流动这一更加细化的研究领域，而这又与我的硕士论文研究主题一脉相承，成为硕士期间学习思考的深化和拓展。事实上，这也是我一直以来的心愿，希望能够将当初关注教育不平等问题的研究兴趣继续深化下去。或是机缘巧合，导师张文宏老师主持的这项重大课题的问卷调查数据恰好涉及有关代际教育流动的父代和子代数据，样本量规模巨大，且变量信息较全面，能够非常有力地支撑这一课题的深化研究。张老师在听取了我的研究选题和思路设想之后，给了我莫大的肯定和支持，并在整个研究及写作过程中给予持续指导和大力帮助，使我最终完成了博士学位论文并顺利通过答辩。在此，特别感谢导师张文宏教授，今生有幸相遇，终生良师益友。

　　在这里，我要感谢学院老师，感谢同事和朋友。衷心感谢上海大学社会学院，感谢读博期间各位授课老师的谆谆教诲，感谢为论文开题、预答辩、答辩等环节提供指导的学院老师和外请专家，感谢学院里为博士生学习及生活提供便利服务的教学秘书等诸位老师。真心感谢一直关心、支持我的同事群，参加工作以来承蒙单位各位领导和同事的关心，特别要感谢刘大可副校院长、刘瑛华处长、杨小冬教授、程丽香教授、周玉教授、张君良教授、李新生教授、郭为桂教授等的长期支持。还要真心感谢我的同学、同门和舍友，他们是栾博、蔡思斯、刘琳、李康、郑知邦、杨春华、李若愚、柴文波等，难得与他们一起体验了苦中有乐的博士生涯，特别感谢栾博在定量分析上的帮助。

感谢家人的关心与支持。感谢生我养我的父母，特别感谢一直以来关照、支持我的岳父母及岳祖父母。我更要感谢我的妻子许玲，她相继见证了我的硕士论文和博士论文的问世，并给我们诞下了小公主张语馨和小帅哥张隽博，唯愿今后一起共同书写美好人生。

最后，感谢社会科学文献出版社编辑们的辛苦付出，使这本拙作得以面世。希望本书能够如水中涟漪一样产生一点扩散效应，期望我国教育改革发展事业明天更美好，将来每个人都能够享有更加公平的受教育机会，都有人生出彩、实现梦想的平等机会。还要补充说明的是，因本人学识和能力所限，行文中难免存在差错，错误之处以及因计算偏差等造成的差池均由本人负责，也恳请诸位专家学者批评指正。

张义祯

2018 年 3 月

图书在版编目(CIP)数据

　教育获得与教育流动实证研究／张义祯著. -- 北京：
社会科学文献出版社,2018.7（2019.6 重印）
　（海西求是文库）
　ISBN 978-7-5201-3113-1

　Ⅰ.①教… Ⅱ.①张… Ⅲ.①社会教育-公平原则-
研究-中国　Ⅳ.①G779.2

　中国版本图书馆 CIP 数据核字（2018）第 161695 号

· 海西求是文库 ·

教育获得与教育流动实证研究

著　　者／张义祯

出 版 人／谢寿光
项目统筹／王　绯
责任编辑／高　媛

出　　版／社会科学文献出版社 · 社会政法分社（010）59367156
　　　　　地址：北京市北三环中路甲 29 号院华龙大厦　邮编：100029
　　　　　网址：www.ssap.com.cn
发　　行／市场营销中心（010）59367081　59367083
印　　装／三河市龙林印务有限公司

规　　格／开　本：787mm×1092mm　1/16
　　　　　印　张：13.75　字　数：224 千字
版　　次／2018 年 7 月第 1 版　2019 年 6 月第 2 次印刷
书　　号／ISBN 978-7-5201-3113-1
定　　价／59.00 元

本书如有印装质量问题，请与读者服务中心（010-59367028）联系